内河港航工程研究论丛

U0815688

船闸扩能升级工程中通航水流条件的常见问题及改善措施研究

闫　涛　冯小香　彭　伟　乾东岳◎著

PROBLEMS OF NAVIGABLE FLOW CONDITIONS AND SOLUTIONS IN UPGRADING PROJECT OF SHIP LOCK

人民交通出版社股份有限公司

北　京

内 容 提 要

本书针对船闸扩能升级工程中通航水流条件的常见问题，分别从口门区、引航道、梯级枢纽、生态鱼道与船舶会遇等角度着手，梳理了相应的研究手段和国内外研究背景。选取8座通航枢纽作为案例，在分析工程背景和布置特点的基础上，就其所代表的典型水流条件问题做成因分析和改善措施研究，并探讨了船闸技术的发展方向，可为相关专业工程技术人员与高校师生提供参考。

图书在版编目(CIP)数据

船闸扩能升级工程中通航水流条件的常见问题及改善措施研究 / 闫涛等著. — 北京 : 人民交通出版社股份有限公司, 2020.6

ISBN 978-7-114-16428-6

Ⅰ. ①船… Ⅱ. ①闫… Ⅲ. ①船闸—改建—影响—引航道—水流条件—研究 ②船闸—扩建—影响—引航道—水流条件—研究 Ⅳ. ①U641.3

中国版本图书馆 CIP 数据核字(2020)第046267号

内河港航工程研究论丛

Chuanzha Kuoneng Shengji Gongcheng zhong Tonghang Shuiliu Tiaojian de Changjian Wenti ji Gaishan Cuoshi Yanjiu

书　　名：船闸扩能升级工程中通航水流条件的常见问题及改善措施研究
著 作 者：闫　涛　冯小香　彭　伟　乾东岳
责任编辑：崔　建
责任校对：孙国靖　宋佳时
责任印制：刘高彤
出版发行：人民交通出版社股份有限公司
地　　址：(100011)北京市朝阳区安定门外外馆斜街3号
网　　址：http://www.ccpress.com.cn
销售电话：(010)59757973
总 经 销：人民交通出版社股份有限公司发行部
经　　销：各地新华书店
印　　刷：北京盛通印刷股份有限公司
开　　本：720×960　1/16
印　　张：13.5
字　　数：234千
版　　次：2020年6月　第1版
印　　次：2020年6月　第1次印刷
书　　号：ISBN 978-7-114-16428-6
定　　价：68.00元
(有印刷、装订质量问题的图书由本公司负责调换)

编 委 会

著 作 者：闫　涛　冯小香　彭　伟　乾东岳

参与人员：李君涛　章日红　金　辉　王　斐

郝媛媛　王　鑫　张　明

前　言

内河航运是我国综合交通运输体系的重要组成部分，畅通的航运系统将拉动腹地经济持续增长，产生巨大的社会效益和经济效益。在具有航运功能的天然河流上兴建水利水电枢纽时，通常需要同期规划如船闸、升船机等通航建筑物，保证航运畅通，形成兼具防洪、发电、通航等功能的综合性枢纽。通航建筑物主要有升船机和船闸两种形式。根据2012年底不完全统计，目前我国在建和已建的通航建筑物已有1089座，其中船闸1041座，占比为95.6%，所以船闸是我国通航建筑物的主要形式。

通航建筑物规模根据中远期货运量预测结果确定。随着近年来国民经济快速发展和国家对水路交通基础建设加大投入，货运量预测中的不确定性凸显，特别是在“十三五”期间全国内河高等级航道网的实施与推进战略前提下，内河航道货运量激增，国内众多已建通航枢纽船闸面临着严峻的挑战：一方面船闸设计通过能力不满足过闸货运量的需求，另一方面船闸建设等级与后期航道规划等级不匹配，部分通航枢纽甚至转而成为实际意义上的碍航建筑物，碍航问题日益严重。因此，对已建通航枢纽船闸进行扩能升级改造的需求十分突出。

从20世纪80年代开始，随着葛洲坝船闸的开工建设，我国通航枢纽船闸建设经历了一个蓬勃发展的时期，船闸的扩能升级需求也紧随其后，并逐渐发展为近年来全国内河航运工程建设的重点。仅在西江上，服务于黄金水道工程建设的已建、在建或论证的扩能改建船闸已达18座。枢纽工程布置中,由于已建船闸占据了通航条件较优的平面位置,船闸扩能升级所必需的闸位非常有限,特别是建设期没有规划二线通航位置的枢纽。位于山区河流上的枢纽,闸坝大多处于两岸高山峡峙的地理环境中,已有各水工建筑物完全占据了河床内空间,扩建船闸只能布置于两岸山体或山脚之处,空间局促,地理条件复杂,布置难度进一步增大。船闸扩能升级工程所面临的是通航船舶几何尺度增大和通航保证率的提升,对通航条件往往有着更高的要求。

早期国内外通航枢纽的建设多以单线船闸为主,单线船闸的建设技术研究积累了较多的研究成果,且已形成一些基础理论和规范。而双线船闸的建设,在技术上要比单线船闸复杂,考虑的外部因素也较多,特别是在已有单线船闸的条件下,扩建更高等级的双线船闸。关于双(多)线船闸的研究主要集中在三峡与葛洲坝,针对双线船闸的总平面布置、引航道及口门区通航水流条件等问题深入研究。随着腹地经济的发展、航道等级的提升,特别像西江黄金水道和十八线高等级航道网的规划,涌现出一批需要对已建单线船闸进行扩能改造升级的通航枢纽,提出了双线船闸乃至四线船闸的建设需求,遇到的问题也日渐增多。

与新建船闸相比,改扩建船闸布置方案、相应的口门区通航水流条件、多线船闸布置运行相互影响、与枢纽已有功能建筑的关系等问题均需要专门研究。对于通航枢纽在船闸扩能升级工程中遇到的问题,国内工程技术人员进行了卓有成效的试验研究工作,在众多船闸扩能升级工程实践中取得了良好的效果,积累了丰富的工程经验。本书在此基础上,结合交通运输部天津水运工程科学研究院(以下简称“天科院”)在船闸扩能升级工程中的研究成果及工程实践经验,以布置条件复杂的山区性河流为主,系统梳理国内各流域通航枢纽在船闸扩能升级工程中通航水流条件遇到的典型问题、研究手段及相应的改善措施等研究成果，为类型相似的枢纽改扩建船闸工程提供技术参考。

船闸扩能升级工程涉及的技术难度较大、影响因素众多，限于作者的工程经验和学术水平，书中难免有不妥之处，敬请读者批评指正。

闫　涛

2020 年 1 月

目　　录

1 绪 论

1.1 船闸扩能升级中常见问题的提出

1.1.1 船闸扩能升级的必要性

通航枢纽是内河水运中实现河流渠道化、沟通不同水系的重要形式,也是控制航道货运能力的节点,在水路交通中占有十分重要的地位。随着我国水运事业的发展,内河航道等级逐渐提高,现阶段有许多航运枢纽中已建船闸的等级和通过能力已不能适应要求,亟待扩能升级改造,即对枢纽已建船闸进行改建和扩建。

1.1.1.1 长江三峡船闸扩能升级

长江三峡枢纽位于湖北宜昌境内,大坝的建成极大地促进了长江水运的发展,宜昌至重庆段航道的通航环境得到了明显改善。三峡船闸自2003年运行以来,在上游地区经济社会发展和水运需求释放的双重带动下,过闸货运量持续快速增长,2011年船闸通过能力已趋饱和。2011~2015年,连续五年单向货运量均大于船闸设计单向通过能力。近三年货运量数据显示:2016年,三峡船闸货客物通过量达1.305亿t,超过三峡船闸设计年通过量的30%。2017年,三峡船闸货客物通过量继续增长,全年达1.38亿t。截至2018年9月25日,三峡船闸货客物通过量已达1.01亿t,与2017年同期相比增长6.6%,船闸通过能力和过闸需求间的矛盾日益突出。

三峡船闸过闸货运量突破亿吨后,已有船闸通过能力的挖潜空间变得十分有限,考虑到过闸需求仍将持续增长,三峡枢纽通过能力缺口逐步扩大,而翻坝转运和分流运输均不能完全取代水运,大量船舶待闸损失巨大,且船闸和坝区通航安全风险较高,要从根本上解决三峡过坝运输供需矛盾,满足长江上游地区发展需求,保障坝区通航安全,必须对枢纽通航设施进行扩能升级。目前,有关单位正在进行三峡水运新通道的前期论证工作。图1-1为三峡坝上锚地的待闸船舶。

1.1.1.2 西江长洲船闸扩能升级

西江属珠江干流水系,是两广水上运输的大动脉,航运量居我国第二位,仅次于长江,在两广地区物资交流和对外联系中发挥着巨大的作用。长洲枢纽作为西江干线的最后一级枢纽,相当于广西内河航运的咽喉要道,对西江—珠江经济带发展和西江黄金水道建设发展有重要推动作用。长洲枢纽自2007年建成以来,西江航运条件得到显著改善,通航能力有了较大提高。

图1-1 三峡坝上锚地的待闸船舶

2011年,长洲枢纽船闸全年共完成4600万t过闸货运量,随后的2012—2015年,年平均过闸货运量在6000万t左右,超过长洲枢纽已建一、二线船闸设计通过能力的50%,船闸通过能力与货物过闸需求矛盾凸显,待闸船舶长时间等候现象严重。随着2015年三、四线的船闸建成,有效缓解了长洲枢纽通过能力不足和待闸船舶滞航等突出问题,过闸货运量得以释放。与扩能升级前的过闸货运量相比,长洲枢纽2016—2017年平均货运量增幅达40%,2018年10月份,货运量达到1.08亿t,其规模已接近三峡枢纽。

腹地经济的发展,不仅催生了日益增长的大宗散货水路运输需求,同时也催生了船舶大型化的趋势。以西江为例,2010年前后,西江干线船舶平均吨位约1000t,随着桂平二线、长洲三线、四线等大型船闸逐步投产,西江干线运营船舶吨位已超过1200t,主力船型吨位已达1600~3000t。船舶大型化发展,也会引发西江上通航枢纽向更大尺度船闸进行扩能升级的需求,如图1-2所示。

1.1.1.3 湘江航道等级提升中的船闸扩能升级

“十三五”时期,国家提出了内河高等级航道网建设,包含“两横一纵十八线”,船闸扩能升级工程的需求不仅存在于长江和西江等国家级干线航道,沅水、湘江、嘉陵江、乌江、岷江、右江、北盘江、松花江等一大批通航枢纽亦需要对已建单线船闸进行扩能改造升级,提出了双线船闸乃至四线船闸的建设需求。

图 1-2 西江长洲枢纽待闸船舶

湘江作为国家重要的内河水运通道之一,已被纳入长江水系国家千吨级航道建设的规划框架中。湘江干流航道等级规划目标为:永州—衡阳约 278km 河段建设后满足三级航道标准,衡阳—城陵矶约 439km 河段建设后满足二级航道标准。整个河段内,共分布有 8 座梯级枢纽,均属以航运、发电为主的综合性枢纽。对标湘江干流航道建设标准,有 6 座梯级枢纽的通航建筑物低于航道规划标准。整个河段内共分布有 8 座梯形枢纽,如图 1-3 所示,均属以航运、发电为主的综合性枢纽。

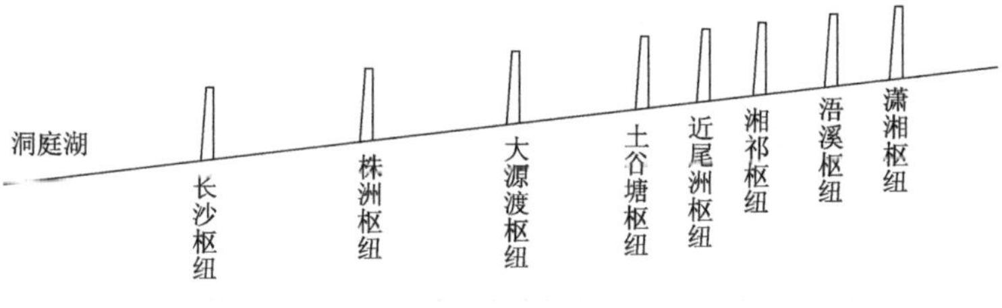

图 1-3 湘江干流梯级枢纽分布图

为适应湖南省及湘江流域经济社会发展形势,满足湘江流域日益增长的大宗散货水路运输需求,湘江枢纽船闸扩能升级改造工程已与湘江航道等级提升同步开展实施。其中,大源渡、株洲二线船闸已开工建设,浯溪枢纽扩建二线船闸、潇湘枢纽改建一线船闸的论证工作已在稳步推进中,上述 6 座船闸的扩能升级均计划在“十三五”时期开工建设。

“十三五”时期是我国全面建成小康社会的决胜阶段,是实施三大战略的关键阶段,对水运事业的发展提出了更新更高的要求。我国内河航运仍然是综合交通体系建设中的薄弱环节,需要紧抓国家加大内河水运发展的机遇,补齐短板,进一步发挥内河水运优势。结合日益增长的内河货运量需求,同时考虑高等级航道建设中闸坝碍航的现实，开展通航枢纽船闸扩能升级是一项十分必要的工作。

1.1.2 船闸扩能升级的常见问题

通航枢纽通常由电站、泄水闸（冲沙闸）、通航建筑物三部分组成。在已有船闸的基础上进行高等级的船闸改建和扩建，受水利工程、航运规划、征地拆迁、工程投资以及实施难易等众多因素制约，其技术难度比同期新建的枢纽船闸大得多。在改扩建船闸方案论证工作中，通航水流条件通常被当作关注重点。

改扩建船闸的通航水流条件不仅受枢纽整体平面布置的影响，同时也受到船闸闸位选择、引航道断面形态、口门区导流建筑结构形式、船闸运行方式等技术参数的影响。由此，衍生出包括口门区、引航道通航水流条件、梯级枢纽间的通航水流条件、改扩建船闸建设中的生态和船舶会遇安全等一系列常见问题。上述问题的研究对改扩建船闸工程中相关参数的研究论证工作、确定合理的布置方案和建筑物结构形式，从而在技术上确保整个枢纽运行（包括船闸安全高效运行），是非常必要的。

1.1.2.1 口门区航道通航水流条件

由于口门区既是通航建筑物与外界开阔水域的过渡地带，也是船舶（船队）过闸的必经之路，口门区通航水流条件的优劣，决定了整个通航建筑物的运行效率和安全。改、扩建船闸工程中，不仅其自身口门区通航水流条件需要研究，对已有船闸口门区水流条件所带来的一定影响也要研究，两者均与改扩建船闸的平面布置有很大关系。

改扩建船闸工程实施后，通航水流条件还会受到泄水闸泄流、电站日调节等的影响。泄水闸泄流可能增大口门区及连接段航道的斜流强度，而电站日调节引起的非恒定流向下传播、水位变幅速率过大又会引发船舶航行的偏航速度快、漂角舵角增大，附加流速和比降的产生则会增大船舶航行阻力，造成船舶上行困难。

1.1.2.2 引航道通航水流条件

引航道位于船闸闸首两端，是调正船位、引导船舶过闸的重要水域。通常在导航建筑物的掩护下，引航道内水面稳定、无明显水流流动。引航道通航水流条件的常见问题主要表现为船闸运行时的灌、泄水产生非恒定流，对引航道内进、出闸及停靠船舶产生不利影响。船闸闸室灌、泄水时发生大量水体转移，在引航道狭窄的水域面中引发涨水波和落水波导致水面变幅，产生附加比降、附加流速，而波流经过引航道边界的反射后叠加，非恒定特征更加突出。改扩建船闸在建设中受布置条件的限制，经常出现在已建船闸旧址改建更大尺度的闸室，或者扩建二线船闸与已有船闸共用引航道的情况，相应地引航道的通航水流条件更加复杂。

1.1.2.3　梯级枢纽间的通航水流条件

随着船闸扩能升级工程实施、船闸等级的提高、过闸船舶大型化，对通航水流条件提出了更高的要求。当梯级枢纽出现水位不衔接的情况，枯水期下泄流量的减少，航道水深不足的问题凸显，严重的出现脱水段。采用长距离开挖方式整治脱水段，又容易导致枯水期同流量的水位降落。即便梯级枢纽回水衔接，航道水深满足船闸扩能升级后的要求，但受梯级间自然条件或者上、下两级枢纽的调度的影响，特定流量下水流流速及流态恶化仍会对通航水流条件产生不利影响。

1.1.2.4　生态与船舶会遇安全问题

近年来随着"绿水青山""高质量发展"等一系列国家政策的提出，工程建设中生态环境保护被提到了十分重要的位置。对于通航枢纽来讲，保障生态基流下泄与过鱼通道的建设，是对生态环境保护最直接的响应。但在特枯水年仅下泄生态基流的情况下，枢纽下游航道条件是否能满足船闸扩能升级后的要求，兼顾枢纽下游生态蓄水量和最小通航流量的生态基流如何确定，鱼道的布置位置与改扩建船闸的相互关系，通航水流条件与过鱼水流条件的差异等问题，需要与船闸建设开展同步研究。

当枢纽进行扩能升级后，往往会诱发货运量的增大和过闸船舶（队）数量的增多，在可航行水域不变的情况下，当已建一线和扩建二线船闸位于河岸同侧，有共用的引航道、口门区或者过渡段，则会涉及进出闸船舶的会遇安全问题，需要引起重视。

1.2　船闸扩能升级工程的研究手段

通航水流条件是改扩建船闸研究的主要内容，考虑要素通常包括水流流速及流向、水位变化、船舶航行参数及航行姿态等，有泥沙问题的通航枢纽还应该考虑泥沙冲淤和河床变形对通航的影响。改扩建工程前，水流、河床与已建工程经过长期的互相影响和调整变化，达到相对稳定的状态。船闸改扩建工程实施后会打破原有的平衡，产生相对复杂的水流结构和河床演变响应。

原型观测是研究水流运动规律最有效的手段，能够揭示一些尚未被认识的水流运动规律，在某些边界或水流结构复杂、影响因素众多的工程中具有不可替代性。但其缺点也很明显,如对拟建工程的效果无法预研和预判,原型中进行方案的论证、比选和修改代价巨大。随着相似原理的出现和以数学方程描述水流运动的探索日益准确完善,物理模型和数学模型研究手段应运而生。为研究船舶航行和操纵等方面技术参数,在实船试验基础上,先后发展出自航船模试验及船舶操纵模拟器试验。上述不同研究手段互相结合应用,在改扩建船闸通航水流条件研究中往往可以取得良好的效果。

1.2.1 物理模型

物理模型的理论基础是相似原理,根据场地和供水条件等多方面因素进行缩尺模型的设计与制作,率定模型与原型在水流、泥沙运动等方面的相似性,满足规范要求后即可开展工程前后水流运动及河床冲淤变形等研究工作。

物理模型分为定床模型和动床模型。定床模型试验中,水流为清水,床面不发生变形,主要用于研究泥沙含量较少、河床冲淤变化甚小的船闸改扩建工程。动床模型试验中,水流挟带固体颗粒,河床在水流作用下发生冲淤变形,主要用于研究船闸改扩建工程引起的河床冲淤变化对通航水流条件的影响,如改扩建船闸引航道口门区泥沙回淤、河床冲刷引起船闸门槛水深不足等问题。定床模型试验在理论和实践上都比较成熟,能够给出可靠的定量结果,目前应用十分广泛。而动床模型试验的理论和实践虽然迅速发展,但由于所涉及的泥沙问题相对复杂,有待进一步完善。物理模型按照几何比尺的不同,可分为正态模型和变态模型。前者水平比尺和垂向比尺相等,因此其模拟的水流、泥沙运动在水平方向和垂向方向均遵循相似原理,能够真实还原水流和泥沙运动的三维特性,很好地满足了船闸口门区导流、导沙建筑物结构形式,电站日调节、船闸灌泄水产生的引航道非恒定流等一系列涉及三维水沙运动的需求,因此正态模型在改扩建船闸研究中的应用广泛。随着计算机控制技术的发展,物理模型的自动化程度大大提高,模拟和测量精度也随之提高,对物理模型的发展产生了巨大的促进作用(图 1-4)。

尽管物理模型具有直观性强,对工程结构近区模拟的准确性高,并能准确反映复杂几何边界、复杂流态等方面的优点,但也有其局限性。首先是比尺效应,按比尺缩小的物理模型容易掩盖一些问题,特别是平面范围较大而水深较小的船闸改扩建工程,垂向上的水沙运动要素容易失真。为避免上述问题,在整体物理模型中几何比尺通常采用 1∶80 至 1∶100,而在如船闸输水系统、引航道口门区导流结构等局部模型中多采用 1∶50 至 1∶20。此外,物理模型还有试验周期长、可保存时间有限、费用相对较高和缺乏灵活性等局限。

a)通航枢纽模型

b)大范围表面流场观测

图 1-4　制作中的通航枢纽模型和试验中的正态定床模型

1.2.2　数学模型

数学模型以挟沙水流运动与河床演变控制方程为基础，以数值法和计算机技术为手段，通过对通航枢纽所在河段的数值模拟计算，解决船闸改扩建工程所关心的问题。它是近代水力学、流体力学、泥沙运动力学、数值计算方法和计算机科学相结合的产物，形成了各种功能丰富的大型计算软件，如 MIKE、Dlft3D、SMS、fluent、Flow3D 等。

数学模型的类型可根据其维数、离散格式、边界处理等方面划分。按照水流物理量运动变化的维度，可分为一维、二维和三维数值模型；就数值计算的离散方法不同，可分为特征线法、有限差分法、有限元法、有限体积法、有限解析法等；根据边界处理方法的不同，可分为动边界处理和固定边界处理等。数学模型的不断发展，使得它在船闸改扩建工程的方案论证中得到越来越广泛的应用。与物理模型相比，数学模型突出的优势主要在于其避免了物理模型中的比尺效应问题，模拟的范围和研究对象不再受限于场地及尺度。另外，占用的资源相对较少，保存时间较长，且后期可随时改变方案并进行计算(图 1-5)。

数学模型的不足之处在于：首先当数学方程不足以完全描述复杂物理现象如泥沙运动时，以其为依据建立的数学模型计算结果的合理性存在问题；其次在流体力学中处理的大多是非线性问题，在数值求解时大多都进行线性化处理，或者采用一些基本假设和概化方法，引入补充方程，这使得数学模拟不可避免地存在“失真”现象。另外，数学模拟中对建筑物三维形态的离散逼近受到网格制约，往往影响模拟的精度。但随着计算机性能的不断提升，将长距离、大范围二维数学模型嵌套复杂结构三维数学模型，甚至将大范围三维流场广泛运用于船闸改扩建工程的研究中，已逐渐成为可能。

a)天河服务器

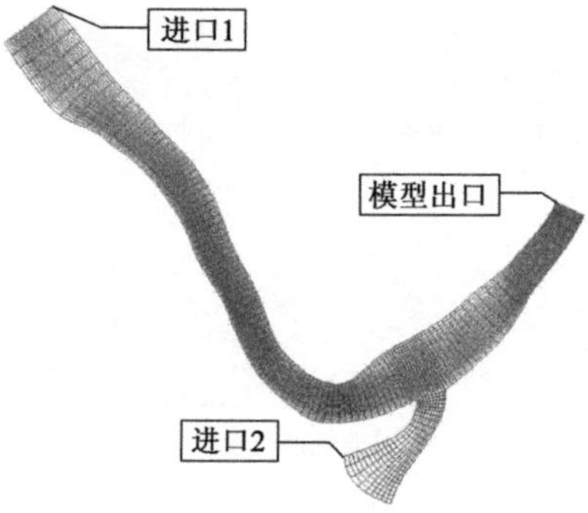

b)计算网格剖分

图1-5　天河服务器和数学模型计算网格剖分

由于数学模型与物理模型优、缺点的互补性，在研究复杂条件下改扩建船闸的问题中可同时结合两种研究手段。比如，部分改扩建船闸位于长河段、大范围河段中，通航建筑物局部存在三维水流结构或复杂流态，此时可采用数学模型计算整体模型快速获取结果；而在研究三维特征明显的局部模型中，可采用数学模型计算结果作为物理模型的边界条件。

1.2.3　遥控自航船舶模型

随着计算机技术的发展，高精度、高效率的自动化设备得到广泛应用，物理模型试验中测控设备的自动化水平得到了显著提高，这对物理模型试验的可持续发展提供了有力支持。利用物理模型试验研究通航水流条件及船舶航行条件等问题时，往往仅以水力学指标分析船舶航行状态的优劣，研究成果的可靠性和精确性受到限制。结合遥控自航船舶模型试验，可更好地补充物理模型试验研究成果，实践中，运用船模结合物理模型来研究通航水流条件及船舶航行条件问题，更具直观性和科学性。

遥控自航船舶模型试验是研究航道和通航建筑物优化设计的一种重要而有效的方法，其优点在于船模的尺度小、易于制造和改造，试验成本低、周期短，能够准确反映船舶吃水线以下水流对船体的作用，并随着测控手段和研究水平的不断提高，试验精度足够满足试验需求。在解决重大的关键技术性问题中如葛洲坝工程、三峡工程和西江长洲水利枢纽等发挥了重要的作用，并取得了大量的研究成果。遥控自航船模试验的前提是物理模型为其提供试验条件，因此在改扩建船闸工程研究中，通常将物理模型与其结合使用。

1.2.4　船舶操纵模拟器

船舶航行条件主要是根据船舶的操控能力综合判别通航水流条件，船舶航行与水流条件的。船舶操纵模拟器采用计算机成像技术、虚拟现实技术、无缝拼接宽视场角环幕投影技术等，将数字化的船闸及通航相关设施动态、逼真地展现在操作人员面前。三维地形（建筑物）建模后，输入船舶航行区域的水流、波浪等边界条件，可获取给定船型在通过航行区域的漂角、舵角、船舶漂移量、航行姿态，三个自由度位移与扭转等相关操纵参数，可以模拟潮流、波浪和风环境下的船舶进出闸、会遇与避让、靠离泊与系离浮筒及锚泊等操纵。从船舶操纵的角度对改扩建船闸研究关心的口门区、引航道水流条件等提供数据支撑，可对通航安全给出直观的判断依据（图1-6）。

图1-6　船模操纵模拟器试验平台

船舶操纵模拟器在三维地形数据生成、视景建模技术、水域视景显示等方面经历了长足发展，逐渐形成了拥有一套完整的仪器设备面板，设备功能和操作性能可达到实际硬件设备所能完成的功能，能够真实模拟360°视角、船舶撞击震动等。由于其可提供多组次重复性试验，研究受时间和空间限制较小，故在内河通航安全评估、航道工程方案优化、枢纽通过能力研究等专业领域应用广泛，积累了丰富的工程经验。但开展船舶操纵模拟试验研究，通常需要以数学模型计算成果或者物理模型试验成果作为其边界条件,试验结果的精度和可靠性,完全依赖于输入条件的精度和可靠性。在船闸改扩建工程研究中,船舶操纵模拟器试验往往需要配合物理模型试验或者数学模型试验开展。

1.2.5 原型观测与实船试验

原型观测是了解改扩建船闸通航水流条件最为直接的手段,一般在开展物理模型与数学模型试验前期,需要对研究河段进行水位、流量、流速分布和流向以及局部流态的观测,为模型验证提供依据。另外,对于比较重要的枢纽改扩建工程,亦可开展水文原型观测,以便更加全面和深入地理解和掌握水流情况和变化规律。

随着信息技术的发展和智能化装备的普及,原型观测的手段也出现了明显变化。20 世纪 50 年代,水位观测主要为桩测,即打木桩或在岩石岸边刻上水尺标志供人工观测,后期逐步建成了一些永久性水尺桩,80 年代后期推广自记式水位计,逐步实现了自动化和无线信息传输。关于流量与流速的测验,20 世纪 60 年代为浮标法和流速仪交替使用,随后发展为跨河吊索和缆道流速仪法,但在水面宽阔的河段测量,则需要更为高效的工具,如广泛使用的多普勒声学剖面流速仪(ADCP),无人遥控测船可针对河段断面流速流向,多次往返取平均值,极大地提高了测量效率和成果的精确性。

实船试验是指通过标准载重船舶的实船航行以测定船舶航迹线、航速、航行姿态及舵角等各种参数的试验。其目的是为确定航道水深、航道宽度、航道弯曲半径等航道尺度以及为船舶(队)的驾驶操纵提供科学依据。实船试验可以很好地克服遥控自航船模试验中模型与原型操纵相关性的问题,在一些重要或者复杂的船闸、航道建设工程的研究中,往往能起到较好的效果(图 1-7)。

图 1-7　原型观测与实船试验

本章参考文献

[1] 刘晓玲,王海霞,吴澎. 新时代三峡过闸货运量需求发展趋势展望[J]. 长江技术经济,2018,2(3):48-54.

[2] 马海峰. 三峡枢纽过闸货运量预测分析及对策研究[J]. 中国水运,2015(3):23-25.

[3] 廖劲松. 应对三峡船闸瓶颈制约之策[D]. 重庆:重庆交通大学,2016.

[4] 交通运输部规划研究院. 三峡后续工作规划[R],2009.

[5] 张绪进,吴澎,王召兵,等. 三峡新通道研究进展及主要技术问题[J]. 重庆交通大学学报(自然科学版),2016,35(51):33-40.

[6] 马奕. 长江三峡船闸过闸需求与通过能力研究[D]. 武汉:武汉理工大学,2008.

[7] 齐俊麟. 三峡升船机建设运行与三峡水运新通道建设研究[J]. 中国水运,2017,7.

[8] 胡洋,冯小检,谢凯,等. 三峡枢纽运输的能力、需求和对策[C]. 中国航海学会船闸专业委员会,2008.

[9] 张建林,左自林. 突破1200万吨大关——长洲枢纽船闸月货物通过量首超长江三峡船闸[J]. 珠江水运,2018(4):23-23.

[10] 朱元冬. 联动预案缓解长洲枢纽大滞航[J]. 珠江水运,2012(2):46-47.

[11] 张明,李民,冯小香. 长洲枢纽双线船闸堵船原因分析及对策[J]. 水道港口,2012,33(2):142-146.

[12] 谢仲建,谢锐亮. 西江干线航运市场发展及扩能建设需求[J]. 珠江水运,2007(10):30-31.

[13] 广西壮族自治区人民政府. 广西西江黄金水道建设规划[R],2010.

[14] 广西壮族自治区人民政府. 广西内河水运发展规划[R],2007.

[15] 湖南省人民政府. 湘江干流航道发展规划[R],2007.

[16] 湖南省人民政府. 湖南省内河水运发展规划(2011—2030)[R],2011.

[17] 孟祥玮. 三峡工程电站日调节对上游通航水流条件的影响研究[D]. 天津:天津大学,2004.

[18] 孟祥玮. 船闸灌泄水引航道非恒定流研究[D]. 天津:天津大学,2010.

[19] 孔详远. 川江支流引航道口门区通航水流条件分析[D]. 重庆:重庆交通大学,2016.

[20] 叶海桃. 船闸引航道口门区流态的模型研究[D]. 南京:河海大学,2007.

[21] 普晓刚. 已建碍航连续梯级枢纽通航条件改善措施研究[D]. 天津:天津大学,2011.

[22] 孙国栋. 濛里枢纽二线船闸引航道口门区通航水流条件改善措施研究[D]. 重庆:重庆交通大学,2016.

[23] 李兴亮. 弯曲河段枢纽下游引航道通航水流条件研究—潇湘枢纽下引航道通航水流改善方法研究[D],重庆:重庆交通大学,2017.

[24] 陈作强,宣国祥,黄岳,等. 渠江富流滩船闸输水系统水力学模型试验[J]. 水利水运工程学报, 2012(4):82-86.

[25] 阚延炬,李君,宣国祥,等. 蜀山泵站枢纽船闸输水系统水力学模型试验[J]. 水运工程, 2017(9):126-130.

[26] 彭伟. 弯曲河段船闸引航道水流条件及改善措施研究[D]. 长沙:长沙理工大学,2010.

[27] 严伟,陈永奎,杨文俊. 三峡工程明渠通航船模与实船试验[J]. 长江科学院院报,2000,17(2):1-5.

[28] 李宪中,赵连白,李一兵. 改善葛洲坝枢纽大江船闸下引航道航行条件的长江委“W”方案验证及船模试验研究[J]. 泥沙研究,2001(1):48-56.

[29] 刘俊涛,庞雪松,潘荣友. 长洲枢纽三线四线船闸平面布置研究[J]. 水道港口,2013,34(1).

[30] 黄凯. 乌江多梯级枢纽区域船舶货运组织方式优化及仿真[D]. 武汉:武汉理工大学,2011.

[31] 肖希亮. 桥区水域通航评估的内容与方法研究[D]. 武汉:武汉理工大学,2007.

[32] 韦定国,邓柳言. 广西水文测验技术回顾及发展趋势[J]. 广西水利水电,2007(6):12-14.

[33] 张正定,余锡根. 浙江水文测验技术的发展与评述[C]. 中国水文科技新发展-2012 中国水文学术研讨会论文集,2012.

[34] 朱晓原. 我国水文测验技术的回顾与发展[J]. 水文,2006,26(3):45-47.

[35] 程瑞修. 关于对水文测验存在的问题及对策的探讨[J]. 建筑工程技术与设计,2017(7):4512.

[36] 刘小健,夏召丹,聂军,等.基于实船和模型试验的船舶操纵性相关性分析[J].船舶力学,2017(21):270-277.
[37] 陈冬元.三峡—葛洲坝两坝间汛期大样本实船试验分析研究[J].水道港口,2018,1(39):67-72.

2 船闸扩能升级与口门区水流条件

2.1 口门区水流条件研究背景

2.1.1 口门区水流条件问题的产生

山区河流通航枢纽多采用集中布置形式，由于船闸引航道导墙布置于岸边水域掩护进闸船舶，从平面形态上看（图 2-1），枢纽上游河道呈由宽而窄的变化，枢纽下游则由窄而宽。水流经突缩和突扩，其流向与相对顺直的航线相比，不可避免地产生斜向水流。

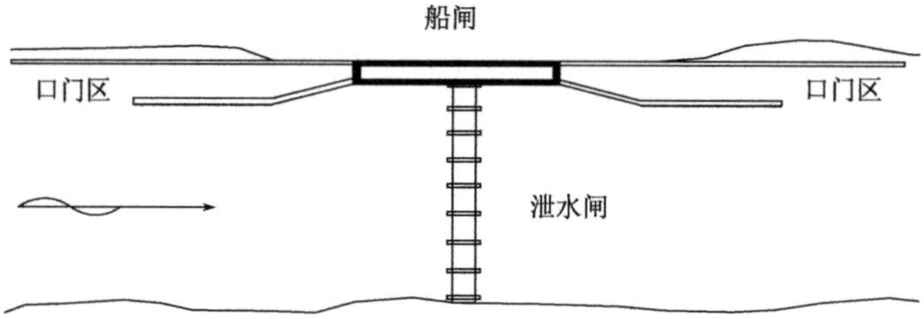

图 2-1 闸室所在河道束窄和放宽的平面形态

枢纽建成后，上游壅水使水深增大，泄流建筑物对船闸上游的影响较小，而受拦蓄作用下泄流量发生改变，再加上坝下冲刷导致河床形态调整，因此泄水建筑物下泄流量，对船闸下游口门区水流条件是有影响的。在大流量的情况下，斜流与回流强度均较大，口门区水流指标不易满足规范要求，水面波动甚至绕过导流堤头传入引航道内；在小流量的情况下，受到如河床地形条件、电站尾水、经冲沙闸下泄的水流、电站日调节等产生不良流态，由于其流速分布不均，下引航道口门区的纵向流速、横向流速和回流流速不同程度地超过规范限值，不能满足船舶安全进出口门区及连接段的航行要求，水面波动也不利于行船。

关于船闸口门区及连接段航道的泄水波高，目前仅三峡枢纽规定有允许指标，其他枢纽均未进行过专门研究。为研究三峡水利枢纽安全通航允许的泄水波标准，长江航道局于 1994 年两次在葛洲坝枢纽进行了泄水波强度和船队缆绳受力幅况联合测试工作。试验表明,泄水波已对船队航行安全构成了严重威胁,建议采用0.5m和0.6m分别作为中小型船队和大型船队在三峡下游安全通航所允许的泄水波波高标准值。嘉陵江草街枢纽也采用泄水波波高值标准。富春江枢纽电站黑启动的研究中,非恒定流模拟计算表明,电站3min内开启6台机组满发运行,引起的水面波动在坝下500m引航道口门附近最大可达3.46m,传递时间约为13min。随着距坝里程的增加,波动幅度逐渐减小。

工程实践中还发现,一些位于河道狭窄、平面形态复杂、坡陡流急河段的通航枢纽,口门区水流条件按照现行水流控制标准加以改善,往往需要付出很大的代价。现阶段关于口门区的研究工作,主要针对通航水流条件判别指标和水流条件的改善措施开展。

2.1.2 口门区通航水流条件判别标准

改、扩建船闸自身口门区水流条件的优劣,及其对已有船闸口门区水流条件的影响程度,均需参考船闸口门区水流条件判别标准,以检验其方案布置是否成功。

2.1.2.1 国外判别标准研究

关于船闸口门区通航安全限值,苏联河运部曾规定“对于大河,流量保证率为10% ~20%时,纵向分速不大于2.0m/s,横向分速不大于0.3m/s。”1966年出版的苏联《船闸设计规范》规定:“在航道范围内,河流的最大纵向流速对Ⅰ、Ⅱ级水道(相应船舶吨级5000t、3000t)不应大于2.0m/s,对Ⅲ、Ⅳ级水道(相应船舶吨级2000t、1000t)不应大于1.5m/s。对各级水道,在引航道直接入口断面处,垂直于航道直线的水流流速不应大于0.25m/s,而在航道范围的引航道入口区不应大于0.4m/s。”1980年1月,苏联又颁布了新的《挡土墙、船闸、过鱼及护鱼建筑物设计规范》。

美国通过水电站泄流对船闸下游引航道流场影响的研究,提出了航行条件的临界允许值。当回流长度为任意值时,回流流速应小于0.3m/s,美国陆军工程师团水道试验站进行了大量的船闸通航水流条件试验研究。在研究船闸通航水流条件时,主要依靠船模航行试验来判断口门区水流情况是否碍航。如通过研究表明,俄亥俄河上的贝利维尔船闸(通航船舶吨级1000t)下游引航道口门区纵向流速、横向流速及回流流速分别达2.07m/s、0.36m/s、0.4m/s时,船舶航行时没有严重困难。美国通过“水电站泄流对船闸下游引航道流场影响”的研究,提出了航行条件的临界允许值:当回流长度为任意值时,回流流速应小于0.3m/s,当回流长度小于船队长度一半时,回流流速应小于0.61m/s。美国陆军工程兵团工程师手册《浅水航道规划设计》(EM1110-2-1611)中提到:经验表明,涡流超过1tf/s(0.305m/s)是有害的,对船舶、船队航行影响的程度取决于涡流的强度和驾驶人员的经验。

2.1.2.2 国内判别标准研究

我国在20世纪70年代末、80年代初,为编制适合国情的船闸规范,相关单位曾做了大量的模型试验和实船试验研究。天科院曾通过水工模型结合船模试验,对湘江大源渡枢纽、湘江株洲枢纽、汉江崔家营枢纽、长江葛洲坝枢纽、大运河韩庄枢纽等进行了口门区及口门外连接段通航水流条件研究。西南水运工程科学研究所(以下简称西科所)、长江科学院(以下简称长科院)也都进行过相关研究,取得了大量的研究成果。为了论证船闸规范总体篇中有关水流条件的规定,曾进行了专门的实船试验、水工模型试验和船模试验。实船试验先后进行了淮安实船试验和沱江猫猫寺实船试验。试验结果表明:当横向流速大于0.4m/s时,船队要进入引航道口门是困难的,因此认为横向流速的限值还要更小。1982年,为研究引航道口门区水流流态以及船队克服口门区横流的情况,同时为编制船闸规范提供依据,南京水利科学研究所(以下简称南科院)曾采用1∶40的自航船模在同比尺的水工模型上进行了引航道口门区航行试验。试验结果认为:当口门区横向流速不大于0.3m/s时,船队都能安全进出引航道口门。

天科院周华兴、南科院曹民雄等人收集了水利、水电及航运(电)枢纽通航水流条件模型试验的成果资料。通过对14个航运枢纽工程中水流与航运参数的归纳、统计和分析,得出在口门区航道宽度外侧边缘的纵横向流速绝大部分超过限制值,大部分枢纽工程的舵角与漂角超过有关规定,但结论都是满足水流与航行条件的要求,因而认为口门区的水流条件限值可适当提高为2.4m/s、0.35m/s,口门区航行条件限值舵角为25°。

目前我国现行的通航安全标准,采用2004年由原建设部、原国家质检局联合发布的《内河通航标准》(GB 50139—2004)中及2014年住房和城乡建设部发布的《内河通航标准》(GB 50139—2014),见表2-1,并要求“船闸引航道口门外连接段与主航道的水流应平稳过渡,连接段的水流表面最大流速不应影响过闸船舶和船队的安全航行。”

引航道口门区水面最大流速限值表(单位:m/s)　　表2-1

船闸等级	平行航线的纵向流速	垂直航线的横向流速	回流流速
Ⅰ~Ⅳ	≤2.0	≤0.30	≤0.40
Ⅴ~Ⅶ	≤1.5	≤0.25	

近年来，在我国船闸的建设实践中，大多数船闸在采用物理模型研究口门区通航水流条件的同时，一般会结合遥控自航船模试验加以判断。一些船闸也常会根据口门区的水流结构和自航船模的航行情况，对口门区的流速标准限值进行适当放宽。通常认为：当口门区的横向流速超出允许值但超值及出现的范围较小时，对船队安全进出口门区的影响不大。

2.1.2.3 关于通航标准的讨论

山区河流改扩建工程实践中发现，按照现行的口门区水流控制标准加以改善，往往需要付出很大的代价。在广东省北江上延工程塘头通航枢纽的千吨级船闸水流条件改善中，为了减小航线与主流的夹角以取得满足规范的口门区水流指标，需要额外增加的开挖方量高达 300 万 m^3，成本增加显著。此外，尽管《内河通航标准》规定了千吨级船闸在山区河流中的设计最大通航流量的重现期应该采用 10 年，但目前山区河流中运行的通航枢纽，在最大通航流量下，大多口门区水流条件与控制标准相距甚远。倘若采取工程措施对其改善，同样需要付出较大的代价。某些改扩建船闸的模型试验中发现，当口门区横流值小幅度超出规范且出现的范围较小，通过遥控自航船舶模型试验论证可以满足船舶安全进出船闸。由此，逐渐引发了一些关于标准富余量的探讨。

陈作强搜集了国内近年来 12 座枢纽的模型试验成果，结合概化水槽试验研究认为，横向流速是影响口门区水流条件的主要水力要素，横向流速的判别标准应采用船舶（队）长度范围内各测点平均值的概念而非瞬时值。

回流范围的大小对船舶、船队的影响程度不同。大量研究表明，如果回流长度远大于一倍船舶长度时，可分解为纵向流和横向流，可不按回流单独考虑。当回流长度小于船舶、船队长度时，对船舶、船队航行的影响也不大。但当回流长度接近一倍船舶、船队长度时，水流对船首和船尾施加相反的作用力，产生很大的平面旋转力矩，船舶、船队相当于在旋转平面流内航行，用舵很难克服，导致船舶、船队操控困难而发生事故。因此，口门区的各向流速纵向、横向和回流超出标准的范围，长度应控制在 2/3 倍船长以内。

改扩建船闸难于满足相应等级最大通航流量的问题，普遍存在于山区河流通航枢纽。众多学者在研究中，根据汛期来流特点，通过分析多年水文统计资料，引入最大通航流量保证率的概念。在广东北江、湖南沅水、广西西江的通航枢纽船闸改扩建工程中，按照年通航保证率 98% 对应的流量确定最大通航流量。尽管上述手段确定的最大通航流量较内河通航标准要求的流量为小，但在船闸实际运行中，配合汛期恰当的管理方式，仍不失为一种解决问题的有效手段。

2.1.3 口门区通航水流条件改善措施

改扩建船闸受其布置条件的限制,船闸口门区往往存在较大斜流或者回流,很难满足规范要求,需要采取恰当的工程措施改善通航水流条件。电站泄流对于船闸下游口门区水流条件的影响主要集中在导航墙堤头处,下泄动水与引航道静水形成速度差,容易在口门区产生回流。对于横流的改善,很多工程实践证明在导航墙堤头处直线段开孔、布置导流墩等可以有效地减小堤头处的横流,削弱电站泄水对船闸口门区的影响。

如果河道主流与口门区、连接段航线呈一定夹角,可在导航墙下游布置导流墩、实堤或浮堤等措施,在万安水利枢纽船闸下游通航水流条件研究中,主流与口门区航线呈20°夹角,采取布置与主流夹角为10°的导墙,取得了比较理想的改善效果。对于水面波动的改善,可采取调整电站日调节工况、增设隔水墙或消浪墙或者采取相应的航运管理措施,做好泄流影响区域内的船舶调度。

目前对导航建筑物的研究较为丰富,包括增减隔流堤长度、对实体隔流堤堤头开孔、采用透空式导航墙、修建丁坝、导流堤、导流墩等,并且形成了一系列效果较好的新型结构形式。目前在众多导航建筑物中,得到应用和研究较多的有导流墩、导航墙(长短、堤头形式、堤身开孔)及丁坝潜坝等。

(1)导流墩

导流墩是一种改善口门区通航水流条件的常见工程措施,呈一定间距和角度布置于引航道导墙外的导流墩,如图2-2所示,可有效削弱口门区航道的斜流与回流强度。

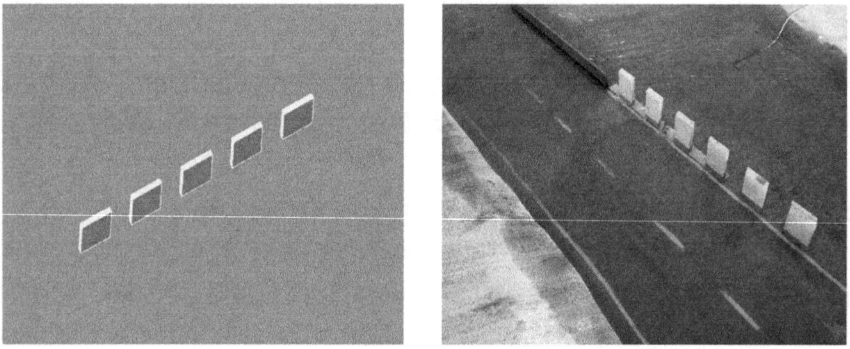

图2-2 常用的口门区水流条件改善工程——导流墩

关于导流墩改善水流条件的水力学机理较为清晰,当边界突扩或突缩的条件下,受惯性力影响,动静水交界处即引航道导堤堤头附近流体出现流速梯度,随之而来的切应力导致回流，而水流扩散或者收缩产生相对口门区航线的斜向水流。导流墩布置后，动静水流之间的流速梯度被墩体削弱，且进入口门区流量减小，相应地斜向水流和回流的强度减小，实现口门区水流条件的改善。

工程实践中对于不同布置条件的船闸，采用模型试验研究导流墩的具体结构形式、尺寸、高程、角度及间距等布置参数，以达到最佳改善效果。土谷塘航电枢纽、长沙综合枢纽、大源渡航电枢纽在改善引航道口门通航枢纽条件方面，均采用了导流墩，在调顺水流方面取得了很好的效果。其中，湘江大源渡枢纽采取导堤缩短，并在堤头的右下方增设两个导流墩，使原本中枯水流量下航中线右侧的水流夹角最大达42°，横向流速最大达1.34m/s的恶劣条件得到有效改善，口门区水流平顺，最大横向流速降至0.3m/s以内，水流条件和船舶航行条件均符合规范要求。

随着研究的继续深入，出现了大量新型导流结构，如层叠式导流墩、圆弧式导流墩、桩基透空式导流墩和导流屏（图2-3）等，基本原理类似，通过优化导流墩的形体和透水率，使其更适用于具体枢纽中船闸口门区条件的改善目标。

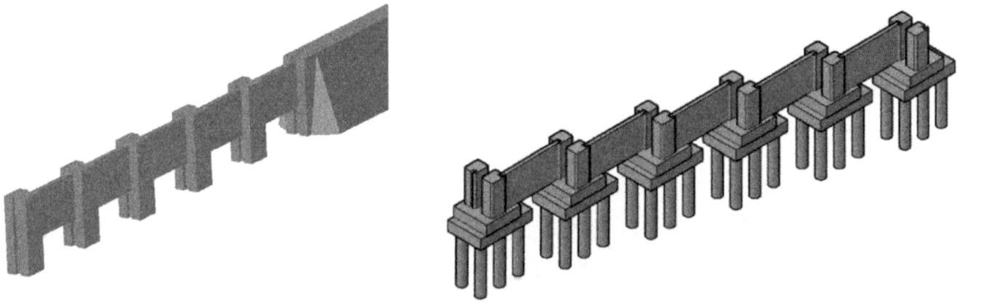

图2-3　不同形式的透空导流墩和导流屏

(2)导航墙

导航墙是国内外应用最多的辅助通航建筑物，针对导航墙的研究，主要集中在墙身的开孔、长短、高程以及堤头的形式。其中，导航墙开孔的作用机理是一部分水流从堤头下部泄水孔流出，降低堤头流速，减小水流与航线夹角。

德意志联邦水工研究所在摩赛尔河上的列门方凯尔枢纽以及萨尔河上雷灵根壅水坝枢纽的船闸上游导航堤均采用了堤头开孔，以减弱回流强度和范围，获得满意的航行条件；美国陆军工程兵团水道试验站在俄亥俄河上的贝利维尔枢纽船闸，为减少导航墙端部的横向流速将船闸向右岸移的同时调整导航墙透水孔面积并在端部筑潜坝使流速降低，阿肯色河奥扎克枢纽船闸在导航墙上开孔，同时在导堤前方筑潜坝的方法，获得满意的水流条件。

国内导航墙开孔的改善措施，被广泛应用于贵港枢纽、那吉枢纽、新滩枢纽、红岩子枢纽、小龙门枢纽、风仪场枢纽、渠江风洞子、新政船闸枢纽等工程实践中。针对新政航电枢纽船闸原设计方案上游口门区不能满足安全通航要求的情况，采用延长上引航道外导航墙，并将其头部的直线段由实体结构改为透空式结构。试验表明，优化措施改善了原方案在大中洪水流量情况下，在船闸上引航道外导墙头部附近所出现的绕流流态及横向流速过大的情况。图2-4为广东北江上游湾头航电枢纽堤头开孔的导航墙体。

图2-4 堤头开孔的导航墙体

导墙堤头作为动、静水分流点，有较大的流速梯度，产生斜向流速及回流强度都比较大。堤头形式的调整对改善水流也有一定帮助。葛洲坝水利枢纽三江堤头采用扭曲面；在铜鼓滩枢纽的通航水流条件研究中，曾对导堤堤头形式进行试验研究，结果表明流线型透空式堤头能够有效改善口门区水流条件；飞来峡下游引航道导堤堤头，由原设计方案改为浮堤形式后，可改善口门区水流条件。

(3)丁坝、潜坝

将河道整治工程中的丁坝、潜坝应用于通航水流条件的改善，与导堤开孔等手段结合使用，国内外都有成功案例。美国陆军工程兵团水道试验站在俄亥俄河上的贝利维尔枢纽船闸，为减少导航墙端部的横向流速将船闸向右岸移的同时调整导航墙透水孔面积并在端部筑潜坝使流速降低，贵港航运枢纽前期论证阶段，研究了丁潜坝与导流堤外扩开孔对通航水流条件的影响。在导流堤透孔外扩的基础上，距导流堤堤头860m处加设一长87m的丁坝，丁坝设置后经丁坝的挑流作用，口门区处在缓流区，减小了水流的流速。但丁坝的长短影响口门区的水流条件、工程量及安全感，故希望丁坝尽量短，但是缩短后起不到应有的作用。为弥补这一不足,采取丁、潜坝结合的工程措施,丁坝、潜坝在同一轴线上,仅高程不同,潜坝高程 37.6m。实验确定的最佳丁潜坝长度为丁坝 58m,潜坝 60m。经模型试验检验,口门区水流条件可以满足规范要求。

丁坝、潜坝的使用,在改善水流条件的同时,对引航道口门区减淤具有积极作用。北江清远坝下口门区的淤积主要由坝下局部河床冲刷泥沙在水流作用下向航道内输移所致,为推移质淤积。虽然经过多次整治,但在一线船闸下游口门区淤积明显,局部深槽淤平。并列布置的扩建二线船闸为改善自身口门区通航水流条件,采用组合式潜坝结构,由一条顺坝结合若干条短丁坝,方案实施后一、二线船闸口门区通航水流条件均得到有效改善,且减淤效果明显。

(4)浮堤

浮堤的功能是将口门区的表流与河道主流区的表流隔开,减弱主流区表流对进入引航道船舶的影响,同时河道主流通过浮堤有一部分水量进入口门区,以削弱口门区的回流强度,减小绕流梯度,如图 2-5 所示。对于浮堤的连接形式和水流冲击力等问题,需要进一步研究确定。

图 2-5　对表流作用明显的浮堤

2.2　口门区水流条件改善实例

新中国成立以来,通航枢纽船闸经过几十年的建设,积累了大量工程经验,关于口门区水流条件的改善措施十分丰富。在处理具体的改扩建船闸工程问题时,如船闸布置于弯曲河道、布置于干支流交汇段或是布置于河道束窄段等,均表现为口门区水流条件超过规范要求值,但内在原因各不相同。需要因地制宜,根据自身布置条件选择合适的改善措施,以解决已有船闸和改扩建船闸口门区通航水流条件的问题。

本小节针对改建和扩建船闸口门区水流条件存在的问题，选取三组典型工程，在分析具体工程特点、制约因素的基础上，详述了口门区水流条件存在的问题及研究手段，通过研究最终提出符合规范要求的口门区水流条件改善措施。

2.2.1 采取导航墙改善水流条件实例

2.2.1.1 工程背景

洪江枢纽位于湖南沅水干流，属于沅水梯级开发的第八级电站，下距安江枢纽31km。坝址所处顺直微弯的山区型河段。工程以发电为主，兼顾航运、灌溉等功能。水库总库容为3.2亿m^3，调节库容0.75亿m^3。洪江枢纽主要由电站厂房、泄水闸、船闸三部分组成，电站厂房布置于河道左侧，6台机组满发流量1470m^3/s，而坝址河段多年平均流量为705m^3/s；泄水闸居中，为9孔开敞式溢流堰；船闸位于河道右岸阶地，等级为300吨级，闸室有效尺度为64.2m×12m×2.5m（长×宽×门槛水深），洪江枢纽布置见图2-6。目前该船闸最大设计通航流量为3800m^3/s，设计最大年通过能力不足100万t，无法满足过闸需求，并与该段规划的500吨级航道不匹配，需对其进行扩能升级，方案为在原有船闸基础上改建新船闸。

图2-6 洪江枢纽布置图

改建完成后，保留原有船闸上闸首和闸室作为上游引航渠道，在原船闸下游重新建造一座Ⅳ级标准船闸，采用曲进直出的布置方式，船闸尺度215m×23m×4m，可满足最大过闸船型为500t级货船，设计单向年过坝运量为540.06万t。

上游引航道在原有导航建筑物基础上，沿上游外侧导航墙新建158m透空式插板辅导航墙，作为进出上游引航渠道的导航措施；下游引航道将在114m导航墙原有基础上加高加固后，沿其新建 80m 实体辅助导航墙，并每隔 10m 布置单长为 10m 的 8 组导流墩。船闸改建方案平面布置见图 2-7。

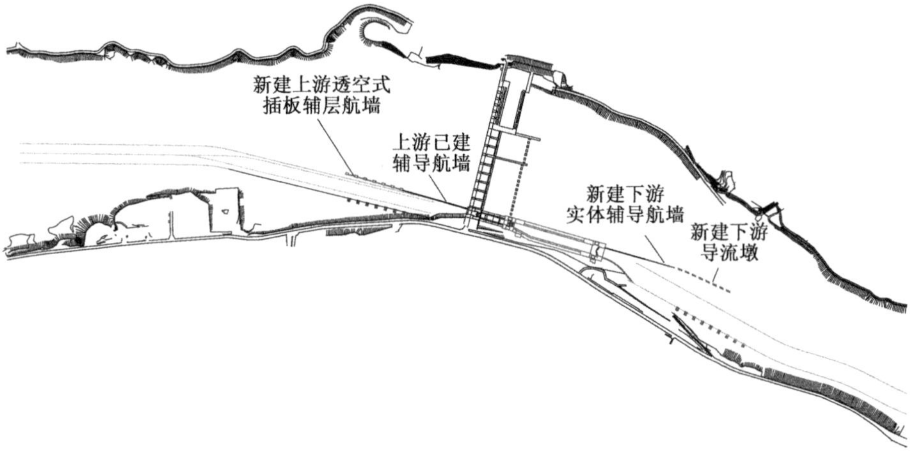

图 2-7　改建新船闸设计方案平面布置图

2.2.1.2　研究方法

采用按照重力相似和阻力相似准则设计的 1∶80 定床正态物理模型试验，结合同比尺遥控自航船舶模型试验，研究洪江枢纽改建船闸的通航水流条件及相应的改善措施。

(1) 物理模型概况

物理模型研究河段范围包括了枢纽上游 2km 及下游 3.5km，模拟河段长度约 5.5km，河宽约 500m。物理模型布置图见图 2-8。

图 2-8　洪江枢纽改新船闸物理模型照片

①模型设计。

为保证水流运动相似与船舶模型航行相似，整体模型设计为定床正态，按照几何比尺为1∶80设计，满足进出口水流调整的要求，模型长约68m，宽约6.2m。

按照河工模型水流运动相似基本准则，模型设计应满足重力相似、阻力相似及水流连续性相似等条件，相应地计算出几何比例尺 λ_2、流速比尺 λ_v、流量比尺 λ_Q、时间比尺 λ_t、糙率比尺 λ_n 等。具体计算见表2-2。

模型设计比尺计算表　　表2-2

模型设计比尺	计　算
几何比尺	$\lambda_L = \lambda_H = 80$
速度比尺	$\lambda_V = \lambda_L^{\frac{1}{2}} = 8.94$
流量比尺	$\lambda_Q = \lambda_L^{\frac{5}{2}} = 57243.3$
时间比尺	$\lambda_t = \frac{\lambda_L}{\lambda_V} = 8.94$
糙率比尺	$\lambda_n = \lambda_L^{\frac{5}{2}} = 2.08$

此外模型还需要满足以下限制条件：

其一，模型水流必须为紊流，即模型雷诺数。

$$Re_m = \frac{V_R}{\nu} \geqslant 1000$$

式中：V——水流流速；

R——水力半径；

ν——水流运动黏滞系数。

其二，模型试验段最小水深 H_{min} 不小于3cm，避免表面张力影响。

②模型验证。

为保证模型与原型水流运动相似，模型建成后，分别对洪水12700m³/s、中水3750m³/s、枯水1385m³/s三级流量的沿程水面线及断面流速分布进行验证试验，调整糙率使模型与原型误差最终满足《内河航道与港口水流泥沙模拟技术规程》(JTS/T 231-4—2018)(以下简称《规范》)的要求。水尺与测流断面布置如图2-9所示，验证结果如图2-10和图2-11所示。

以上三级流量的验证表明，河道左、右岸模型水面线与天然水面线基本吻合，水位误差均在±0.1m内，模型与原型达到了阻力相似；断面流速分布趋势与原型一致，典型断面的流量闭合差均为超过±5%的允许偏差要求，模型的水流运动与原型相似。满足规范要求，在此基础上进行模型试验，其成果是可靠的。

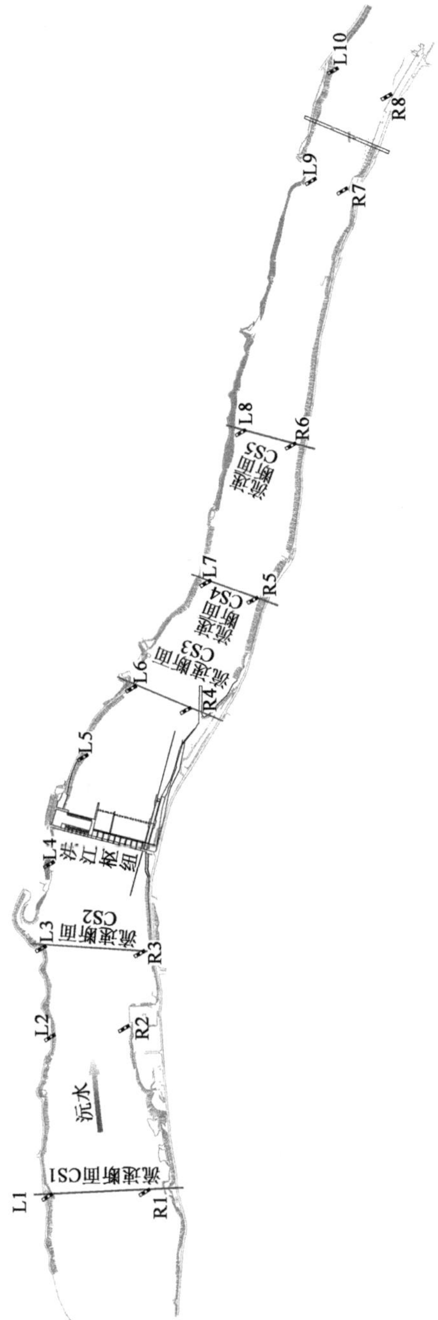

图2-9 物理模型水尺及测流断面布置图

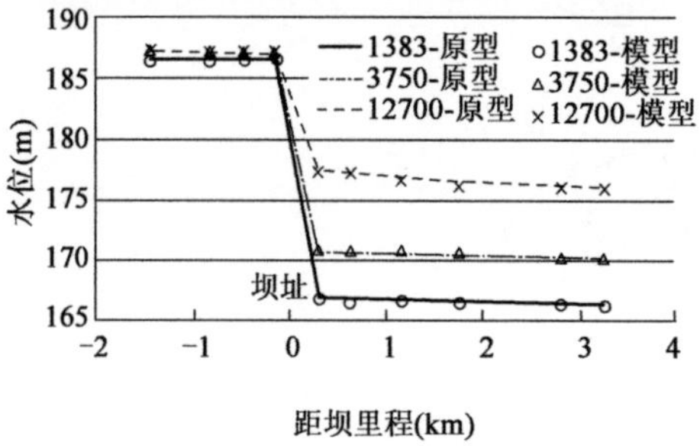

a)左岸沿程水面线

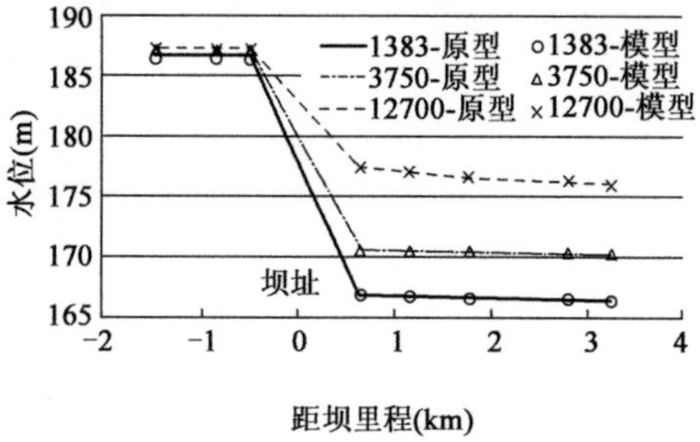

b)历岸沿程水面线

图 2-10　三级流量下沿程水位验证

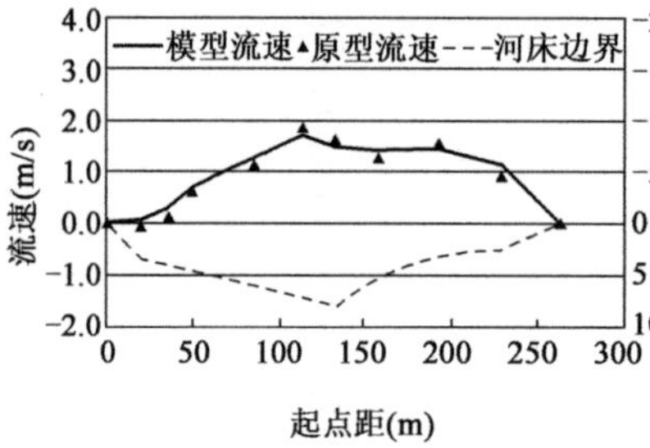

CS03

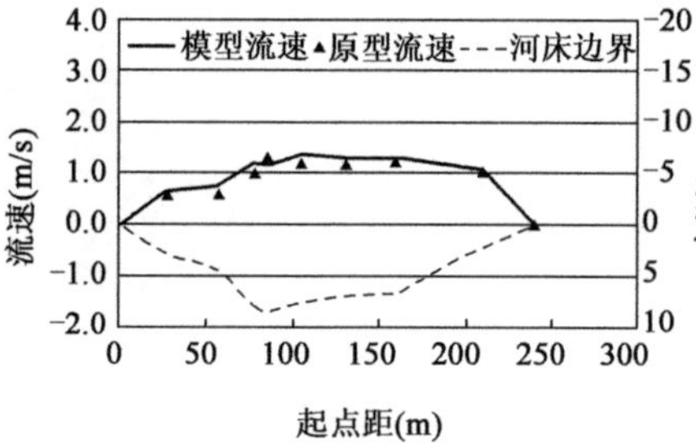

CS04

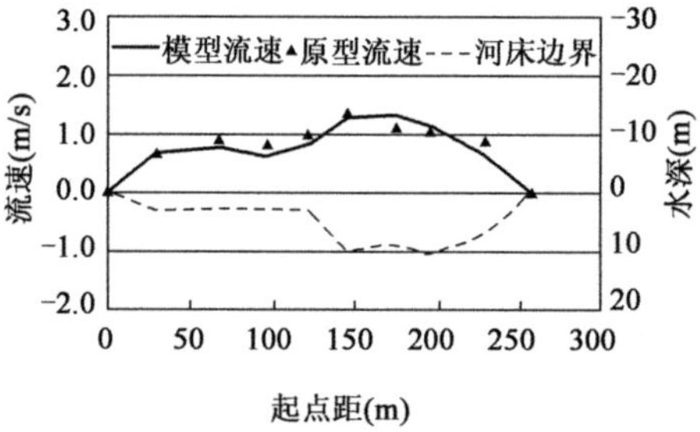

CS05

a)Q=1385m³/s模型与原型流速分布

图　2-11

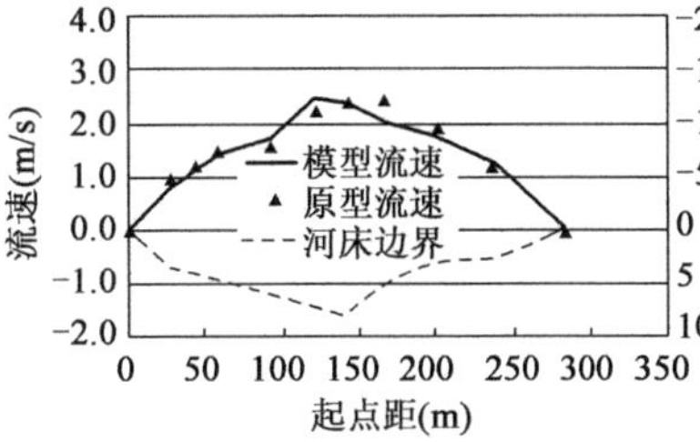

CS03

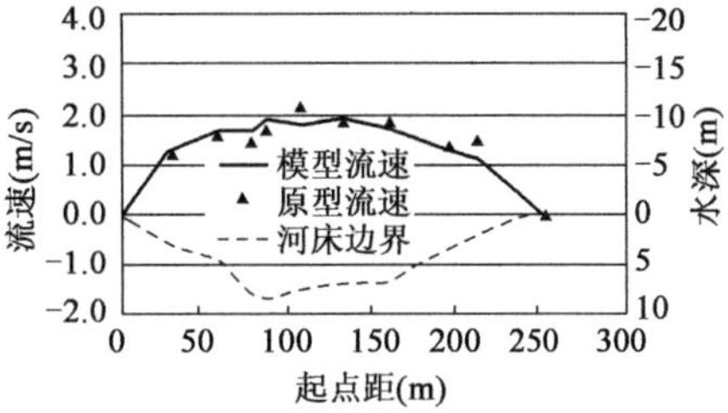

CS04

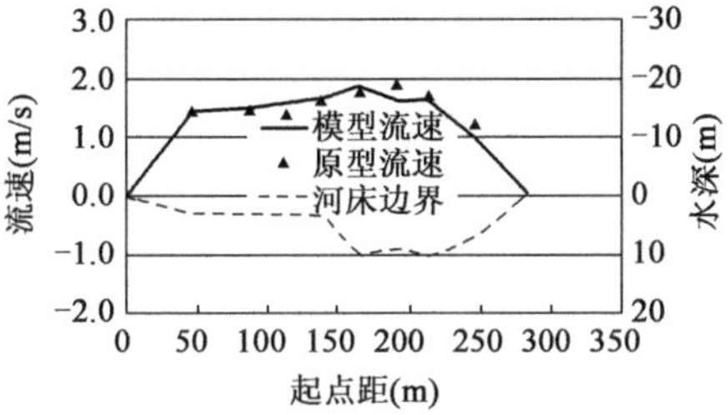

CS05

b)Q=3750m³/s模型与原型流速分布

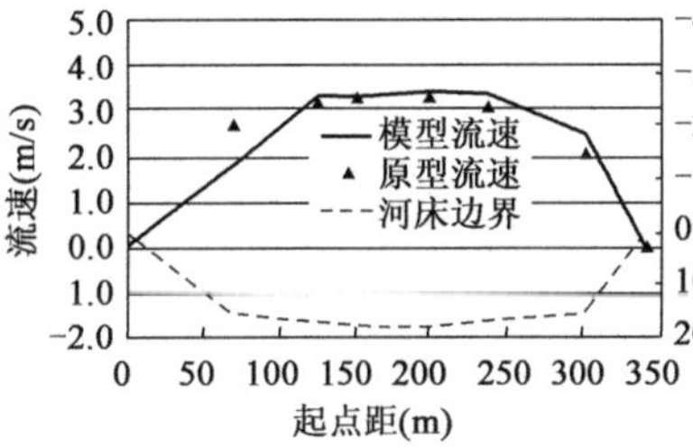

CS03

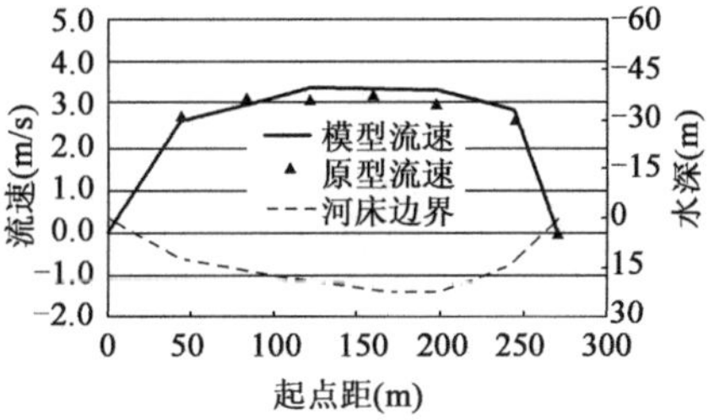

CS04

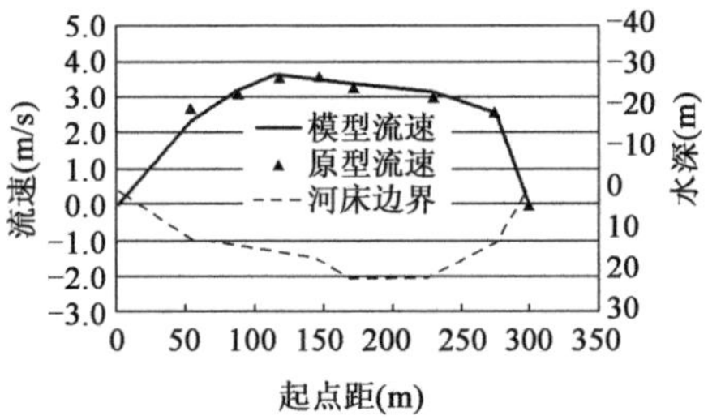

CS05

c)Q=12700m³/s模型与原型流速分布

图 2-11 断面流速分布验证

(2)遥控自航船舶模型概况

①船型选取。

选取湘江流域常见的500t机动货船作为代表船型,其尺寸为67.5m×10.8m×1.6m(船长×船宽×满载吃水)。

②船舶模型设计与制作。

船模设计:船模作为实船在水中运动,其运动过程是一个力学过程,应该满足一定的相似条件。《通航建筑物水力学模拟技术规程》(JTJ/T 235—2003,以下简称《规程》)规定,用于通航水流条件试验的船模,应该满足几何相似和重力相似条件。对于满足几何相似条件的船模,其几何尺度、形状、吃水和排量都应与实船相似;对于满足重力相似条件的船模,其运动速度及时间也应该与实船相似。

船模比尺应该与水工模型的几何比尺一致,均为1∶80,根据量纲关系推求各个物理量之间的比尺见表2-3。

船模比尺关系表 表2-3

船模比尺	关系式
吃水比尺	$\lambda_T = \lambda_L$
排水量比尺	$\lambda_\nabla = \lambda_L^3$
速度比尺	$\lambda_V = \lambda_L^{\frac{1}{2}}$
时间比尺	$\lambda_t = \lambda_L^{\frac{1}{2}}$

船舶制作:主要依据船舶线形图、桨叶图、舵叶图按照1∶80的几何比尺进行加工,对于船体水线以下部分尺寸需严格控制其加工精度,水线以上结构则可适当简化,以便减轻重力。

由于没有试验船舶的实际航速资料,参照目前国内研究枢纽上下游口门区及连接段航行水流条件的试验方法,确定本次试验船模的航速。设计船型的试验航速分别为2.50m/s、3.00m/s、3.50m/s和4.00m/s(静水航速,已换算至原型)四挡前进航速。船模的航速率定按照《规程》要求,在无风静水中进行,在保证船模直航稳定(航行过程中压舵小于3°)的前提下,调整螺旋桨的转速,使船模的航速达到设定值。

③船舶模型率定。

船舶试验前,需要对船模的静水性能和运动性能进行校准使其满足试验要求。

内河船舶的静水性能：主要是指船舶在静水中的吃水、排水量、浮态及重心位置。船体制作完工后，进行配载试验，在船舶模型船首、船中、船尾位置标刻上响应的吃水深度，按排水量称重配载，在专用水槽中调整配载位置，满足船舶模型的前、中、后吃水深度，从而使船模与实船在静水中的排水量、吃水及平面重心位置达到相似要求。

内河船舶的运动操纵性能：主要是指其在航行过程中的操纵性能。船模操纵性能是指船舶受驾驶者的操纵而保持或改变其运动状态的性能，反映了船舶航行过程中的航向稳定性以及避免碰撞时的机动性。船舶在航行过程中，为了尽快达到目的和减少燃料消耗，驾驶者总是力求船舶以一定的航速沿直线航行，而当预定航线上发现其他船只或障碍物时，为避免碰撞驾驶者需要使船舶改变航速或航向。

因此，在进行通航水流条件试验时，船模与实船的运动操纵性是否相似就显得非常重要。根据国内船模试验资料，尽管船模已经做到了外形的几何相似、排水量相似以及直线静水航速相似。但从目前的船模试验资料看，1∶50～1∶100比例的船模均会因缩尺而产生操作性尺度效应，造成船模与实船的操纵性能不相似，需要进行修正。由于没有试验船型的实船操作性试验资料，因此按类似船型和比尺船模的试验结果，采用减小舵面积的方法来修正其尺度效应的影响。本次试验采用的船模均在展弦比 λ 不变的前提下把边舵面积减小25%，并通过静水左右舵35°回转的船模回转试验验证了所选舵面积基本合理，从而达到修正尺度效应的效果。

通过率定和调整，最终使船舶模型满足《规程》的要求。

④船舶航行参数判别指标。

船舶在航行过程中，其航行状态的好坏取决于水流条件与船舶本身的动力特性及其操纵性能的优劣。在一定的水流条件下，船舶的航行状态一般由船舶的航行轨迹带宽、舵角、航向角、漂角、对岸航速等航行参数来反映。但如何通过船舶航行参数来判别航行状态的优劣，目前还没有相应的行业准则。针对船闸引航道口门区及桥区这种限制性航道，目前国内多参照“七五”期间三峡船闸引航道口门区的通航水流条件研究成果对口门区船舶航行状态进行判断，即舵角应小于20°，漂角应小于10°，并且不能长时间用大舵角。

对连接段的限定有所放宽，一般说来，舵角应小于25°，并且不能长时间用大舵角航行。对天然主航道则没有明确的限定，主要用船舶航行安全状态来判别航道航行状态的优劣。

2.2.1.3　存在的问题

因枢纽坝址正好位于顺直微弯段凸岸，而改建船闸的布置轴线又与河道存在夹角。导致上、下游引航道口门区及连接段水流条件不仅要受突缩和突扩的影响，也受到航线与主流斜交的影响。

枢纽上游在下泄流量为两年一遇洪水流量 7820m³/s 时（泄水闸与电站联合调度），水流流向与口门区连接段航线夹角在 20°左右，口门区末端横向流速在 0.4m/s，不满足规范要求。船闸上游流场见图 2-12。船舶以 3.0m/s 航速上行，出现右漂，需操 20.3°舵角抵御横流，船舶以 3.0m/s 航速下行，漂角最大为 8.7°，需操 16.3°舵角进入口门区。随着流量的增大，横向流速超标幅度与超标范围继续扩大。船模航行漂角超标，不满足安全航行要求。船模上、下行的航行参数如图 2-13 所示。

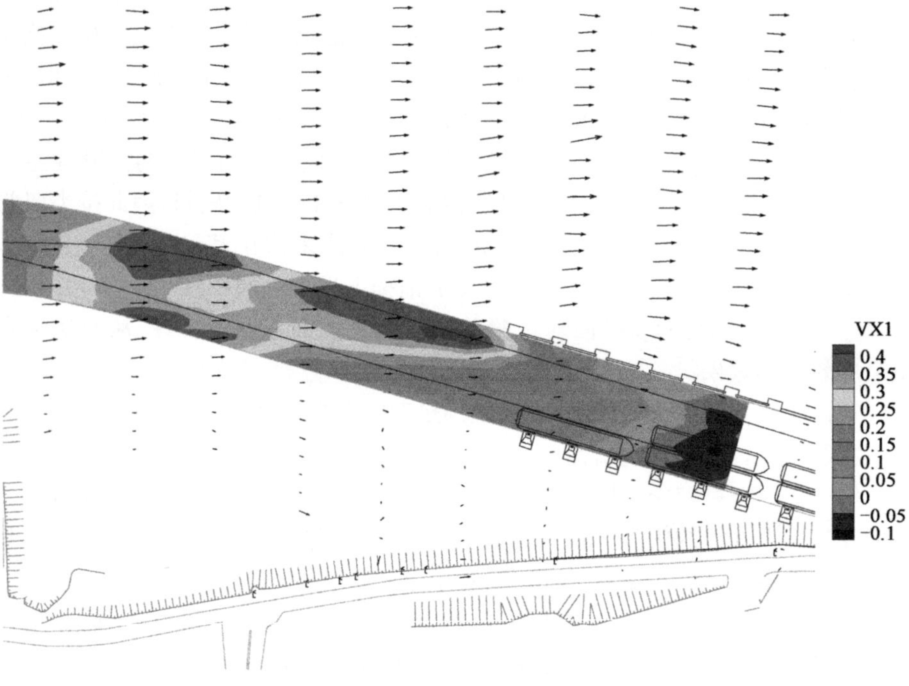

图 2-12　设计方案上游流场图与口门区横向流速分布（7820m³/s）

枢纽下游当泄水闸与电站联合调度工况，下泄流量为一年一遇洪水流量 3820m³/s 时，水流流向与口门区连接段航线夹角在 17°左右，但由于同流量级枢纽下游流速远大于上游流速，因此该流量级下口门区内大部分横向流速已超过

0.3m/s,最大横向流速可达0.7m/s,不满足规范要求。船闸下游流场见图2-14。船舶以4.5m/s航速上行,漂角最大为8.1°,需操17.6°舵角进入口门区,船舶以4.0m/s航速下行,漂角最大为12.8°,已突破规范值,需操21°舵角抵御横流。船模上、下行的航行参数如图2-15所示。随着流量的增大,横向流速超标幅度与超标范围继续扩大,航行参数恶化。

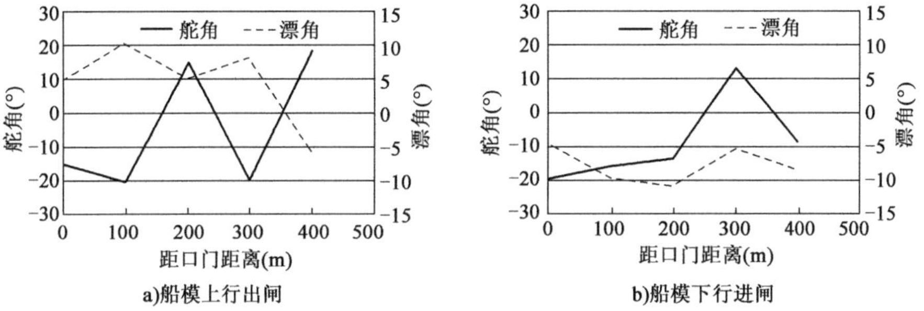

图2-13 设计方案上游船模上、下行的航行参数(7820m^3/s)

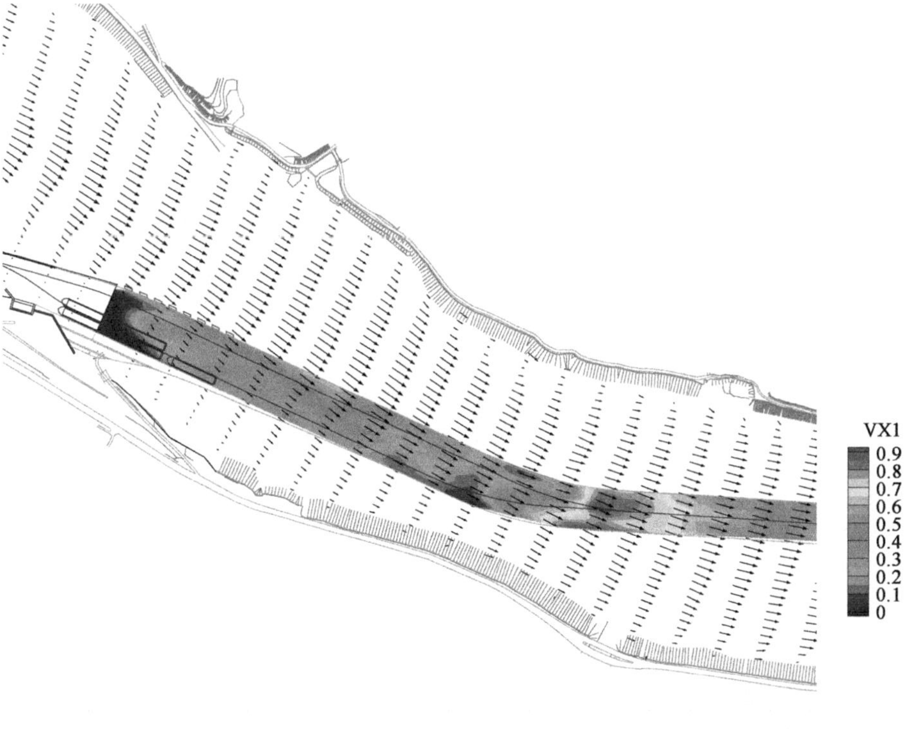

图2-14 设计方案下游流场图(3820m^3/s)

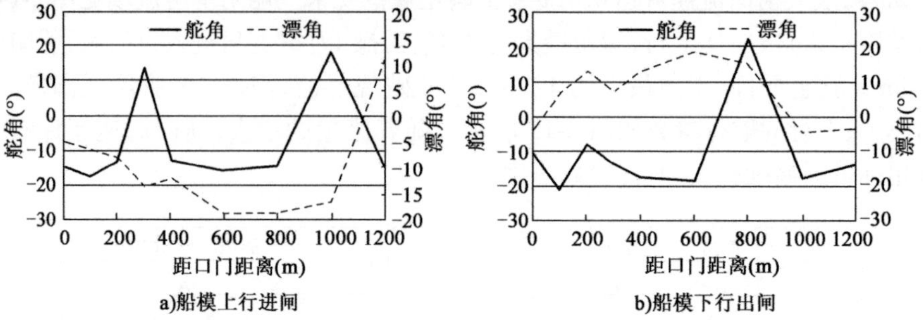

图 2-15 设计方案下游船模上、下行的航行参数(3820m³/s)

综合改建船闸上、下游口门区水流条件,受限于口门区水流条件,洪江枢纽按照设计方案改建船闸后,最大通航流量小于一年一遇洪水流量 3820m³/s,远低于规范标准值。内河通航标准规定山区性河流Ⅳ级船闸,最大通航流量重现期采取 3 ~5 年。

2.2.1.4 改善措施及效果

(1)改善措施

针对设计方案存在的问题,采取的改善措施为延长导堤,增加透空式导航墙,调整导航墙及航线位置以减小与水流流向的夹角等措施。具体包括:枢纽上游,将航线以导墙堤头为基点逆时针旋转 2.2°,透空式导航墙延长 75m,将靠近船闸的 4 孔透空式导墙改为实体堤;枢纽下游,将航线以导墙堤头为基点顺时针旋转 4.1°,将新建导堤及导流墩形成的折线改为实体堤,且堤头位置向右岸调整 20m;根据水流流向调整连接段航线。改善方案船闸上、下游布置如图 2-16、图 2-17 所示。

(2)改善效果

改善工程实施前后,不同流量级枢纽上、下游口门区及连接段航中线横向流速分布对比如图 2-18 所示,船模上、下行的航行参数对比如图 2-19、图 2-20 所示。枢纽上游当泄水闸与电站联合调度工况,下泄流量为两年一遇洪水流量 7820m³/s 时,水流流向与口门区连接段航线夹角最大由 22°减小为 16°,口门区末端横向流速降至 0.3m/s 以内。上行船舶以 3m/s 航速通过该航段时,右漂幅度减小,需操 11°舵角即可抵御横流,下行船舶同样以 3m/s 航速通过该航段时,最大漂角由 11°减至 8.8°,需操 10.5°舵角进入口门区。但因航线与水流流向夹角依旧存在,随着流量的增大,横向流速继续增大至超过规范标准,船模不满足安全航行要求。

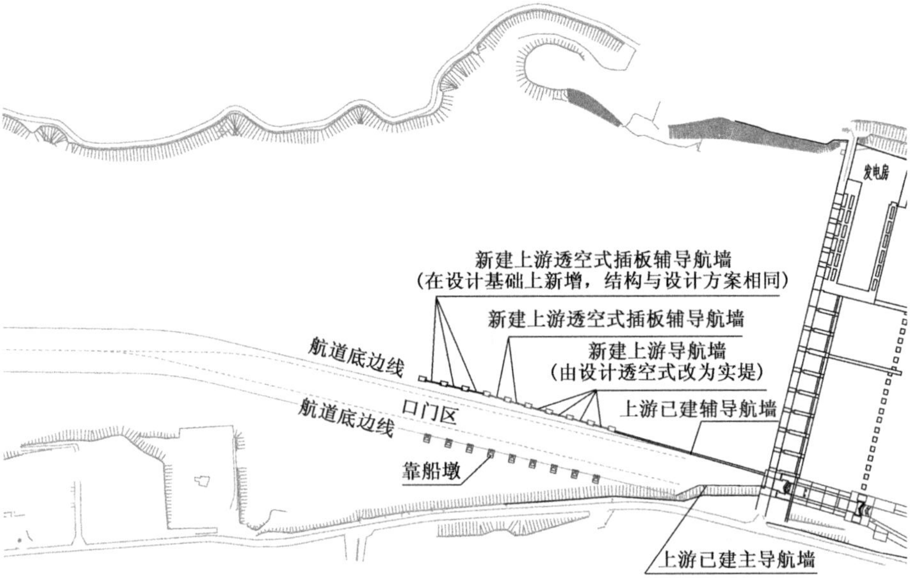

图 2-16　枢纽上游改善方案布置图

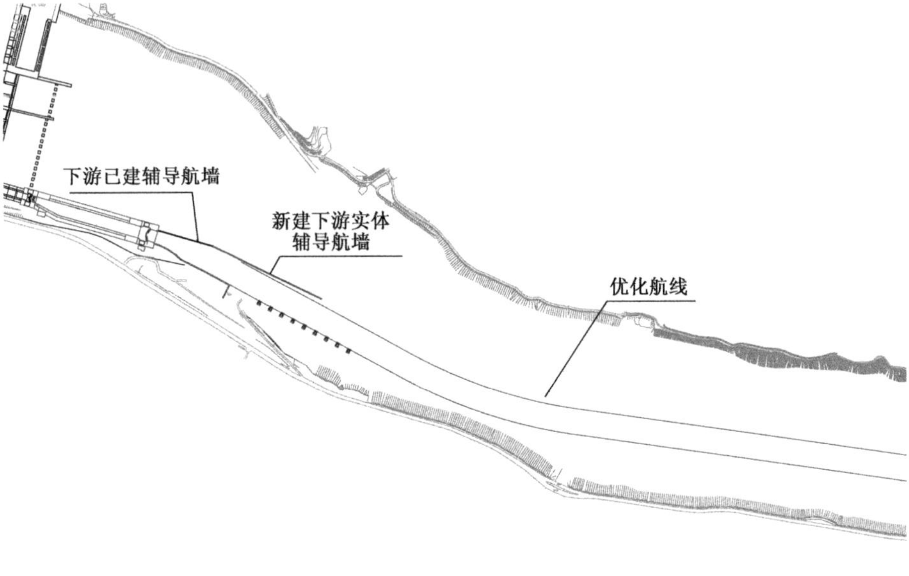

图 2-17　枢纽下游改善方案布置图

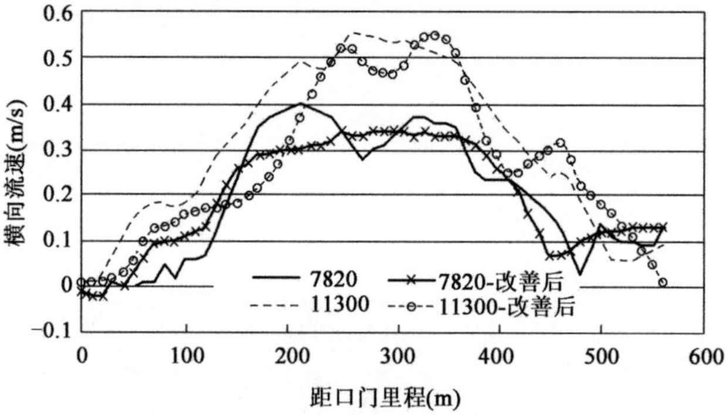

a)枢纽上游

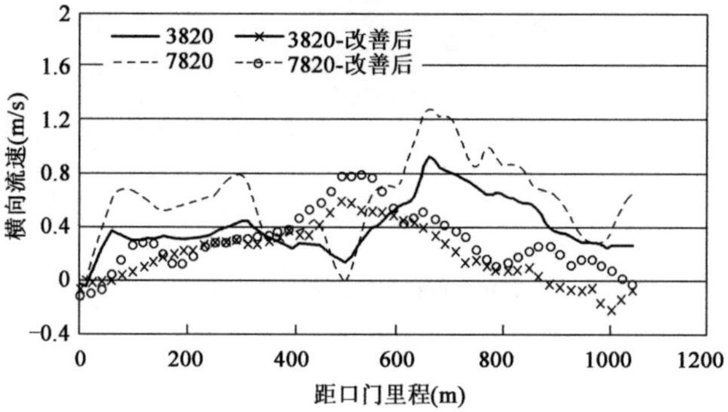

b)枢纽下游

图 2-18　改善前后船闸口门区及连接段航中线横向流速对比

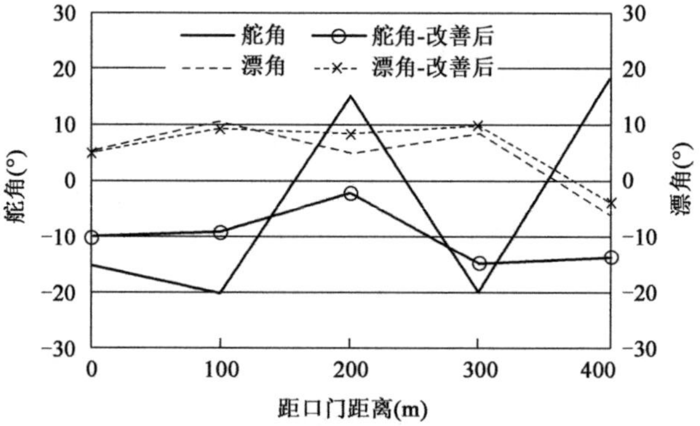

a)船模上行出闸

图　2-19

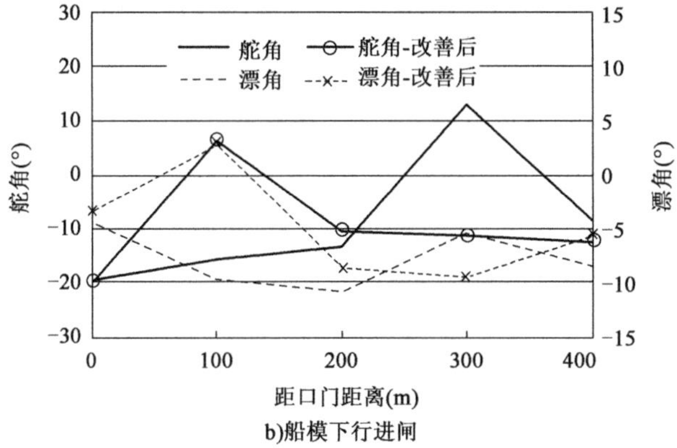

图 2-19 枢纽上游改善前后船模参数对比(7820m³/s)

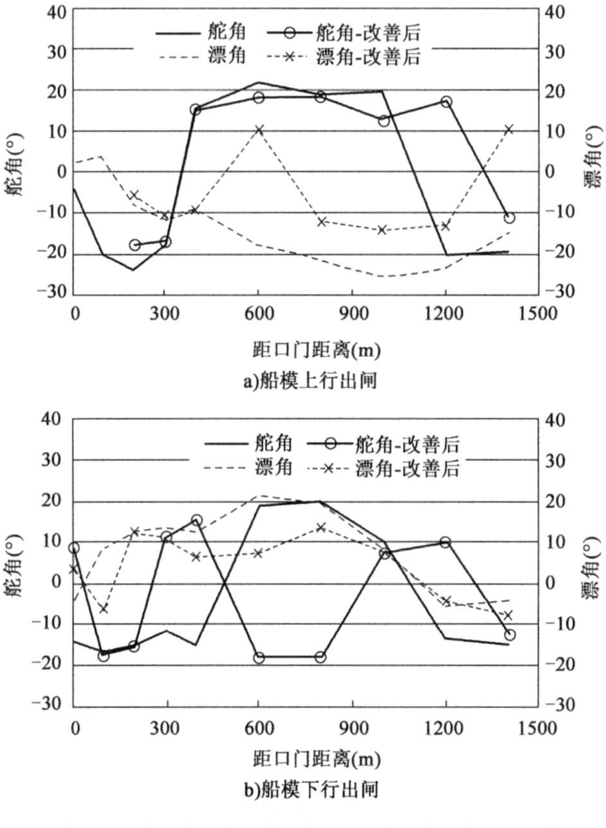

图 2-20 枢纽下游改善前后船模参数对比(7820m³/s)

枢纽下游当泄水闸与电站联合调度工况，下泄流量为一年一遇洪水流量 $3820m^3/s$ 时，水流流向与口门区连接段航线夹角减小至10°左右，口门区最大横向流速降至0.23m/s。

当流量增大至 $7820m^3/s$ 时，口门区横向流速大部分区域在0.3m/s以内，最大横向流速0.31m/s，最大纵向流速大部分在2.0m/s以内。该流量级船舶以4.5m/s航速上行，在口门区附近受横流影响，最大漂角8.6°，需操20.8°舵角进入引航道；下行船舶以4.0m/s航速出引航道进入口门区过程中，最大漂角10.2°，需操19.4°舵角抵御横流，且在口门区连接段航道航行期间，需长时间操18°较大舵角抵御斜流调整航态。随着流量的继续增大，横向流速超标，航行参数恶化。

物理模型结合遥控自航船舶模型试验结果表明，洪江枢纽改建船闸采取改善措施后，口门区水流条件有了明显改善，最大通航流量由一年一遇洪水流量 $3820m^3/s$，提高至两年一遇洪水流量 $7820m^3/s$。

2.2.2 采取导流墩改善水流条件实例

2.2.2.1 工程背景

浯溪枢纽位于湖南湘江干流中游，属于湘江梯级开发8级枢纽中的第三级，下距在建的湘祁枢纽约59km。坝址所处河段为两岸高山所挟，从平面形态上看，枢纽所处河段相对顺直，但坝下河宽急剧缩窄。浯溪枢纽以发电为主，兼顾航运、灌溉等功能，水库总库容为1.778亿 m^3，调节库容0.218亿 m^3。枢纽主要由电站厂房、溢流坝、船闸三部分组成，如图2-21所示。电站厂房布置于左岸台地，4台贯流式机组满发流量 $1160m^3/s$，而坝址河段多年平均流量约 $700m^3/s$，13孔溢流坝居中，右岸设单线单级500吨级船闸。船闸轴线与坝轴线为正交，闸室布置于坝轴线下游，有效尺度为64.2m×12m×2.5m（长×宽×门槛水深）。根据交通运输部与湖南省的发展规划，湘江永州—衡阳河段航道按照三级标准建设，浯溪枢纽船闸等级低于航道建设标准，需对其进行扩能升级。具体方式为在原有船闸基础上扩建二线船闸。

浯溪枢纽船闸扩建工程初步建设方案为：扩建的二线船闸位于闸坝右岸，布置于右岸船闸右侧，船闸主体工程位于坝轴线以上。二线船闸按照三级标准建设，通航1000吨级船舶，闸室有效尺度为180m×23m×3.5m（长×宽×门槛水深），通航净高为10m，船闸的最大设计水头为13.7m。船舶过闸采用曲进直出。船闸轴线与坝轴线呈80°斜交，上游闸室更靠近河道右岸，下游闸室更靠近河心。扩建工程平面布置见图2-22。

图 2-21 浯溪枢纽照片

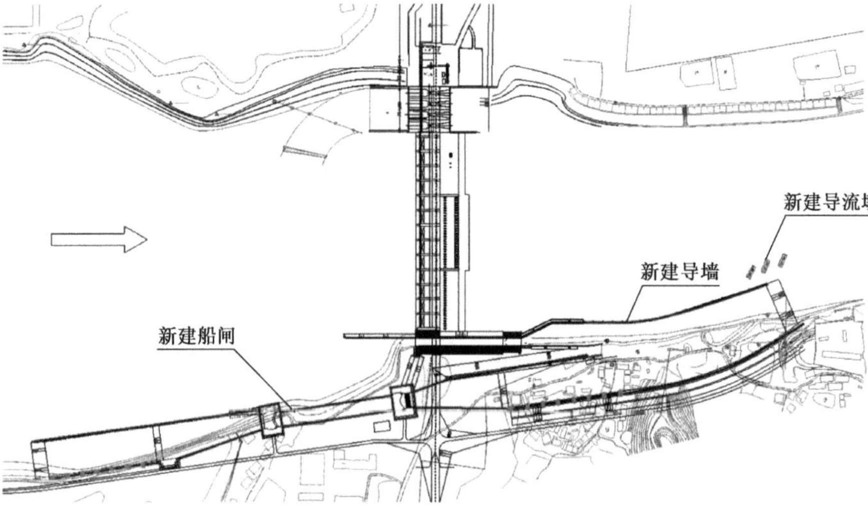

图 2-22 浯溪枢纽扩建二线船闸平面布置图

枢纽上游二线船闸与一线船闸分设引航道，二线船闸引航道曲线导航段长 221m，兼具调顺功能，停泊段 180m，制动段长度 100m；枢纽下游一、二线船闸共用引航道，新建的引航道曲线导航段长 207m，兼具调顺功能，停泊段 180m，制动段为长 150m 的曲线段，新建导航墙总长约 295m，导航墙末段布置三组导流墩。

2.2.2.2 研究手段

采用平面二维水流数学模型试验，结合船舶操纵模拟器试验，研究枢纽改扩建船闸的通航水流条件及改善措施。

(1)数学模型概况

①控制方程。

模型控制方程包括连续方程和动量方程。

连续方程:

$$\frac{\partial u}{\partial x}+\frac{\partial v}{\partial y}+\frac{\partial w}{\partial z}=S_{\mathrm{c}}$$

动量方程:

$$\frac{\partial u}{\partial t}+\frac{\partial u^2}{\partial x}+\frac{\partial uv}{\partial y}+\frac{\partial uw}{\partial z}=fv-g\frac{\partial \zeta}{\partial x}-\frac{1}{\rho_0}\frac{\partial p_{\mathrm{a}}}{\partial x}-\frac{g}{\rho_0}\int_z^{\zeta}\frac{\partial p}{\partial x}\mathrm{d}z+F_{\mathrm{u}}+\frac{\partial}{\partial z}\left(v_{\mathrm{t}}\frac{\partial u}{\partial z}\right)+u_{\mathrm{s}}S_{\mathrm{c}}$$

$$\frac{\partial v}{\partial t}+\frac{\partial v^2}{\partial y}+\frac{\partial uv}{\partial x}+\frac{\partial vw}{\partial z}=fu-g\frac{\partial \zeta}{\partial y}-\frac{1}{\rho_0}\frac{\partial p_{\mathrm{a}}}{\partial y}-\frac{g}{\rho_0}\int_z^{\zeta}\frac{\partial p}{\partial y}\mathrm{d}z+F_{\mathrm{v}}+\frac{\partial}{\partial z}\left(v_{\mathrm{t}}\frac{\partial v}{\partial z}\right)+v_{\mathrm{s}}S_{\mathrm{c}}$$

式中:t——时间;

x、y、z——直角坐标系坐标;

u、v、w——分别为沿 x、y、z 方向的流速分量;

ζ——数位;

f——柯氏力;

g——重力加速度;

ρ——水的密度;

v——水流紊动黏性系数,其值可查表获得。

②区域转换方程。

正交曲线网格的生成方法有很多,这里根据有势流的等势线和流线正交的机理生成正交曲线网格,依此生成的网格既能保持正交,又能控制网格的疏密,其转换方程为:

$$C_\eta^2X_{\zeta\zeta}+C_\zeta^2X_{\eta\eta}+J^2(X_\zeta p+X_\eta Q)=0$$

$$C_\eta^2X_{\zeta\zeta}+C_\zeta^2X_{\eta\eta}+J^2(Y_\zeta p+Y_\eta Q)=0$$

式中:(ζ,η)——变化平面坐标;

(X,Y)——物理平面坐标;

C_ζ,C_η——正交曲线坐标系中的拉梅系数,各参数的取值如下:

$$C_\zeta=\sqrt{X_\zeta^2+Y_\zeta^2},C_\eta=\sqrt{X_\eta^2+Y_\eta^2}$$

$$J=C_\zeta C_\eta$$

$$P = -\frac{1}{C_\zeta^2}\frac{\partial(\ln K)}{\partial\zeta}, Q = \frac{1}{C_\eta^2}\frac{\partial(\ln K)}{\partial\eta}, K = \sqrt{C_\zeta / C_\eta}$$

③计算网格。

数学模型的模拟范围为12km,枢纽上游约8km,枢纽下游约4km,包括枢纽上游的急弯段,一、二线船闸上下游引航道口门区及连接段,如图2-23所示。进出口选在顺直河段上。模型采用曲线正交网格计算水流运动要素,网格尺度一般取为20m×8m(长×宽,下同),对船闸上、下游工程去河段进行了加密处理,加密后网格尺度一般为5m×2m。计算域网格划分如图2-24所示。

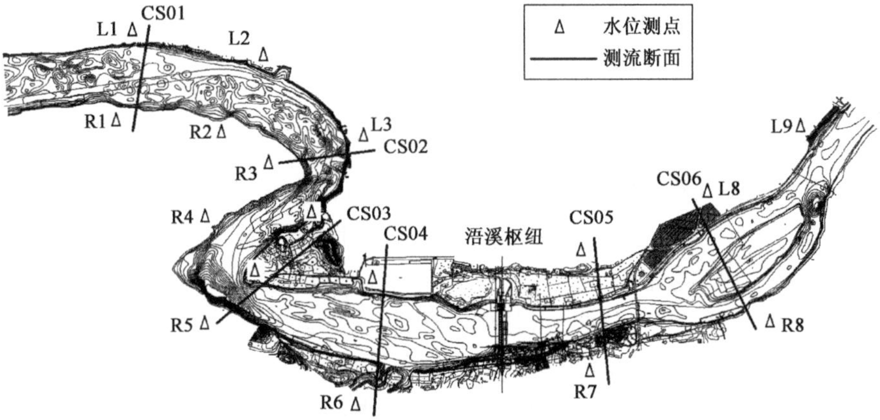

图2-23 模拟范围及水尺、测流断面布置

图2-24 模拟范围计算域网格划分示意图

④水流有关问题的处理。

初始水位场,可利用计算域上、下游水位和断面间距进行线性插值,在断面

上可以不考虑横比降。当计算域较长时，可采用推求水面线的办法给出二维域中某几个断面的水位，然后分段进行线性插值。

初始速度场，η 方向上的 $v=0$，ζ 方向上 u 由曼宁公式计算得到，并进行断面总流量校正。由于 ζ,η 正交曲线网格是基于势流理论生成，上述沿 ζ,η 方向给值，在势流区初值已离解较近，在回流区初值与收敛解差别较大。但计算表明，随着迭代计算的进行上述初值的影响会逐渐消失。

动边界的处理，河道中的边滩和江心洲等随水位波动边界位置也会发生相应的调整。在计算中精确地反映边界位置是比较困难的，因为计算网格横向间距较大。为了体现不同流量、边界位置的变化，常采用"切削"技术，即将露出单元的河床高程降至水面以下，并预留薄水层水深，同时更改其单元的糙率（n 取 10^n 量级），使得露出单元 u、v 计算值自动为 0，水位冻结不变这样就将复杂的移动边界问题处理成固定边界问题。

⑤模型验证。

为保证模型计算精度，分别对枯水流量 $1150\text{m}^3/\text{s}$ 和洪水流量 $Q=6300\text{m}^3/\text{s}$ 的断面流速分布和沿程水位分布进行了验证。对于模型断面流速分布与原型的偏差，可通过调整滩、槽糙率进行逼近，对于沿程水面线的偏差，可通过分段调整模拟河段糙率进行逼近，最终达到原型与模型水位偏差在 ±0.1m 以内，模型计算流速与实测流速分布规律基本一致，断面流量误差在 10% 以内。满足《内河航道与港口水流泥沙模拟技术规程》（JTJ 232—98）的要求。验证结果如图 2-25、图 2-26 所示。

(2)船舶操纵模拟器概况

①船型选取。

设计代表船型为 1000 吨级散货船，主尺度为 85m × 10.8m × 2.0m（长 × 宽 × 满载吃水），设计代表船型的船型图如图 2-27 所示。

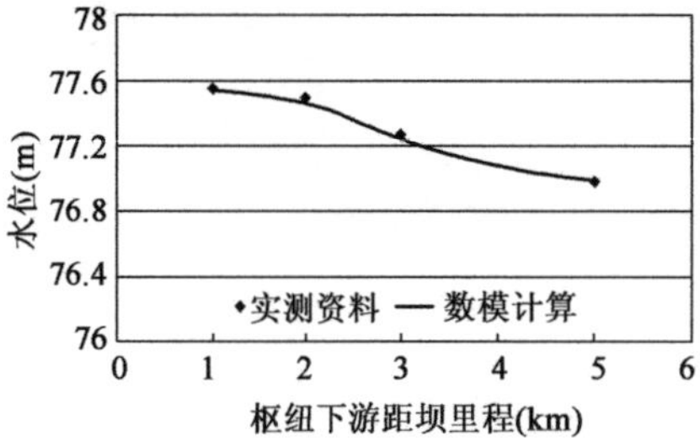

a)1150m³/s流量枢纽下游

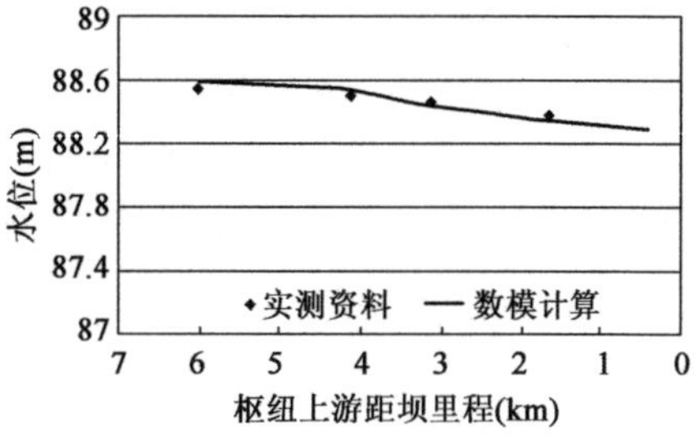

b)6300m³/s流量枢纽上游

图 2-25　水面线验证情况

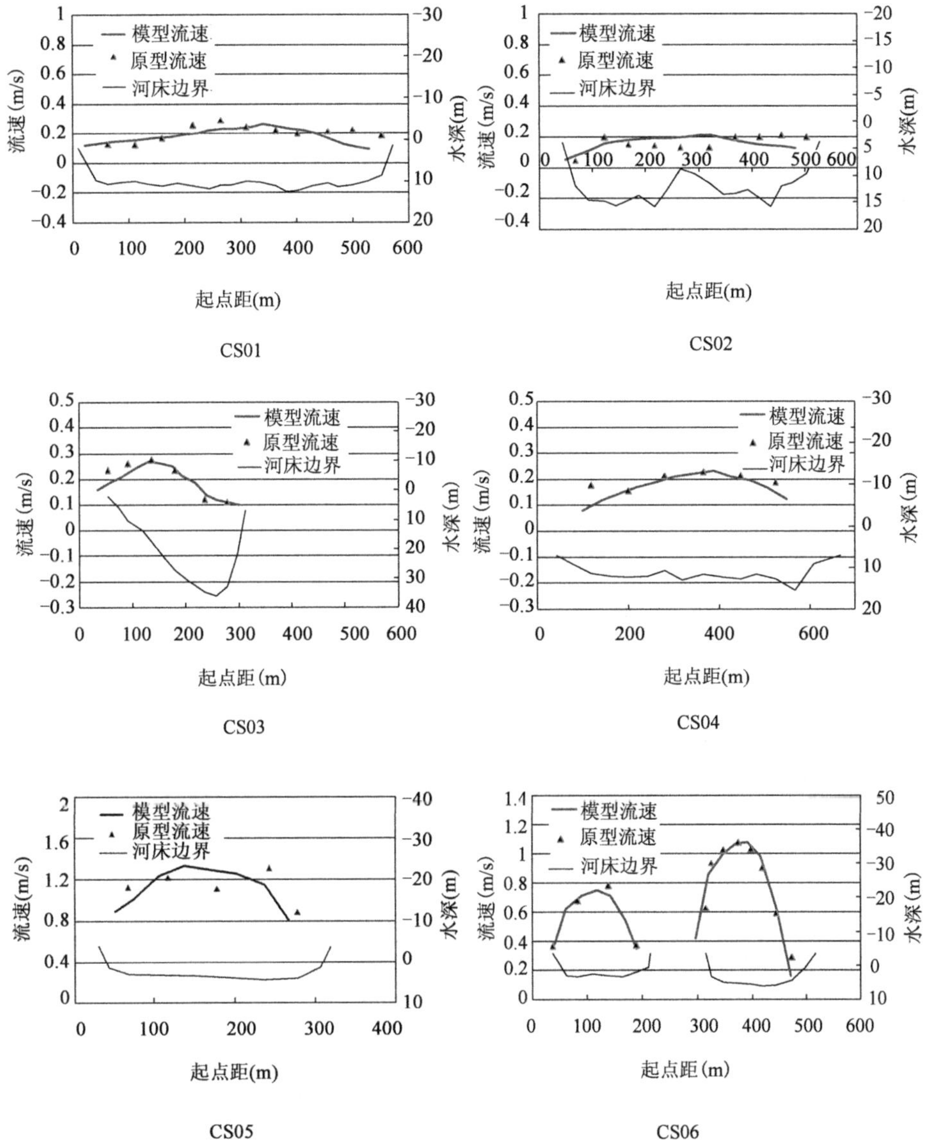

a)1150m³/s流量下模型计算与原型实测断面流速分布

图 2-26

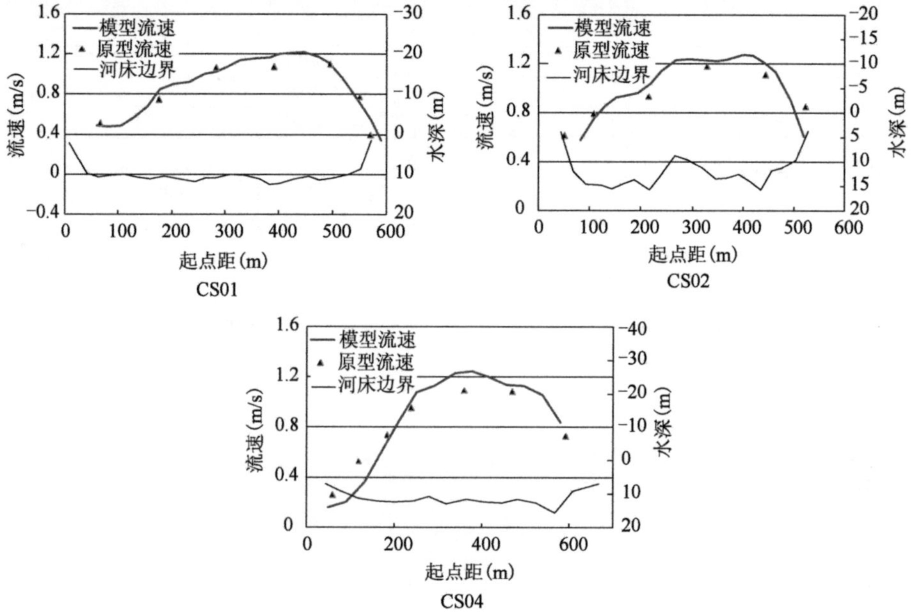

b)6300m³/s流量下模型计算与原型实测断面流速分布

图 2-26　断面流速分布验证情况

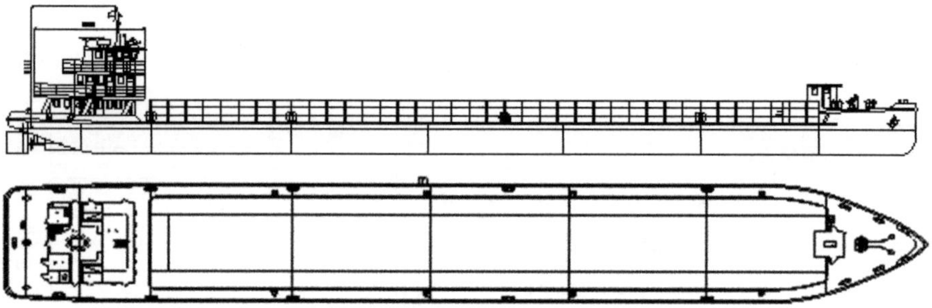

图 2-27　设计代表船型图

②模拟环境检验。

船舶操纵模拟试验采用天科院 V. Dragon-4000AT 型通航船舶操纵模拟器开展。验证模拟环境和实际环境的相似性:模拟环境选用有关设计方案图,采用目前国际上通用的数字化方法,建立模拟用的数字化平面底图。根据所提供的模拟水域的水文气象条件结合研究相关的航海气象资料,拟定了模拟的水文气象环境条件。模拟的风流等环境条件可以根据实际情况结合模拟的需要设定。

③船舶运动数学模型。

为了方便、实用地仿真计算船舶在各种综合作用下的操纵运动，引入以下假定：船舶航行在无限宽广水域；自由液面是静水面，船体认为是刚体；忽略船舶横摇、纵摇及升沉对操纵运动的影响；船、桨、舵作用力与风、浪、流干扰作用力可以线性叠加，不考虑其非线性耦合作用。在以上基本假定的基础上，建立船舶在风、浪、流作用下的船舶操纵运动数学模型。

在静水中的操纵运动数学模型基础上，在方程右端加入风浪流的干扰作用力，建立船舶运动方程：

$$\left.\begin{aligned}(m+m_x)(\dot{u}-vr)&=X_H+X_P+X_R+X_{WD}+X_{WV}+X_c\\(m+m_y)(\dot{v}+ur)&=Y_H+Y_P+Y_R+Y_{WD}+Y_{WV}+Y_c\\(I_z+J_z)\dot{r}&=N_H+N_P+N_R-Y_Hx_c+N_{WD}+N_{WV}+N_c\end{aligned}\right\}$$

式中：m_x、m_y、J_z——船体的附连质量和惯性矩；

X_H、Y_H、N_H——不包括惯性力在内的船体水动力。

下标 WD、WV、C 分别表示风、波浪、和水流的作用力和力矩，下标 P 和 R 分别表示螺旋桨和舵产生的力和力矩。

实际水流是一种非恒定不均匀流。船舶在不均匀流中运动时，水流速度 U_c 和流向 θ_c 沿船舶纵中剖面各点处是变化的，也即 U_c 与 θ_c 均为 x 的函数：$U_c=U_c(x)$，$\theta_c=\theta_c(x)$。根据杨盐生和方祥麟非均匀流中的船舶流体动力模型一般有三种处理方法：一是沿船长平均流速、流向模型，二是横流模型，三是机翼理论模型。本研究的模型选用了受力计算比较反映物理本质的机翼理论模型。在计算螺旋桨、舵的作用以及船舶纵向水动力和水流附加力时，将不均匀流转化为等价均匀流：

$$\left.\begin{aligned}u_{Ce}&=\frac{1}{L}\int_{-L/2}^{L/2}U_C(x)\cos\theta_c\mathrm{d}x\\v_{Ce}&=\frac{1}{L}\int_{-L/2}^{L/2}U_C(x)\sin\theta_c\mathrm{d}x\end{aligned}\right\}$$

把上述水流速度迭加到船舶运动速度 u、v、r 上，然后就可按均匀流一样的方法求解问题。在计算横向水动力和动力距时，有以下表达式：

$$\left.\begin{aligned}Y_H&=\frac{1}{2}\rho L\mathrm{d}V_r^2\int_{-\frac{1}{2}}^{\frac{1}{2}}y(x)\mathrm{d}x\\N_H&=\frac{1}{2}\rho L^2\mathrm{d}V_r^2\int_{-\frac{1}{2}}^{\frac{1}{2}}y(x)x\mathrm{d}x\end{aligned}\right\}$$

其中：

$$y(x) = \frac{8}{\pi}\left\{\left[\sqrt{\frac{1/2 + x}{1/2 - x}} - 4\sqrt{\left(\frac{1}{2}\right)^2 - x^2}\right]N'_{\mathrm{H}}(x) + Y'_{\mathrm{H}}(x)\sqrt{\left(\frac{1}{2}\right)^2 - x^2}\right\}$$

式中：$N'_{\mathrm{H}}(x)$ 和 $Y'_{\mathrm{H}}(x)$ ——分别为把船体与不均匀流的相对速度代入井上模型后计算得到的结果。

在求取船上坐标点的流速流向时，采用线性插值的方法对船上坐标点流速流向进行求取。

对于非恒定性的考虑，假定船舶的运动对水流没有影响，我们可以通过流场数学模型将不同时刻的流场计算出来，然后每一时刻的不均匀流场均采用上面的方法考虑水流对船舶的作用力，进而解决船舶在非恒定流下的操纵运动。

④船舶模型率定。

需要确定建立的模拟船舶模型，在对车、舵的响应，船舶惯性和回旋性等方面比对模拟船型原型船舶的相关性能，试验船型率定所依据的 IMO 于 1993 年颁布，全称为《船舶操纵性临时标准》。该标准对于船舶的旋回性、初始旋回性、航向保持性和停船性都提出了相应的要求，具体如下。

旋回性能试验：在进行旋回操纵中，旋回圈进距不应大于 4.5 倍船长，旋回圈初径不应大于 5 倍船长。旋回性能试验结果见图 2-28、表 2-4。

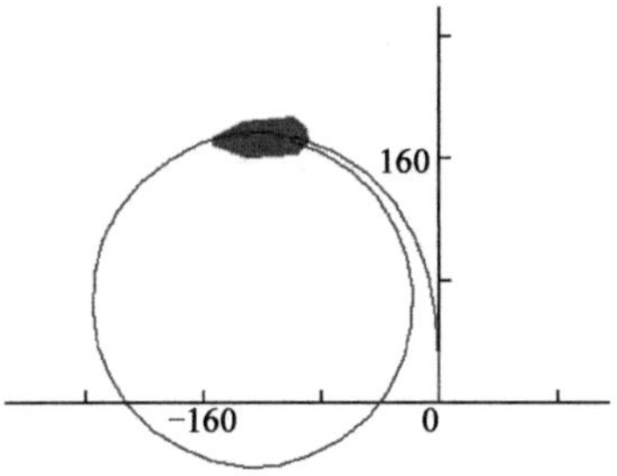

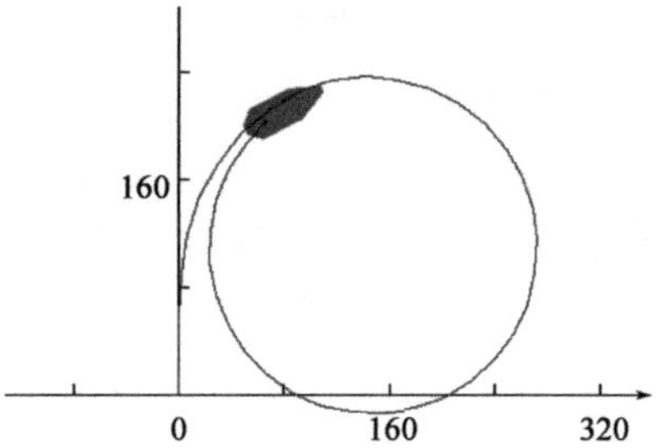

图 2-28　船舶左、右旋回圈

旋回试验结果　　表 2-4

船舶试验类型	初始速度(kn)	横距(L)	纵距(L)	回转直径(L)
1000 吨货船左旋	12	1.92L	3.65L	4.04L
1000 吨货船右旋	12	2.15L	3.72L	4.12L

IMO 规定的回转试验纵距小于 4.5L。由表 2-4 可见，代表船型的旋回操纵特性满足 IMO 船舶操纵临时标准的要求。

初始回转性试验：向左/右操10°舵角，在船首向初始航向改变10°的时间内船舶前进的距离不应大于2.5倍船长。10°舵角回转试验中，首相角改变10°。试验结果表明，1000吨级货船的纵距为1.65L，小于IMO规定的2.5L，代表船型的旋回操纵特性满足IMO船模操纵性临时标准的要求。

航向保持能力试验：在10°/10°Z型试验中第一超越角，若$L/v<10$s，值不超过10°，若$L/v\geqslant30$s，值不超过20°，若$30>L/v\geqslant10$s，值取为$[(5+1/2(L/v)]$°；10°/10°Z型试验第二超越角的值不应大于第一超越角上述临界值 的15°；20°/20°Z型试验中的第一超越角不应大于25°。试验结果（图2-29）表明，10°/10°Z型试验中1000吨级货船第一超越角为3.3°，第二超越角为4.2°，满足IMO要求，20°/20°Z型试验中1000吨级货船第一超越角为9.1°，第二超越角为9.9°，也能够满足IMO要求。

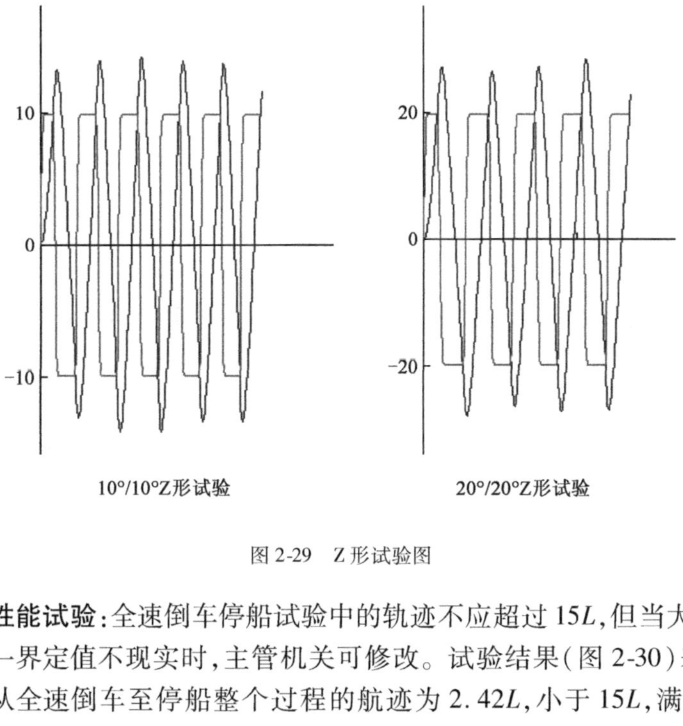

图2-29　Z形试验图

停船性能试验：全速倒车停船试验中的轨迹不应超过15L，但当大排水量船舶使用这一界定值不现实时，主管机关可修改。试验结果（图2-30）表明，1000吨级货船从全速倒车至停船整个过程的航迹为2.42L，小于15L，满足IMO的要求。

⑤船舶航行参数判别标准。

对于进出船闸的船舶或船队，航行时操舵角和漂角一般情况均应较小。若出现较大的操舵角和漂角说明水流条件较差，有偏离航道的危险。尤其是通过口门时,还有触及导流堤的危险,容易发生海事事故。因此,为了使船舶或船队安全进出口门,船舶航行时应保持一定的船位和航向。为了判别航行条件的优劣,船舶的操舵角和航行漂角均需要有某一控制范围。参照相同试验研究采用的航行标准,船舶在口门区航行时,操舵角应不大于 20°,航行漂角应不大于 10°。

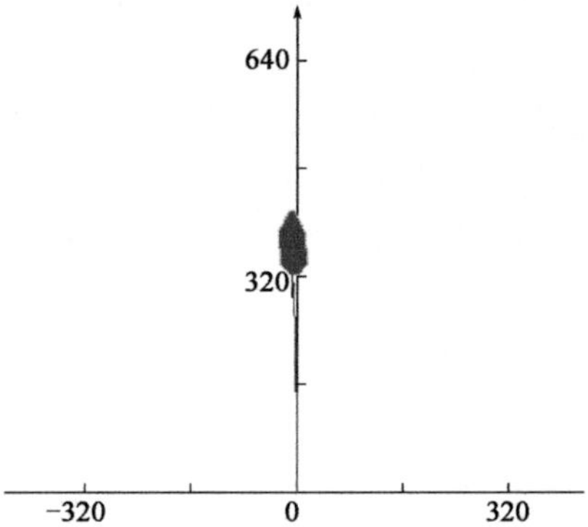

图 2-30　1000 吨级货船停船性能

2.2.2.3　存在的问题

扩建二线船闸上游,因引航道口门区位于库区,且航线与水流流向基本一致,在枢纽控泄与敞泄工况下,口门区航道横向流速、纵向流速均在规范值以内,船舶可安全通过引航道口门区水域。扩建船闸下游,因坝下 1km 河段,平面形态呈急剧缩窄而后又突扩分汊,河宽由 330m 减至 250m,设计方案在右侧河道布置有 300m 长的导墙,相当于将坝下河段进一步束窄挤压水流,导致同级流量下的水流流速远大于坝上,船闸下游引航道口门区突扩的影响,即便口门区航道与水流流向很小的夹角,都可以产生较大的横向流速。

枢纽下游当泄水闸与电站联合调度工况,下泄流量为常遇洪水 4000m^3/s 时,口门区航道内纵向流速均在 2m/s 以内,但口门区末端及连接段航道内,纵向流速均超过 2m/s;口门区末端最大横向流速超过 0.3m/s。枢纽下游流场如图 2-31 所示。因超标范围均集中于口门区末端局部航道,船舶模拟器试验表明,上下行船舶基本能够顺利进出口门区。

枢纽下游当泄水闸与电站联合调度工况,下泄流量为两年一遇洪水 7500m^3/s 时,口门区末端及连接段纵向流速超过 3m/s,口门区航道内横向流速大范围超出规范要求值,最大横向流速值已超过 0.6m/s。枢纽下游流场如图 2-32 所示。

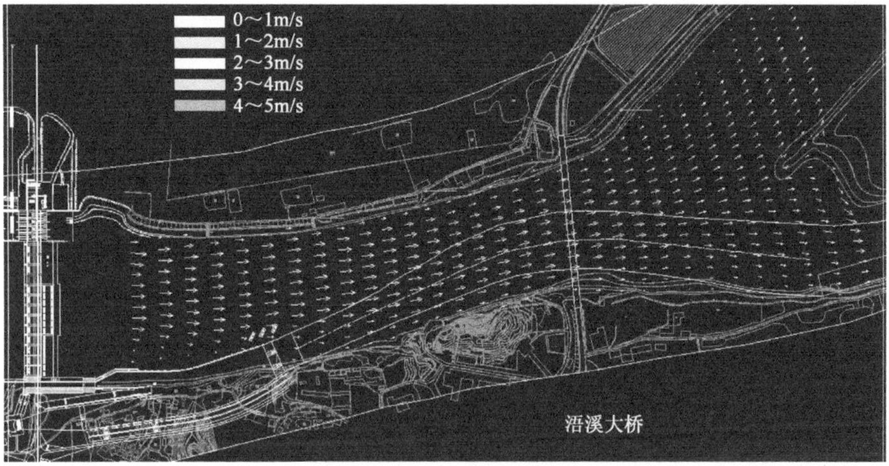

图 2-31　枢纽下游局部流场图 4000

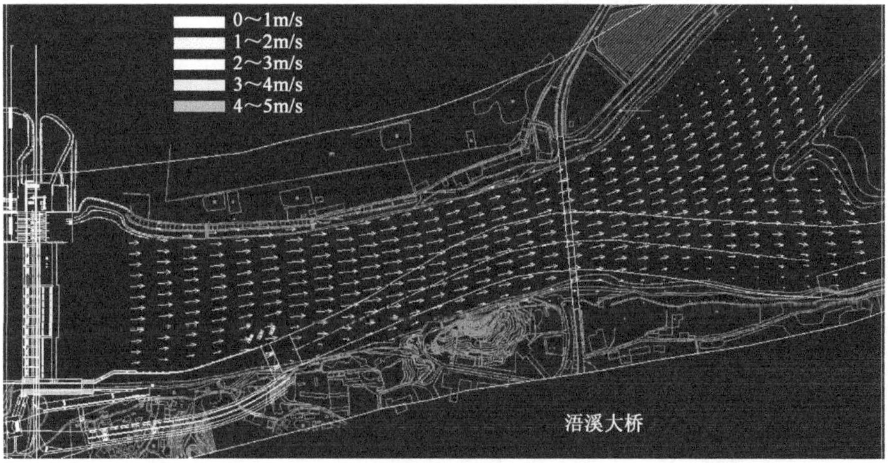

图 2-32　枢纽下游局部流场图 7500

船舶模拟器试验表明:上行船舶在口门区水域航行时所操舵角最大为 22°,漂角为 15.7°,下行船舶出闸过程中,从引航道进入口门区时产生的漂角较大,最大为 23.9°。口门区水域航行时,所压舵角最大为 14°,漂角最大为 19.6°。舵角与漂角均超过规范限值,船舶存在一定的操纵风险。7500m^3/s 流量下船模航行参数见图 2-33。

此外,浯溪枢纽扩建二线船闸布置的调整空间受到受多方外部条件的制约,坝下束窄段的平面态势不能通过扩挖改变,船闸轴线也不能通过平移或顺时针转动以减缓导航墙、导流墩对坝下河段的约束。船闸布置调整余地不大。

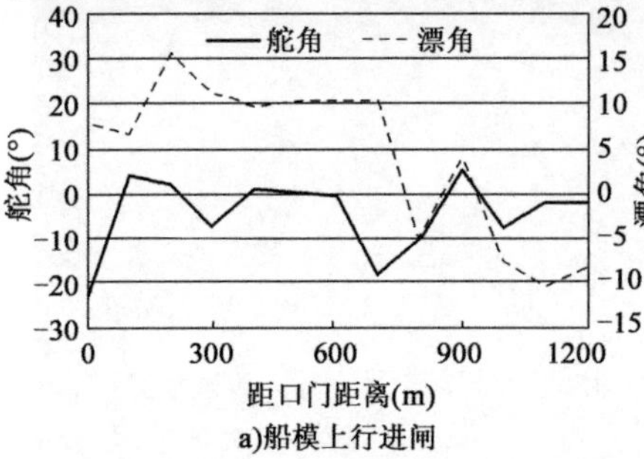

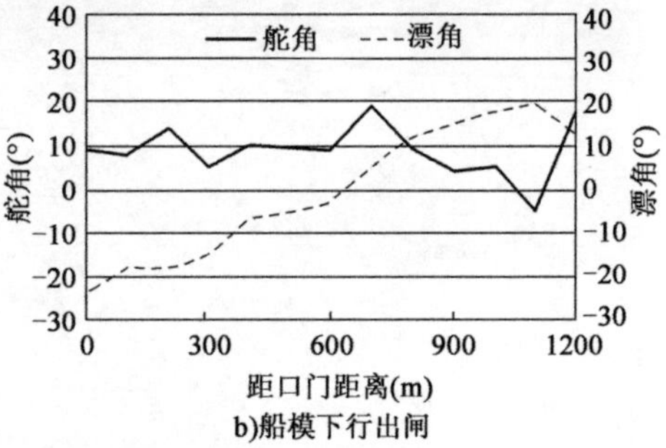

图 2-33　枢纽下游船舶航参数漂角和舵角(7500m³/s)

受限于枢纽下游口门区水流条件,浯溪枢纽按照设计方案扩建二线船闸后,最大通航流量仅能达一年一遇洪水 4000m³/s,低于规范标准值。内河通航标准规定山区性河流Ⅳ级船闸,最大通航流量重现期采取 5 ~3 年。

2.2.2.4　改善措施及效果

(1)改善措施

针对浯溪枢纽扩建二线船闸设计方案存在的问题,结合所处河段限制条件和平面形态,提出了两种改善措施。

改善措施一为在设计方案基础上,向下游继续增设 7 组导流墩,并将 1 号导流墩与导堤之间的间隙封堵。通过增大导流墩的掩护范围,从而达到改善口门区通航水流条件,其余布置不变,如图 2-34 所示。

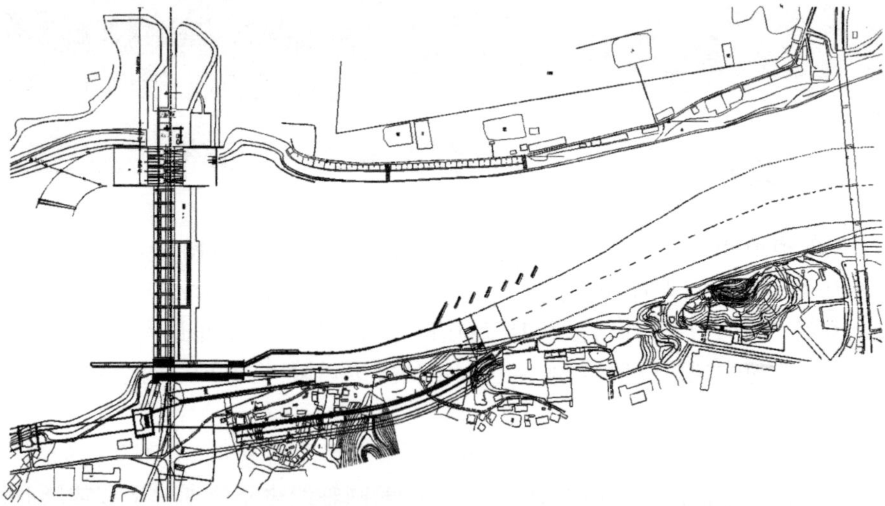

图 2-34　改善措施一方案布置图

改善措施二为在设计方案基础上，向上游缩短导航墙长度，让出一定的河道宽度，同时布置导流墩掩护口门区以减小横向流速。考虑到不同的导航墙缩短值对应不同的坝下河宽，而当其缩短约 100m 后，继续缩短导航墙河宽并不会明显增大。此时对应河宽由设计方案的 290m 增大至 320m。最终方案二确定导航墙总长度约 190m，同时布置 5 组导流墩，将 1 号导流墩与墙之间的间隙封堵，其余布置不变，如图 2-35 所示。

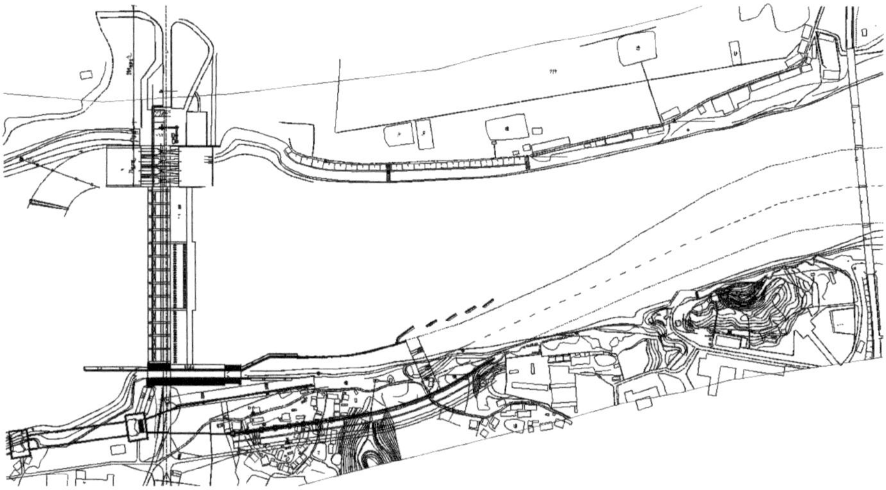

图 2-35 改善措施二方案布置图

(2)改善效果

①改善措施一效果。

随着导流墩数量的增多，掩护范围增大，河道主流能够很好地被调离口门区，避免此区域斜流过大。但因为坝下口门区航道于河道主槽斜交，向下游增设导流墩会将河道进一步束窄，且下泄水流将直接冲击导流墩，通过其间隙向口门区扩散的程度更加剧烈。

枢纽下游泄水闸与电站联合调度工况，下泄流量为两年一遇洪水 $7500m^3/s$ 时，进入口门区航道水量较设计方案显著减少，但河床较天然情况束窄 1/3，主流入侵口门 100 ~ 200m 范围且流动强度较大，口门区航道内形成回流，最大横向流速值接近 0.5m/s，尽管较设计方案有所好转，但仍然高于规范要求。图 2-36 给出了不同流量下**原方案与改善措施一口门区及连接段航道横向流速对比**。

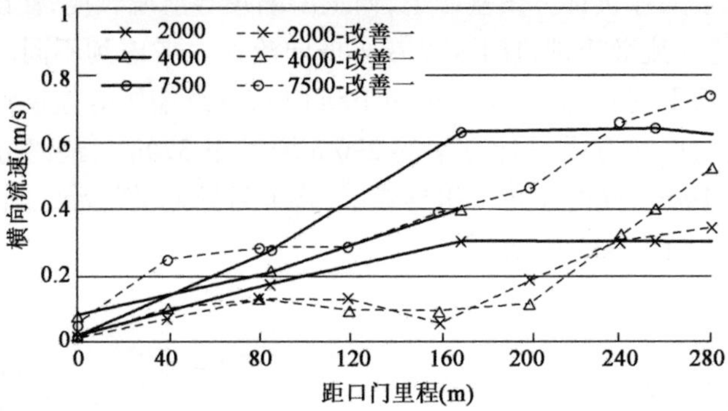

图 2-36　原方案与改善措施一的横向流速对比

②改善措施二效果。

改善措施二导航墙末端束窄率为 10%，而改善措施一束窄率达 20%，因此可定性判断，同级流量下，通过导流墩间隙进入口门区的水量在改善措施二中要小于改善措施一。

枢纽上游当泄水闸与电站联合调度工况，下泄流量为两年一遇洪水 7500m^3/s 时，5 组导流墩掩护区域可完全覆盖口门区航道，口门去无明显回流产生，纵向流速均在 1m/s 以内，满足规范要求。横向流速超标范围集中在口门区末端 40m 局部航道内，最大横向流速值为 0.36m/s，略高于规范要求。图 2-37 给出了不同流量下**原方案与改善措施二口门区及连接段航道横向流速对比**。

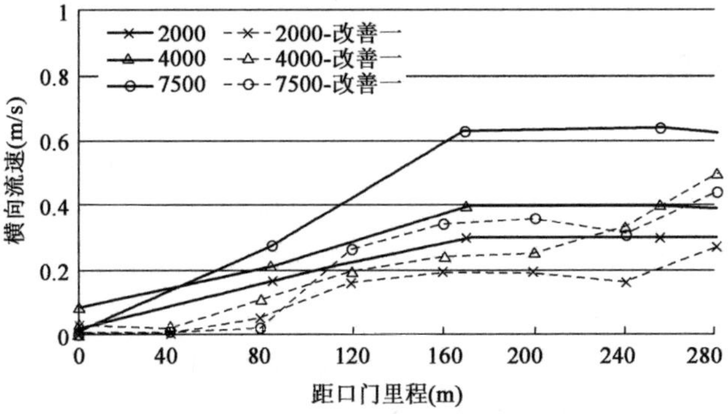

图 2-37　原方案与改善措施二的航中线横向流速对比

船舶操纵模拟试验表明，7550m^3/s 流量下，上行船舶以 3.5m/s 航速在口门区水域航行时，所压舵角最大为 13°，漂角为 10.7°，进入引航道过程中最大舵角达 14°；下行船舶以 3.5m/s 航速出闸时，所压舵角最大为 17°，漂角最大为

10.1°。故可以判断该流量级下，船闸通过口门区进出引航道时，舵角、漂角等参数均基本满足安全航行要求，对口门区水流条件改善效果优于改善措施一。4000m³/s，7550m³/s 两级流量原方案与改善措施二的船模航行参数对比如图 2-38、图 2-39 所示。

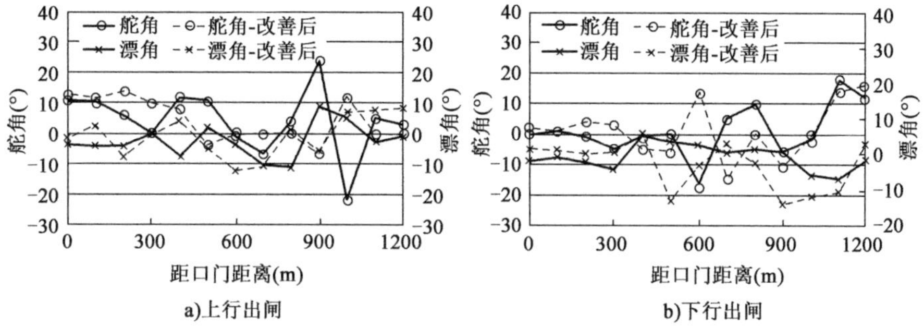

图 2-38　下游原方案与改善措施二的船舶航行参数对比(4000m³/s)

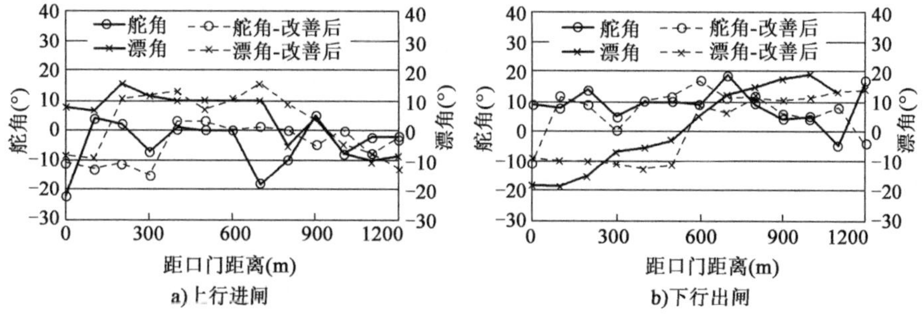

图 2-39　下游原方案与改善措施二的船舶航行参数对比(7550m³/s)

随着流量的继续增大，口门区最大横向流速将超过 0.4m/s，而进出口门区漂角将超过 20°(下行)，口门区水流条件严重恶化，不能满足安全航行要求。物理模型结合船舶操纵模拟器试验研究结果表明，涪溪枢纽扩建二线船闸采取改善方案二的措施后，口门区水流条件有了明显改善，最大通航流量可由常遇洪水 4000m³/s，提高至两年一遇洪水 7500m³/s。

2.2.3　采取疏挖改善水流条件实例

2.2.3.1　工程背景

塘头枢纽(拟建)为广东北江上延扩能工程中支流武江的第五个枢纽，上距七星墩枢纽 7.6km，下距溢洲枢纽约 20km。坝址所处河段山区特征明显，坝上左岸为高山,右岸滩地为基本农田及村庄所占,河道范围狭窄,坝下两岸分别为白沙岭和庙前岭所挟。受客观条件的限制,从平面形态上看,塘头枢纽处于反S弯道中间,河道主泓贴凹岸。塘头枢纽是一座以发电为主,兼有通航功能的综合性枢纽工程,坝址以上流域面积为 $6474km^2$,总库容为 1544 万 m^3,装机容量 20MW。枢纽主要由电站,泄水闸,船闸三部分组成,布置图如图 2-40 所示。电站满发流量为 $605m^3/s$,坝址河段多年平均流量约 $193m^3/s$,

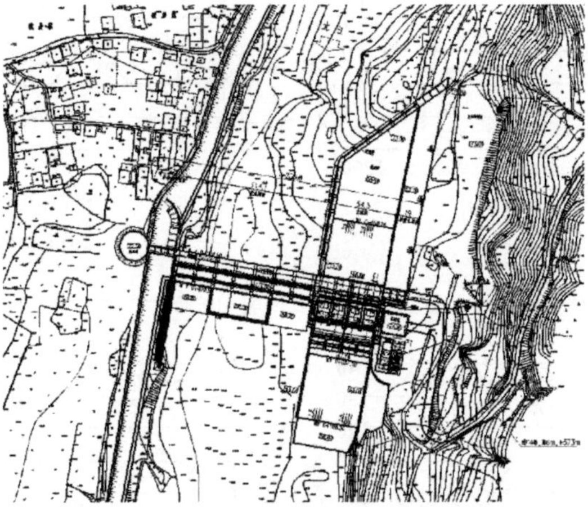

图 2-40 塘头枢纽的原设计方案布置图

初步设计的右岸船闸方案中,电站位于枢纽左岸,设计为径流式,四台机组发电,电站上方为四孔泄水闸。原设计方案中布置于右岸的 100t 级船闸,随着广东省政府对北江千吨级航道扩能升级的大力推进和基础设施补短板政策的实施,船闸规模调整为 1000 吨级。调整后的船闸布置于右岸临河侧紧挨泄水闸,船闸闸室布置于坝线上游侧,采用下闸首于坝轴线齐平布置挡水方案,闸室有效尺度为 190m×23m×4.5m(长×宽×门槛水深)。调整后的枢纽布置方案见图 2-41。

上游引航道为 306m 长直段,其中导航段 116m,停泊段 190m,靠船墩位于航道右侧,口门外为长 340m,半径 270m 的圆弧段与上游直线段连接,航宽由 55m 过渡至 86m,而后变为 60m。

下游引航道长 360m,由 230m 直线段下接半径 240m,长 120m 圆弧段组成,其中停泊段为 190m,靠船墩位于航道右侧,口门外约 500m 为直线段,通过长 207m,半径 270m 的圆弧段与下游航道连接,航宽由 55m 过渡至 60m。上、下游引航道均由导航墙掩护。

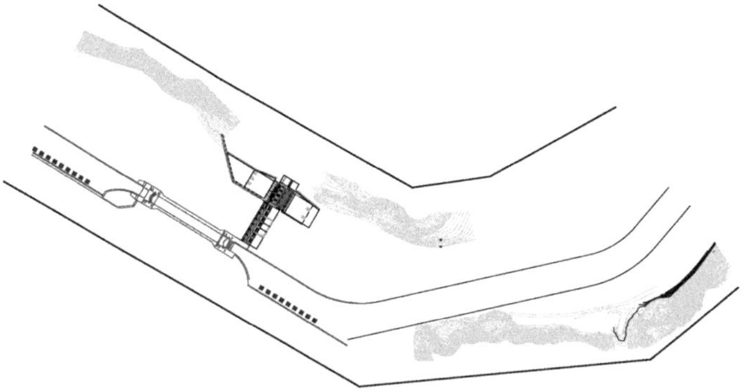

图 2-41 调整后的塘头枢纽船闸布置图(无疏挖区)

2.2.3.2 研究手段

采用按照重力相似和阻力相似准则设计的 1∶100 定床正态物理模型试验,结合同比尺遥控自航船舶模型试验,研究塘头枢纽的通航水流条件及改善措施。

(1)物理模型概况

研究河段范围包括了枢纽上游 4km 及下游 8km,模拟河段长度约 12km,河宽约 300m,但因枢纽上游右岸存在大片淹没滩地,所以局部河宽可达到 1.7km。物理模型照片如图 2-42 所示。

图 2-42 塘头枢纽船闸物理模型照片

①模型设计。

为保证水流运动相似与船舶模型航行相似,整体模型设计为定床正态。按照几何比尺为 1∶100 设计,模型长约 120m,宽 3 ~ 17m。

按照河工模型水流运动相似基本准则,模型设计应满足重力相似、阻力相似及水流连续性相似等条件，相应地计算出流速比尺 λ_v，流量比尺 λ_Q，时间比尺 λ_t，糙率比尺 λ_n 等。具体计算见表 2-5。

模型比尺计算汇总表　　表 2-5

模 型 比 尺	关 系 式
几何比尺	$\lambda_L = \lambda_H = 100$
速度比尺	$\lambda_V = \lambda_L^{\frac{1}{2}} = 10$
流量比吃	$\lambda_Q = \lambda_L^{\frac{5}{2}} = 100000$
时间比尺	$\lambda_t = \frac{\lambda_L}{\lambda_V} = 10$
糙率比尺	$\lambda_n = \lambda_L^{\frac{5}{2}} = 2.154$

此外模型还需要满足以下限制条件。

其一，为模型水流必须为紊流，即模型雷诺数。

$$Re_m = \frac{VR}{\nu} \geqslant 1000$$

式中：V——水流流速；

R——水力半径；

ν——水流运动黏滞系数。

其二，为模型试验段最小水深 H_{min} 不小于 3cm，避免表面张力影响。

②模型验证。

为保证模型与原型水流运动相似，模型建成后，应分别对洪水、中水、枯水三级流量的沿程水面线及断面流速分布进行验证试验，调整糙率使模型与原型误差最终满足《内河航道与港口水流泥沙模拟技术规程》(以下简称《规范》)的要求。限于实测资料的缺乏，仅对枯水流量 $56m^3/s$ 和中水流量 $505m^3/s$ 下的沿程水位与有限的断面流速分布资料进行验证试验。水尺与测流断面布置如图 2-43 所示，验证结果如图 2-44、图 2-45 所示。

枯水流量和中水流量的验证试验表明，河道模型左、右岸水面线与天然水面线基本吻合，水位误差均在 ±0.1m 内；断面流速分布趋势与原型一致，典型断面的流量闭合差均为超过 ±5% 的允许偏差要求。

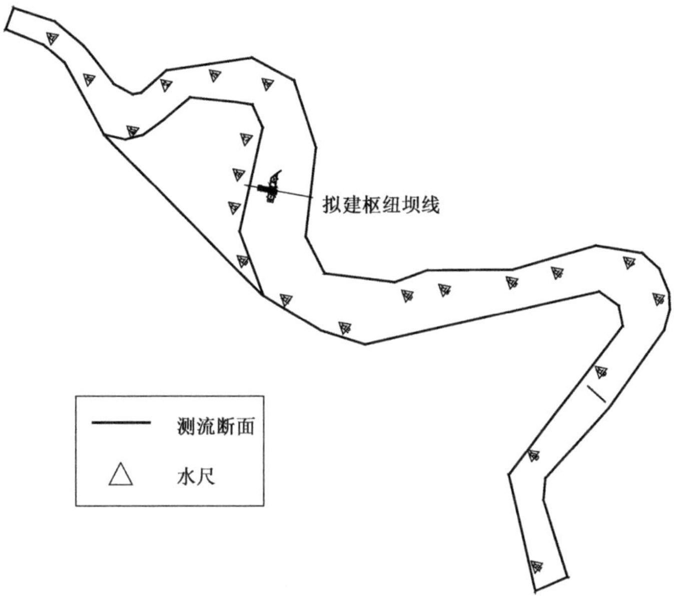

图 2-43 物理模型水尺及测流断面布置图

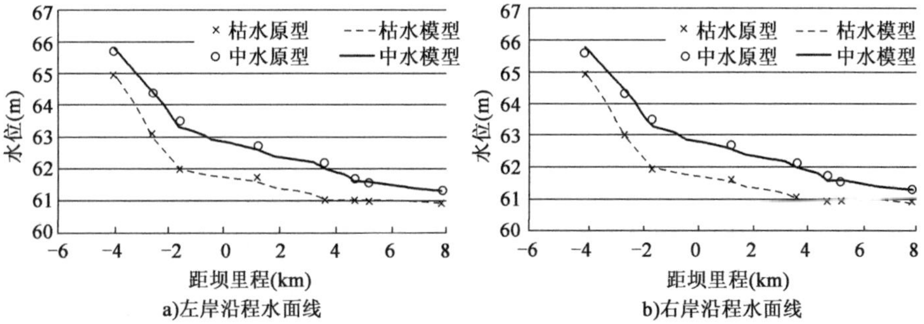

图 2-44 水面线验证情况

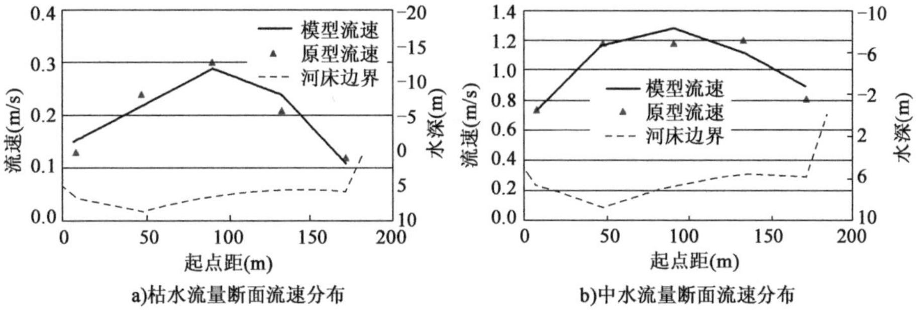

图 2-45 断面流速分布验证情况

(2)遥控自航船舶模型概况

①船型选取。

根据《内河通航标准》(GB 50139—2014)、《内河货运船舶船型主尺度系列—驳船》(JT/T 447.3—2001)综合选取了1000t级内河干货船、内河驳船及多用途集装箱船等三种船型作为研究河段的代表船型。船模试验研究中，通常选取船型尺度最大的类型进行通航水流条件研究，即1000t级干货船，其船型尺度为67.5m×10.8m×2.0m(长×宽×满载吃水)。

②船舶模型设计与制作。

③船舶模型率定。

④船舶航行参数判别指标。

以上内容同2.2.1.2。

2.2.3.3 存在的问题

枢纽下游，在航线布置及其所在河段河势约40°斜交的总体格局下，加之枢纽下游河段受两岸山体所挟，河道狭窄，即便有小水坐弯，大水趋直的现象，但洪、中、枯各级流量下水流流向变化不大，最终导致每一级流量下水流流向与船闸下游航线大角度斜交，如图2-46所示，导致航道内横向流速超标，通航水流条件均不能满足规范要求。不同流量级下设计方案航中线横向流速分布统计如图2-47所示。

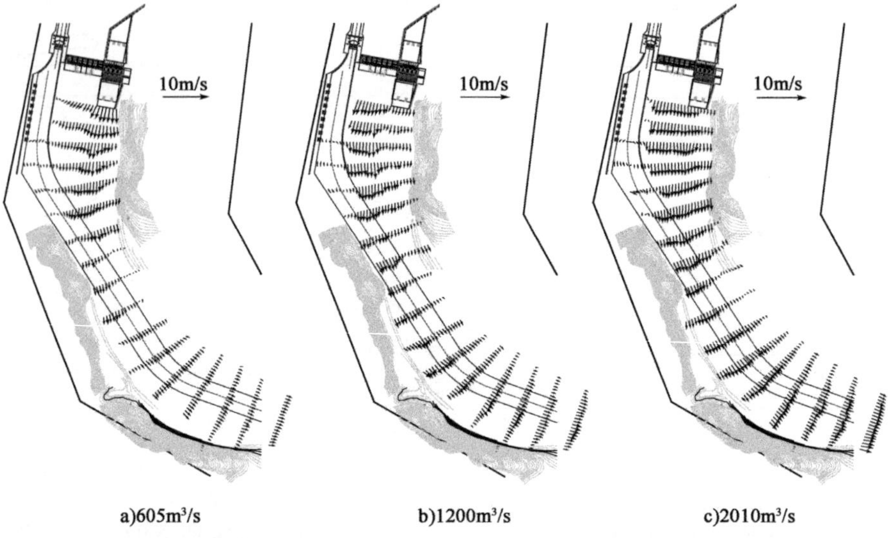

a)605m³/s　b)1200m³/s　c)2010m³/s

图2-46 设计方案枢纽下游平面流场分布

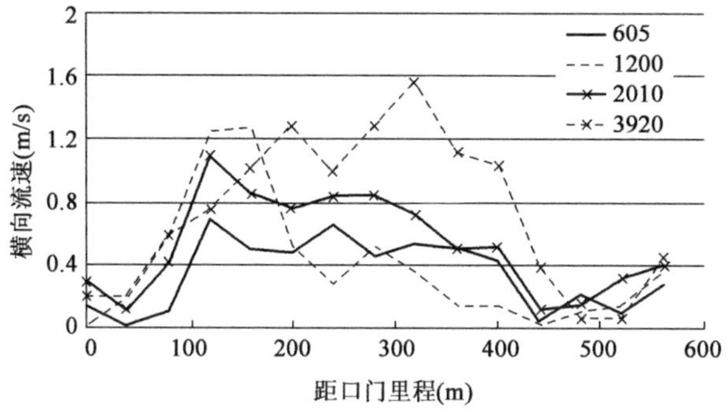

图 2-47　设计方案航中线横向流速沿程分布

在仅电站发电工况下，水流自左侧侵入航道，横向流速超过 0.5m/s，过航中线后横向流速有所减小。横向流速超标范围主要集中在口门下游 100～200m，而在口门 0～100m 范围内有明显回流，其特征尺度接近一倍船长。船模试验表明，下行船舶采用 3m/s 的航速，在通过口门区航段时漂角最大可达 17°，需操 24°舵角抵御斜向水流。随着流量的继续增大，电站与泄水闸联合调度工况下，口门区航道内横向流速超标的幅度和范围迅速增大，两年一遇 $2010m^3/s$ 流量时下行船舶最大漂角可达 29°，不满足安全航行要求，船模航行参数如图 2-48 所示；十年一遇 $3920m^3/s$ 流量下超过 0.3m/s 的横向流速范围延伸至口门下游 400m，最大横向流速值已超过 1.5m/s。出闸船舶下行经过横流超标航段时，极易受到水流顶冲撞向右岸。

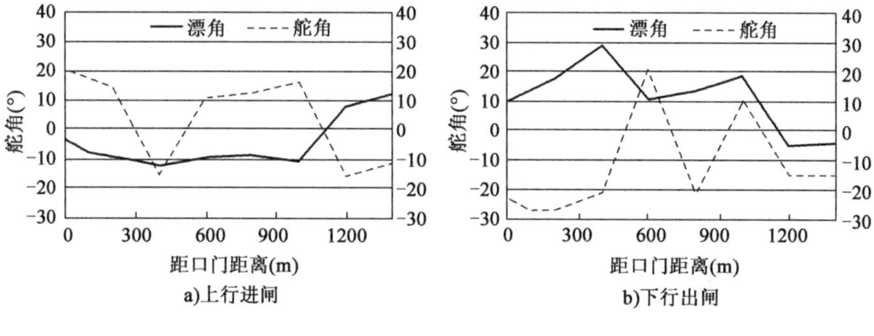

图 2-48　枢纽下游船舶航行参数($2010m^3/s$)

此外，纵向流速过大也是枢纽通航水流条件进一步恶化的原因，当流量超过两年一遇洪水 $2010m^3/s$ 后，口门区及连接段航道航中线流速已大于 3m/s。十年一遇洪水 3920m^3/s 流量下，上行船舶即便采取 4m/s 的航速，仍无法通过口门以下 300～500m 航段，各流量级下口门区及连接段航道航中线纵向流速沿程变化如图 2-49 所示。

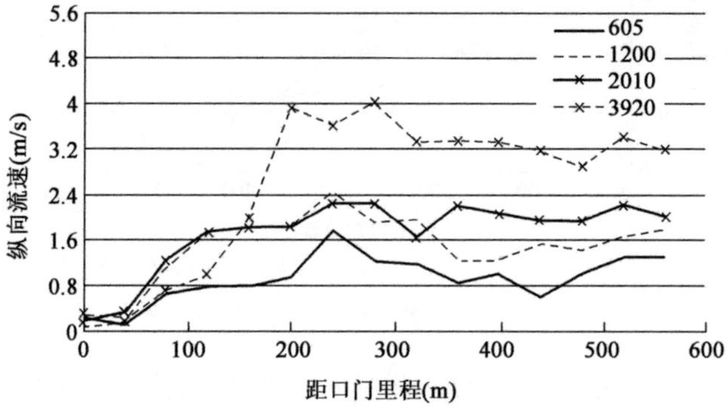

图 2-49　设计方案航中线纵向流速沿程分布

2.2.3.4　改善措施及效果

(1)改善措施

针对上述问题，提出了疏挖河道结合调整航线的改善措施，扩大过流断面，调顺航线与水流方向。具体方案包括：开挖河道左侧河床，降低凸岸侧河床高程，调整断面流速分布；开挖河道右岸山体，开挖范围自口门起 0～800m 均进行开挖，随之调整航线使其向右岸偏转 7°，减小与水流方向夹角；延长导航墙并设置三组导流墩，进一步调顺水流方向。改善措施布置图见图 2-50。

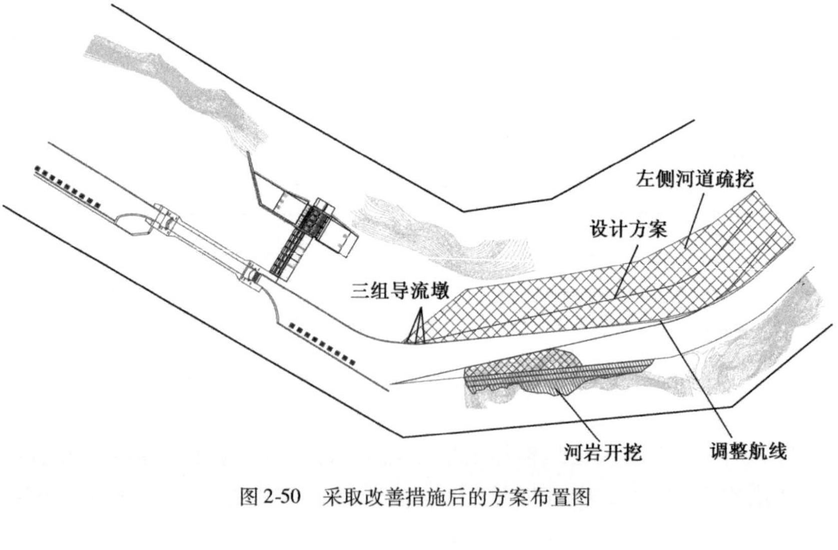

图 2-50　采取改善措施后的方案布置图

河道左侧河床开挖高程、河道右岸山体开挖范围，以及导航墙延长幅度、导流墩组数均由模型试验多组次比选之后确定。

(2)改善效果

采取疏挖加调整航线的措施后，口门区水流条件明显好转，经电站尾水渠及泄水闸下泄的水流，并未向口门区航道内挤压扩散，相应地口门区无明显横流产生。0～200m 口门区航道内，各级流量下横向流速值均不超过 0.3m/s。200～800 连接段航道内，当流量不超过 2010m^3/s 时横向流速不超过 0.4m/s，较优化前 1m/s 的横向流速显著下降。随着流量的继续增大，横向流速至可增大至 0.6m/s。改善前后航中线横向流速对比如图 2-51 所示。

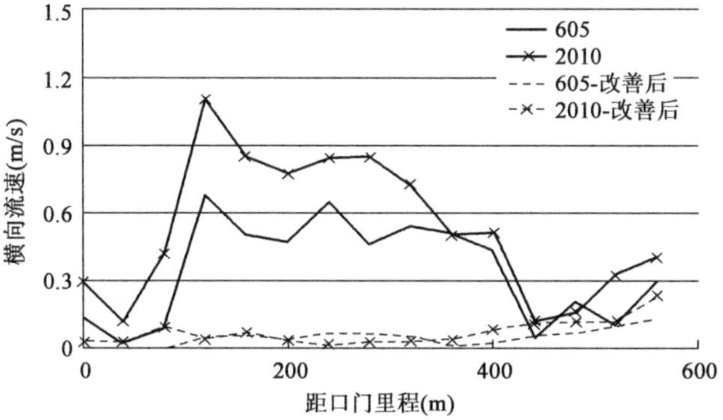

图 2-51 改善前后航中线横向流速对比

605m^3/s 流量电站发电工况下，出闸船舶采用 2.5m/s 航速通过口门区时，所需最大舵角由 24°降至 15.4°，最大漂角由 17°降低至 8.4°。上行进闸船舶以 3.0m/s 航速通过口门区时，顶流航行参数均好于出闸船舶。2010m^3/s 流量泄水闸与电站联合调度工况下，出闸船舶以 3.5m/s 通过口门区时，最大漂角由 17.6°降至 6.5°，相应的舵角由 27.2°降低至 21.5°，进闸船舶以 3.5m/s 通过口门区时，最大舵角为 15.1°，最大漂角仅为 4.8°。完全能够满足进出闸船舶的安全航行要求。改善前后船模航行参数对比如图 2-52、图 2-53 所示。

纵向流速方面，口门下游 0～800m 河道范围由疏挖引起的过流断面面积增幅在 20%～24%，水流流速有较为明显的下降。当枢纽下泄 10 年一遇洪水流量 3920m^3/s 时，船舶采用 4.0m/s 航速可顺利进闸。改善前后枢纽下游口门区及连接段航道航中线纵向流速对比见图 2-54。

塘头枢纽采取开挖措施改善通航水流条件的同时，带来了枢纽下游的水位下降，并且表现出流量增大水位降幅越大的特点。仅电站发电工况下，水位降幅约为 0.25m；泄水闸与电站联合调度下，水位降幅可达到 0.9m 左右。

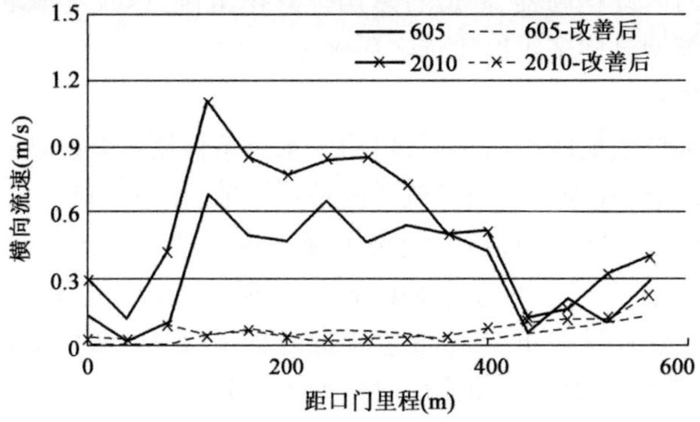

图 2-52　改善前后枢纽下游出闸船舶航行漂角对比

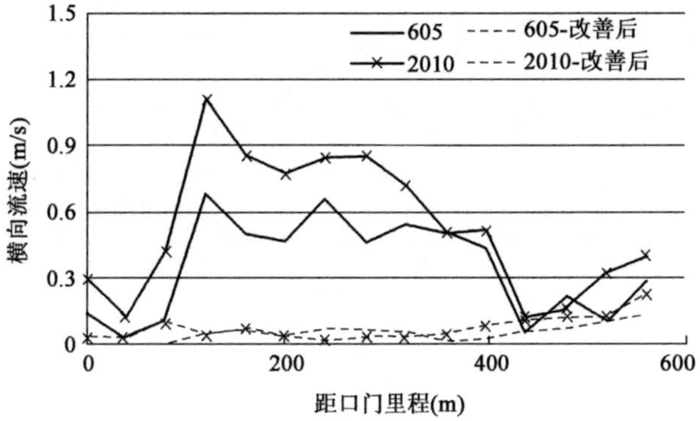

图 2-53　改善前后枢纽下游出闸船舶航行舵角对比

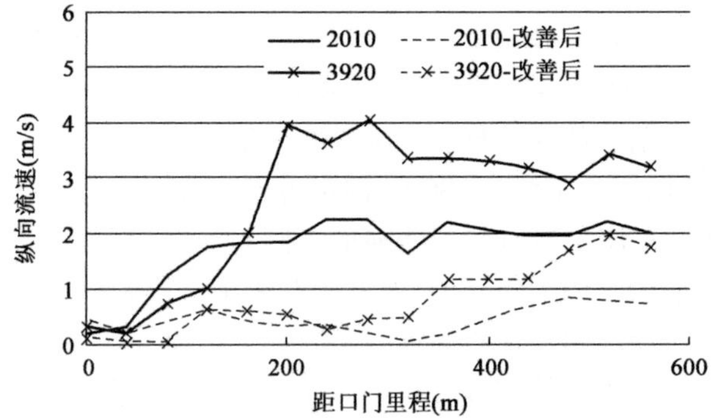

图 2-54　改善前后枢纽下游口门 0 ~ 600m 航中线纵向流速对比

考虑到下游20km的澌洲枢纽常年回水区水位并未衔接至塘头坝下，因此疏挖引起水位下降对于塘头枢纽下游保证2.5m最低通航水位不利。本方案中应对水位降落采取的措施为：按照航道设计水深与下游澌洲枢纽运行死水位确定塘头枢纽下游航道底高程，按此高程将坝下4km未衔接航段进行开挖，以满足航道设计水深要求。

2.3 口门区水流条件改善小结

(1)横向流速的产生

横向流速是控制口门区水流条件的重要水力因素，其产生除了引航道导墙布置使口门区河段突扩或突缩外，航线布置与河道主流方向的夹角也决定着横向流速的大小，后者导致的横向流速强度、影响范围均强于前者，也是进行口门区水流条件改善的主要原因。

本章提到的三组改善实例中，洪江枢纽改建船闸布置于顺直微弯河段的凸岸，上、下游航线与河道主流无法同时平顺，其船闸布置采取了上下兼顾的方案，导致枢纽上游、下游口门区航线与河道主流均存在夹角；浯溪枢纽布置于顺直河段，因下游河道急剧束窄，导致主流流向与口门区航道存在夹角；塘头枢纽下游位于反S弯段，口门区航线与河势大角度斜交，且在两岸强约束条件下，汛期和枯期水流方向基本一致，每一级流量水流方向均与航线大角度斜交。

其他枢纽改扩建工程中，有船闸布置于弯曲河道凹岸或凸岸如汉江雅口枢纽、赣江峡江枢纽，布置于分汊河道如西江长洲枢纽、湘江大源渡，布置于干支流入汇河道如乌江沙陀水电站，口门区航线与水流流向均存在夹角，并且随着来流量的不同，水流方向发生改变，航线与流向的夹角也随之改变。

(2)改善措施的分类

口门区水流条件改善措施总体分为两大类：一类为调整航线与水流流向夹角，如洪江枢纽中调整了船闸导航墙布置，改变口门区航线，也可通过疏挖河床或河岸、填槽等手段改变水流流向。但若受外部条件的限制不允许调整夹角时，只能采取第二类改善措施，即采取布置导流建筑物如导流墩、透空导航墙等来改变局部水流流向，或者通过延长、缩短导航墙以改变口门区位置来避开水流条件较差的部位。

一般来讲，在外部条件允许的情况下，优先采取第一类改善措施，或者两类改善措施相结合，如洪江枢纽改建船闸；但外部条件限制下如浯溪枢纽扩建二线船闸，则只能考虑采取第二类改善措施。需要注意的是：由于坝址所处河段河势、改扩建船闸尺度相对固定,口门区水流条件的改善需要结合具体的实际情况进行,且随着中小型河流上大量船闸扩能升级工程的推进,一些改扩建船闸即便采取多种改善措施均不能完全满足规范要求,最大通航流量与船闸等级不匹配。

(3)最大通航流量

内河通航标准关于通航建筑物设计最高通航水位的描述见表2-6。

通航建筑物设计最高通航水位 表2-6

通航建筑物级别	Ⅰ、Ⅱ	Ⅲ、Ⅳ	Ⅴ~Ⅶ
洪水重现期	100~20	20~10	10~5

船闸总体设计规范中,关于船闸上游设计最高通航水位的描述见表2-7。

船闸设计最高通航水位设计洪水频率 表2-7

船闸级别	Ⅰ、Ⅱ	Ⅲ、Ⅳ	Ⅴ~Ⅶ
洪水重现期(a)	100~20	20~10	10~5
频率(%)	1~5	5~10	10~20

两则规范中均明确,对于出现高于设计最高通航水位历时很短的山区性河流,Ⅲ级船闸的洪水重现期可采用10年,Ⅳ、Ⅴ级船闸可采用3~5年,Ⅵ、Ⅶ级船闸可采用2~3年执行。上述规定中,最高通航水位对应的流量即为最大通航流量。

本章中洪江枢纽与浯溪枢纽的改扩建船闸,通过采取改善措施,经试验论证其最大通航流量均可提高至洪水重现期2年,但与规范中要求的10年洪水重现期还有差距。可以从最大通航流量保证率的角度考虑通航标准。例如,浯溪枢纽,根据上、下游水文站实测资料推求结果,坝址流量全年不超过4922m^3/s的保证率为99%,枢纽最大通航流量为7500m^3/s(两年一遇),流量不超过7500m^3/s的保证率应该在99%以上,能够满足枢纽全年通航需求。

另据赣江万安枢纽设计资料,其船闸规模为500吨级,按照设计通水频率确定的最大通航流量应该在15500~13600m^3/s。但在实际运行中,当枢纽下泄流速超过6000m^3/s时,枢纽下游河道流速较大,船队上行已十分困难。若采用保证率的概念,拟定万安枢纽最大通航流量保证率为98%,查坝址38年实测水位资料,推求相应年通航有效历时保证率对应的最大流量为7400m^3/s。可以看出,由保证率推求的最大通航流量更接近工程实际。

此外,枢纽最大通航流量还可根据模型试验成果确定,如嘉陵江中游通航枢纽的最大通航流量研究中,基于新政、金溪和凤仪场等枢纽,采用水工模型试验和船模试验相结合的研究方法,对最大通航流量进行分析。按照规范要求,梯级枢纽设计时最大通航流量应为3年一遇洪水对应的流量，对应三座梯级枢纽的最大通航流量分别应是14500m^3/s、14500m^3/s和148000m^3/s。但模型试验结果表明，新政枢纽在流量大于8000m^3/s时口门区内流速全面超标，下游连接段纵向流速大，船模试验中舵角已达28°，漂角为19.5°，船舶不能安全航行；金溪枢纽在14500m^3/s流量下，船舶下行出闸最大舵角为28.77°，超过安全限值；凤仪场枢纽在14800m^3/s流量下，由于纵向流速较大，船队上行最小航速不能满足安全航行要求。因此，综合以上三组梯级枢纽试验结果，将嘉陵江中游最大通航流量确定为8000m^3/s。

本章参考文献

[1] 李一兵，江诗群，李富萍．船闸引航道口门外连接段通航水流条件标准[J]．水道港口，2004，25(4)：179-184.

[2] 徐瑛．草街航电枢纽船闸引航道优化布置研究[D]．重庆：重庆交通大学，2011.

[3] 张公略，李君涛，吴世东．富春江船闸扩建改造后电站黑启动对下游航运安全影响分析[J]．水道港口，2011.

[4] 卢文蕾，陈作强．通航建筑物口门区及连接段通航水流条件研究[J]．西南公路，2008(3)：69-75.

[5] 涂启明．船闸总体设计中的通航水流条件[J]．水运工程，1985(10)：18-23.

[6] 曹民雄，马爱兴，王秀红，等．内河航道横流对船舶航行的影响[J]．交通运输工程学报，2008，8(1)：61-67.

[7] 周华兴，郑宝友，李金合．船闸引航道口门区水流条件限值的探讨[J]．水运工程，2002(1).

[8] 中华人民共和国行业标准．内河通航标准：GB 50139—2014[S]．北京：中国计划出版社，2015.

[9] 中华人民共和国行业标准．船闸总体设计规范：JTJ 305—2001[S]．北京：人民交通出版社，2001.

[10] 中华人民共和国行业标准．渠化工程枢纽总体设计规范：JTS 182-1—2009[S]．北京：人民交通出版社，2009.

[11] 陈作强．通航建筑物口门区及连接段通航水流条件研究[D]．成都：四川大学，2006.

[12] 杨本新．枢纽通航建筑物最大通航流量设计标准探讨[J]．人民长江，

2004,35(10):24-26.

[13] 张亮,卢启超.船闸引航道口门区同行水流条件改善措施的综述[J]科技信息,2009,25:779-780.

[14] 周华兴,郑宝友.船闸引航道口门区通航条件改善措施[J].水道港口,2002,23(2):81-86.

[15] 朱红,郝品正.导流墩改善船闸引航道口门区水流条件试验研究[J].水道港口,2005,26(2):109-112.

[16] 张声明.万安水利枢纽船闸下游改善通航水流条件的研究[R].武汉:长江科学院,1989.

[17] 田辉.船闸引航道口门区通航水流条件研究[D],长沙:长沙理工大学,2013.

[18] 李发政,孙家斌.三峡船闸下游引航道通航条件研究[J],长江科学院院报,1999,5(16):13-16.

[19] 王秉哲,郑宝友,孟祥玮,等.三峡枢纽泄洪、船闸输水及电站调峰对通航条件的影响[J].水运工程,2004,3(25):35-41.

[20] 戈龙仔,刘红华,孟祥玮.三峡汛期日调节对通航影响及改善措施[J],水道港口,2004,4(25):204-208.

[21] 孟祥玮.三峡工程电站汛期日调节对上游通航水流条件的影响研究[D],天津:天津大学,2004.

[22] 李君涛,郝品正,冯小香,等.船闸引航道口门区导流墩技术研究及案例解析[M].北京:人民交通出版社股份有限公司,2017.

[23] 郝品正.湘江大源渡航运枢纽通航条件试验研究[R].天津:交通部天津水运工程科学研究所,1993.

[24] 陈桂馥,张晓明,王召兵.船闸导航建筑物透空形式对通航水流条件的影响[J].水运工程,2004(9):56-58.

[25] 普晓刚,王能,彭伟.新型桩基导流屏改善船闸下游口门区通航条件效果分析[J].水运工程,2018(1):147-151.

[26] 吴琼琳,高清洋,普晓刚.桩基透空式导流屏结构对船闸下游口门区通航的影响[J].水运工程,2018,541(4):107-112.

[27] 普晓刚,郝品正,李金合,等.已建枢纽船闸下游引航道口门区急流碍航改善措施的研究[J].水道港口,2007,28(2):119-125.

[28] hans-werner paftenscky, 内河船闸附属设施结构设计和水力学计算[M].丁晓渔,胡苏萍,译.南京:河海大学出版社,1998.

[29] 黄碧珊,张绪进,舒荣龙,等.新政电航枢纽船闸引航道口门区通航条件研究[J].重庆交通大学学报(自然科学版),2003,22(3):120-124.
[30] 叶海桃.船闸引航道口门区流态的模型研究[D].南京:河海大学,2007.
[31] 凌贤宗.铜鼓滩枢纽通航条件的试验研究[C].武汉:长江科学院,1987:317-325.
[32] 韩昌海,王博文.飞来峡水利枢纽下游引航道口门区通航条件改善途径探讨[J].水运工程,1996(12):26-29.
[33] 长江航道局,译.美国陆军工程兵团工程师手册[M],1989.
[34] 潘雅真,罗序先,李穗清,等.贵港航运枢纽船闸引航道回门区水流条件的研究[J].水运工程,1996(7):30-35.
[35] 宁武.贵港枢纽货运量规模及二线船闸平面布置研究[D].重庆:重庆交通大学,2013.
[36] 普晓刚,李君涛.北江清远扩建二线船闸物理模型试验研究报告[R].天津:交通运输部天津水运工程科学研究所.
[37] 李伟,透空隔流堤对船闸引航道口门区水流条件影响研究[D].长沙:长沙理工大学,2007.
[38] 李君涛,闫涛,王艳华.汉江雅口航运枢纽工程整体水工模型试验研究报告[R].天津:交通运输部天津水运工程科学研究所,2015.
[39] 李君,赵建钧,洪娟,等.船闸凹岸布置上下游引航道水流条件优化[J].水运工程,2016,12:101-105.
[40] 曹玉芬,周华兴.船闸布置在弯道凹凸岸附近时通航条件分析[J].水利水运工程学报,2012,4:77-81.
[41] 周勤,尹崇清,张湛,等.嘉陵江中游航电枢纽最高通航流量分析[J].水运工程,2011,4:132-135.

3 船闸扩能升级与引航道水流条件

3.1 引航道非恒定流研究背景

船闸引航道水流条件主要受船闸灌泄水引起的非恒定流影响，尤其是瞬时水面波幅和比降，会使引航道中的水面降低，有效水深减小，造成船舶触底，影响船舶进出引航道的安全。改扩建船闸还将遇到多线船闸共用引航道的问题，水流条件更为复杂。现阶段关于引航道的研究工作，主要针对通航水流条件判别指标和水流条件改善措施开展。

3.1.1 引航道水流条件判别标准

改、扩建船闸工程实施后，船闸引航道水流条件的优劣需参考船闸引航道水流条件判别标准，以检验其方案布置是否成功。

3.1.1.1 国外判别标准研究

20 世纪 50 年代，联邦德国卡尔斯洛工学院日奥德 · 雷伯克水动力学试验室，针对船闸灌泄水问题进行试验研究和原型观测，研究了引航道波动现象，渠道断面变化对波动叠加反射的影响，波高、波速、比降等波要素与船闸输水流量及流量增率的关系，同时还研究了双船闸运行方式对船舶航行与停泊的影响。Parten-Seky 认为对排水量 1240t 船舶，允许水面比降为 1.3‰；Hans-Werner、Partenscky 教授提出船闸灌泄水非恒定流在引航道中产生的波前波后的水面比降小于或等于 0.4‰。

法国对北运河 16 号和 17 号船闸之间渠道及索恩—芙茵运河上的船闸中间渠道涌浪进行了研究，提出水面波动变化（与平均水面比）以 0.3m 为最大允许极限，最大水面比降以 1‰为宜。

目前，在欧盟各国，关于可接受的船闸灌泄水产生的最大波幅，尚没有相关标准，但通常认为与平均水面相比，最大波幅应小于 0.3m。这一数值与 1992 年欧洲交通部长会议中提出的桥梁附近最大、最小船舶安全高度限值一致。欧洲各国经验也表明，最大水面比降小于 0.5‰时，船舶航行较为舒适；最大水面比降小于 1‰时，船舶航行仍然可以认为是很好的；最大水面比降达到 2‰时，船舶航行虽然不舒适，但仍可以接受。

3.1.1.2 国内判别标准研究

20世纪80年代，针对葛洲坝三江下游引航道非恒定流对船舶（队）航行和停泊影响的因素及变化规律，进行了大量的物理模型、原型观测和数值计算的分析研究：1983年有关单位组织进行了葛洲坝引航道非恒定流原型观测；1985年在1∶100和1∶150两个物理模型进行了非恒定流的模型试验，取得了较为丰富的成果。其中，包括三江下游引航道水流结构及淤积规律研究；三江双线船闸泄水布置及下引航道不稳定流—往复波流研究；采用一维非恒定流数学模型，对三江下游非恒定流进行的计算等。

在针对三峡工程通航标准的研究，对三峡工程船队尺度、航道尺度、永久通航建筑物尺度、通航水流条件、通航流量水位和保证率、通航净空进行了规定。其中，有关通航水流条件的规定如下：口门区纵向流速≤2.0m/s，横向流速≤0.3m/s，回流流速≤0.4m/s，波浪高度≤0.4～0.5m；引航道导航和调顺段内应为静水区，船闸自引航道灌泄水时，最大纵向流速上游引航道应不大于0.5～0.8m/s，下游引航道应不大于0.8～1.0m/s。

《内河通航标准》（GB 50139—2014）规定："船闸引航道、口门区及连接段应避免出现影响船舶、船队航行和停泊安全的泄水波、泡漩和乱流等不良水流条件"，对口门区的通航水流条件提出了限值标准，但对引航道水流条件无明确限值标准。

《船闸总体设计规范》（JTJ 305—2001）规定："引航道导航和调顺段内宜为静水区，制动段和停泊段的水面最大流速纵向不应大于0.5m/s，横向不应大于0.15m/s。枢纽泄水在引航道和口门区产生的非恒定往复流的波动应不影响过闸船舶、船队安全航行和停泊，不影响闸门运用，当不满足上述要求时，应采取工程措施。对于Ⅰ～Ⅳ级船闸，引航道最小水深应大于或等于1.5倍设计最大船舶、船队满载吃水"。

《船闸输水系统设计规范》（JTJ 306—2001）规定："船闸灌泄水时，引航道内非恒定流的水面波动、比降及流速等水力特性，除应满足引航道内船舶、船队停泊条件标准外，尚应满足船舶、船队在引航道内的航行条件和停靠码头的操作要求。引航道内水面的降低应保证航行船舶的富裕水深。上游引航道中最大纵向流速应不大于0.5～0.8m/s，下游引航道中应不大于0.8～1.0m/s，但在上游引航道码头处应不大于0.5m/s。"

《三峡船闸通航调度技术规程》（JTS 196—6—2012）要求："船闸、引航道的水流条件在闸室输水时纵向比降不大于1‰；引航道口门区纵向流速不大于 2.0m/s，横向流速不大于 0.3m/s，回流流速不大于 0.4m/s，涌浪高度不大于 0.5m。”同时，技术规程要求：“船舶通过三峡船闸和葛洲坝船闸，进闸航速不得超过 1.0m/s，出闸航速不得超过 1.4m/s。”

3.1.2 引航道水流条件改善措施

20 世纪 50 年代，苏联针对船闸灌泄水产生的非恒定流波浪对建筑物及引航道船舶停泊条件的影响问题，提出了减小波浪波幅的多种措施。1983 年采用 1∶100 物理模型对斯大林船闸引航道水流条件进行研究，据此选定泄水建筑物结构和优化引航道的通航水流条件。1956 年又采用 1∶40 物理模型对下游引航道船只停泊条件进行校核研究。

列宁格勒水运学院在 1960 年对克烈明丘克船闸进行引航道局部拓宽（设置调节池）的措施来消除泄水波的影响。该船闸为单级，设计水头 18m，泄水量 8.5 万 m^3。消波试验工况为 14.8m 水头，下游引航道总长 4.8km，距下闸首 580 处，渠道右侧单向急剧扩大。观测调节池末端波高为前端的 1/2，消波效果较好，并且研究了闸门开启时间与开启方式对波高的影响。

美国对俄亥俄河上的麦克阿尔宾船闸灌泄水非恒定流对通航影响及改善措施进行了研究。该通航枢纽主船闸尺度 183m × 33.6m（长 × 宽），灌水时间 9min，最大流量 510m^3/s。最终得出的综合改善措施为增加引航道水深，同时增设三角形调节池，灌水时一半流量来自调节池，能够起到减小波高，改善航行条件的作用。

我国在引航道水流条件的研究方面起步较晚，20 世纪 70 年代末、80 年代初，为编制适合我国国情的船闸规范，相关单位曾做了大量的模型试验和实船试验研究。随着枢纽改扩建船闸工程的增多，因其受地形限制，布置空间局促，为解决工程布置同时减少工程量，常常采取扩建船闸与原有船闸共用引航道的布置形式，在船闸引航道研究的基础上产生了多线船闸共用引航道的非恒定流问题。多线船闸同时灌、泄水时水流会相互叠加，造成更大的波动和流速，使得多线船闸共用引航道的水流流态复杂，对船舶的停靠与航行、通航建筑物的相关设施造成非常不利的影响。葛洲坝 2 号、3 号船闸共用的三江引航道，发生过船闸泄水产生非恒定流波动导致船舶擦底，江苏泗阳船闸一线船闸泄水产生的非恒定流对二线船闸闸首人字门起步构件造成破坏等事故。

针对葛洲坝三江下游引航道非恒定流对船舶（队）航行和停泊影响的因素及变化规律，以及针对三峡工程通航建筑物的研究，进行了大量的物理模型、原型观测和数值计算的分析研究，对引航道内非恒定流水流运动规律的认识比较充分,取得了范围广泛水平较高的科研成果。现阶段研究主要从设置隔流堤、扩大引航道过水断面,采取旁侧取泄水方式或者优化船闸调度,重新规划船舶停泊位置等方面展开。

(1)设置隔流堤

设置隔流堤是为了将泄流区和航道区隔开,从而形成独立的半封闭式航道。隔流堤的存在会影响壅高水位产生的势能在水域中的消散。东培华等人以江苏省刘老涧船闸为例,分析各方案对水流特征值的影响规律,得出反向水头与开口段长度呈正向关系,与隔堤开口段高程呈负相关关系;横向流速与开口段长度呈正相关关系,与开口段底高程呈负相关关系。对于枢纽整体来讲,隔流堤长度并不是越长越好,而是需要结合模型试验做具体分析。

三峡工程通航建筑物上游引航道内,存在往复波流影响船舶通航。研究表明诱发往复波流的因素主要有两个:一是在大坝和电站泄洪时,由河势和扩散水流挤压口门区非恒定回流形成引航道内的往复流;二是船闸充水时,在上游引航道内引起的非恒定流往复波流,将在有限长的引航道内呈周期性的往复波动。两者所产生的往复波流叠加时波峰更高波谷更深,因而波降、流速以及系泊在引航道内船舶的动水压力也相应更大。为解决上游引航道的问题,通过对各种布置方案包括防淤隔流堤的布置和引航道内各部位水深要求等进行了长期的科研试验,对工程措施进行优化,最后选择全包隔流堤方案,结合合理调度两线船闸输水方式,以期达到往复波流的波高尽可能减小的目的。

隔流堤开孔使引航道水体与大面积相对稳定的水域相通,可以有效消减开孔附近引航道内水体的波动,加速波动的扩散和衰减。但开孔的高度超过船舶吃水线是要引起注意的。另外,隔流堤开孔的角度对口门区水流条件的影响较大,角度过大,引水过多,引航道内导流堤边壁出现长条形泡水;角度太小,不能起到引流压迫回流的作用,需通过试验选取一个合理的开度。

(2)旁侧泄流

在目前大尺度船闸、船舶大型化的发展趋势下,提高灌、泄水速度,加速船舶进出闸效率,同时要保证引航道内的通航水流条件,采取旁侧取、泄水是重要的改善措施。

为保证三峡通航建筑下游引航道内通航水流条件达到要求,船闸泄水不能直接排入下游引航道,而是采用旁侧泄水的方式,通过设置于引航道下面的泄水箱涵,跨过下游隔流堤,排入长江,泄水箱涵长约 1500 m。考虑泄水箱涵出口与下游引航道的水头差,以及由大坝泄洪、电站日调节等在下游引航道内引起的非恒定往复波流对第 6 闸首人字工作门的影响,在末级闸室内设置了两个辅助泄水短廊道及阀门,在主廊道泄水后期,开启辅助泄水阀门泄水入下游引航道。

(3)扩大断面

加大引航道的过水断面,增加引航道内水深或者宽度。双线船闸共用引航道同时灌、泄水或错开灌、泄水,引航道内波动造成的水面下降都比较大。考虑到触底安全富余量,可适当增加引航道内水深。通过水力计算,确定引航道布置与尺度。引航道内水深越大,波动水体质量越大,引发波流运动的一定能量就越分散,水质点具有的动能就越小,所以较大水深对改善引航道内通航水流条件较为重要。三峡船闸上引航道底部高程为130m,坝前水位分别为140m、135m时,后者的通航条水流条件明显不及前者。

(4)设置调节池

以往工程实践证明,在引航道旁侧设置调节池可以有效消浪和减速。通过引航道向调节池进水,调节池向引航道放水,以减小波动。苏联结合具体工程对此做过试验研究,此方法对减小波高有一定效果。葛洲坝三江上引航道有黄柏河流汇入,从而形成一个的天然"调节池",水流有逆落波时,入汇水流就近补偿引航道内水体损失,减弱上引航道内水体运动;发生逆涨波时,水体又可以迅速向黄柏河分流,有利于波能扩散。

(5)优化调度方式

优化船闸调度方式,主要指错开灌泄水时间。双线船闸错开泄水,是为了使各自产生的波动相位相反、泄流波动的波峰和波谷错位,达到波动相互抵消的效果,减少引航道内水位波动、纵向流速及横向流速。李珊等从长波运动理论和二维水流运动基本方程入后,建立双线船闸共用引航道数学模型,研究一、二线船闸不同调度方式下(错开时间、泄流量),引航道停泊段水位与流速变化规律;长洲枢纽四线船闸并列布置,各线船闸运行方式多样,相互影响更为复杂,李焱等利用delft3d对四线船闸不同调度工况下的引航道通航水流条件进行计算分析,认为三、四线船闸同时充水或者下游水位低于3.32m而一、二线船闸运行,均会导致恶劣的引航道水流条件,并对四线船闸调度方式提出建议。

(6)改变船舶停泊位置

靠船墩的布置有三种类型:第一种布置在引航道内的直线段上,第二种布置在引航道扩大段区域,第三种布置在口门区区域。其布置受地质、地形、地理条件影响,边界条件的制约尤其明显。山区河流直线段很短,靠船墩一般布置在引航道口门区外,如新政、苍溪、过军渡、金溪坊等枢纽工程。有些水利枢纽船闸工程的靠船墩布置于引航道的扩大段,如贵港(上游)、那吉、老口等。有些工程靠船墩布置在引航道直线段内,如葛洲坝、三峡、长洲、金鸡、青居等。不同的停泊位置的水流条件有差异。靠船墩布置在直线段内时,船闸灌、泄水对船舶停靠影响较大,此时船舶(队)系缆力较大,但风浪对船舶停靠影响较小。靠船墩布置在口门区区域时,此时船舶停靠受泄水波及风浪影响较大,但受船闸泄水而产生的系缆力较小。靠船墩布置在扩大段时,受影响程度介于两者之间。

(7)其他措施

双线船闸共用引航道时,为确保两线船闸泄水时互不干涉,闸首间常常布置辅导墙隔开,王召兵等在研究北江飞来峡船闸时发现,通过增大中间辅导墙的扩散角可使水流快速扩散,减小非泄水船闸引航道回流范围及回流强度。张勇在研究三峡升船机引航道内的水位变率时,指出枢纽泄洪、电站运行及三峡船闸旁侧泄流产生的波浪下行,绕过下游隔流堤头经口门传如引航道内产生重力长波,下闸首水位变率达0.9m/h,超过设计值。采用升船机下游辅助导航墙附近设置防浪闸的方案,可消减引航道内的涌浪。

3.1.3 数学模型在引航道水流条件中的应用

长期以来,引航道非恒定流的研究工作基本在大比尺物理模型试验的支撑下开展,但受限于制模精度、比尺效应、试验周期、人为因素及测量设备的影响,取得的试验结果质量往往不太稳定,可重复性较差。相比之下,数学模型具有试验效率高,适应性强,便于进行多方案比选等优点,在近些年发展较为迅速。

目前对于紊流的数值模拟一般采用雷诺时均的N—S方程法,时均之后的N—S方程不封闭,要辅以各种紊流模型来封闭,包括涡粘模型和雷诺应力模型等。黄国兵采用平面二维数学模型对三峡上引航道非恒定流进行数值模拟,对各种方案进行了分析对比,为设计者提供了有效的科学依据。黄海明等采用平面二维非恒定流数学模型,对三峡枢纽不同运行方式下的上、下游引航道水流条件进行了模拟,提出了一些改善水流的方法和优化引航道的布置方案。

船闸引航道非恒定流运动三维特征明显,涨、泄水长波在传递过程中将引起垂向上的水面与流速变幅,尽管二维模型的应用可以解决一部分非恒定流问题,但在对输水阀门等细部结构、底部透空结构形式的模拟往往具有较大的局限性,因此,采用三维模型计算能够最大程度还原研究对象的边界条件,从而得到更为接近实际的计算结果。戴会超等在《三峡永久船闸阀门段廊道水力学数值模型》一文中,采用双方程紊流模型,对三峡工程永久船闸阀门启闭过程中的门井段流场的动态变化过程进行了研究,并将三维数学模型模拟结果与物理模型试验结果进行对比,证实了数学模型获取的各节点水力学参数与物理模型基本一致。陈明栋等在银盘超高水头船闸的消能工形式和消能效果的对比研究中,采用三维数学模型分析了两种消能工的效能效果。这些研究都在船闸灌、泄水方案制订过程中，提供了重要的技术支撑。

3.2 引航道非恒定流改善实例

与口门区水流条件相比，引航道的水流条件受船闸布置影响较小，而受引航道断面形态、导航墙布置，船闸运行方式影响较大。共用引航道的科学问题属于水力学中明渠非恒定流问题，对其产生机理、传播特性、影响因素及变化规律有着比较丰富的成果。

双线船闸共用引航道时，需要确定船闸灌、泄水过程中引航道内非恒定流对船舶航行及靠泊产生的影响，因此开展一系列研究包括船闸灌泄水时上、下游引航道内非恒定流水力特性；双线船闸不同布置形式、不同调度方式等多种组合工况下船闸灌泄水引航道水流结构与流场分布；双线船闸不同工况下船闸灌、泄水非恒定流对出船舶航行条件影响及改善措施等内容是十分必要的。改扩建船闸共用引航道的工程实践中，关于双(多)线船闸灌、泄引起的非恒定流及改善措施，积累了不少经验。本节针对改扩建工程中多线船闸共用引航道的情况，选取典型工程分析布置特征，改扩建存在的技术难点以及采取的研究手段，通过研究最终提出应对船闸改扩建工程中，符合规范要求的引航道水流条件改善措施。

3.2.1 采取工程措施改善水流条件实例

3.2.1.1 工程背景

株洲枢纽位于湘江干流下游，为9级梯级开发中的第7级，上距大源渡航电枢纽96km，下距长沙枢纽135km。株洲枢纽控制流域面积6.6万km^2。坝址位于微弯分汊河段，空洲岛将河道分为左右两汊。株洲枢纽是一个航电结合，兼顾交通、灌溉等的综合性工程，枢纽主要建筑物包括大坝、船闸、电站、坝顶公路桥四部分组成。布置图见图3-1，枢纽从左岸起依次为电站厂房、左汊11孔泄水闸、空洲岛副坝、右汊13孔泄水闸、右岸连接坝段和船闸。

右岸一线船闸轴线与坝轴线正交，左侧与泄水闸连接，为单线Ⅲ级船闸，设计年通过能力1260万t，按照通航一顶四艘千吨级标准设计，船闸有效尺度为180m×23m×3.5m，引航道宽度88.25m，上游直线段为585m，下游为600m。近年来，随着湘江流域水运市场的快速发展，以及2000吨级船舶相继投入使用，株洲航电枢纽年通过能力无法满足航运需求，需要对其进行扩能升级，具体方式为扩建二线船闸。

图 3-1　株洲枢纽平面布置图

拟扩建的二线船闸位于一线船闸右侧，与现状一线船闸轴线间距为 80m，船闸为Ⅱ级，按照通航一顶两艘 2000t 级船队标准设计，闸室有效尺度为 280m × 34m ×4.5m。二线船闸与一线船闸分设引航道，过闸船舶采用曲进直出的进出闸方式，拆除原一线船闸靠船墩后，新建的一、二线船闸共用靠船墩布置于一、二线船闸引航道之间。二线船闸引航道宽度 75m，船闸上下游直线段长度均为 685m，其中导航兼调顺段 260m，停泊段 275m，制动段长度为 150m。船闸总体布置图见图 3-2。

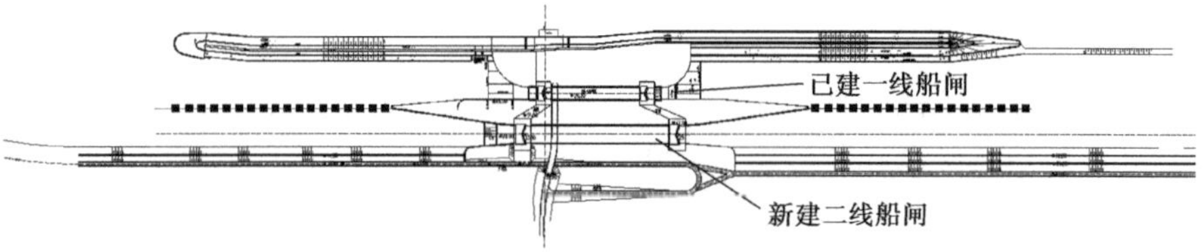

图 3-2　株洲枢纽一、二线船闸平面布置图

株洲枢纽上游正常蓄水位为 40.5m，下游最低通航水位 29.8m，输水阀门匀速开启，水力特性曲线见图 3-3。

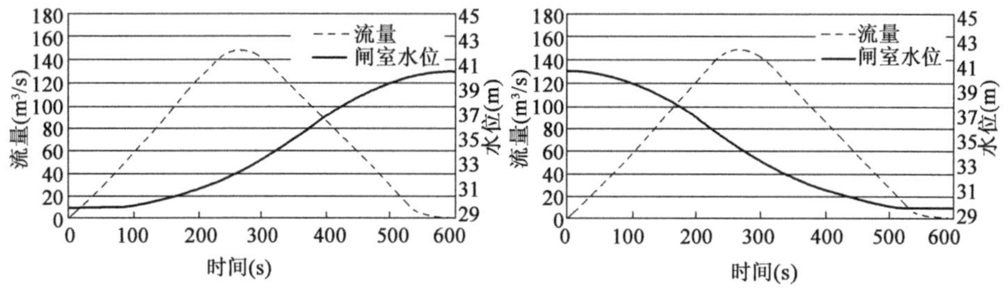

a)一线船闸灌水曲线　　b)一线船闸泄水曲线

图　3-3

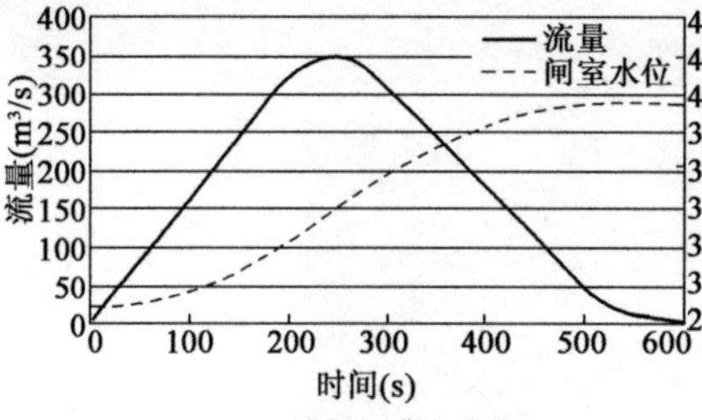

c)二线船闸灌水曲线

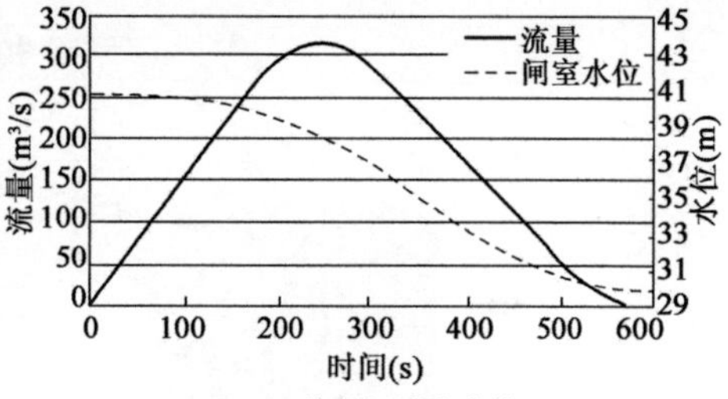

d)二线船闸泄水曲线

图 3-3　株洲枢纽双线船闸灌、泄水曲线

3.2.1.2　研究手段

采用三维局部引航道数学模型研究双线船闸共用引航道时的非恒定流问题。

(1)数学模型的建立

①控制方程。

采用 VOF 法追踪自由表面,用非恒定流运动方程,通过对时间的逐步迭代求解。VOF 模型中,由于水和气共有相同的速度场和压力场,因而对水气两相流可以像单相流那样采用一组方程来描述流场,其控制方程组为:

连续方程:

$$\frac{\partial \rho}{\partial t} + \frac{\partial \rho u_i}{\partial x_i} = 0$$

动量方程:

$$\frac{\partial \rho u_i}{\partial t} + \frac{\partial}{\partial x_j}(\rho u_i u_j) = -\frac{\partial p}{\partial x_i} + \frac{\partial}{\partial x_j}\left[(v + v_t)\left(\frac{\partial u_i}{\partial x_j} + \frac{\partial u_j}{\partial x_i}\right)\right]$$

k 方程:

$$\frac{\partial(\rho k)}{\partial t} + \frac{\partial(\rho u_i k)}{\partial x_i} = \frac{\partial}{\partial x_i}\left[\frac{v + v_t}{\sigma_k}\frac{\partial k}{\partial x_i}\right] + G_k - \rho\varepsilon$$

ε 方程:

$$\frac{\partial(\rho \varepsilon)}{\partial t} + \frac{\partial(\rho u_i \varepsilon)}{\partial x_i} = \frac{\partial}{\partial x_i}\left[\frac{v + v_t}{\sigma_\varepsilon}\frac{\partial \varepsilon}{\partial x_i}\right] + C_{1\varepsilon}\rho\frac{\varepsilon}{k}G_k - C_{2\varepsilon}\rho\frac{\varepsilon^2}{k}$$

式中:ρ、u——分别为体积分数平均的密度和分子黏性系数;

p——修正压力;

v_t——紊流黏性系数,可由紊动动能 k 和紊动耗散率 ε 求出,而两者的值可由经验公式计算给出。

各参数取值为:

$$C_\mu = 0.09, C_k = 1.0, C_\varepsilon = 1.3, C_{1\varepsilon} = 1.44, C_{2\varepsilon} = 1.92$$

$$v_t = C_\mu\frac{k^2}{\varepsilon}, C_{1\varepsilon} = 1.42 - \frac{\eta(1 - \eta/\eta_0)}{1 + \beta\eta^3}, \eta = Sk/\varepsilon$$

②方程离散与求解。

采用控制体积法来离散计算区域，在每个控制体积内对微分方程进行积分，再把积分方程线性化，得到各个未知变量，如速度、压力、紊动动能 k 等的方程组，最后求解方程即可得出变量值。

对于非恒定流，除需要在空间上对控制方程进行离散外，还需要对时间进行离散，对变量的通用时间方程可以表达为：

$$\frac{\partial \phi}{\partial t} = F(\phi)$$

式中：F——代表所有的空间离散项，对时间的偏微分采用一阶向后差分格式进行离散。

$$\frac{\phi^{n+1} - \phi^{n}}{\Delta t} = F(\phi)$$

F 的值采用隐式格式，即 $F(\phi^{n+1})$，则上式可以写为：

$$\phi^{n+1} = \phi^{n} + \Delta t F(\phi^{n+1})$$

据此进行迭代求解。

③网格剖分。

上游引航道模型总长约 1100m，模拟范围包括一线、二线船闸上游引航道及部分库区。计算域采用六面体网格划分，对自由表面附近网格进行加密，最小竖向网格单元 0.01m，总网格单元数约 56 万个。模型进口位于引航道上游约 1100m 处，出口为输水廊道。模型进口位于引航道上游约 1100m 处，出口为闸墙廊道。模型网格剖分见图 3-4。

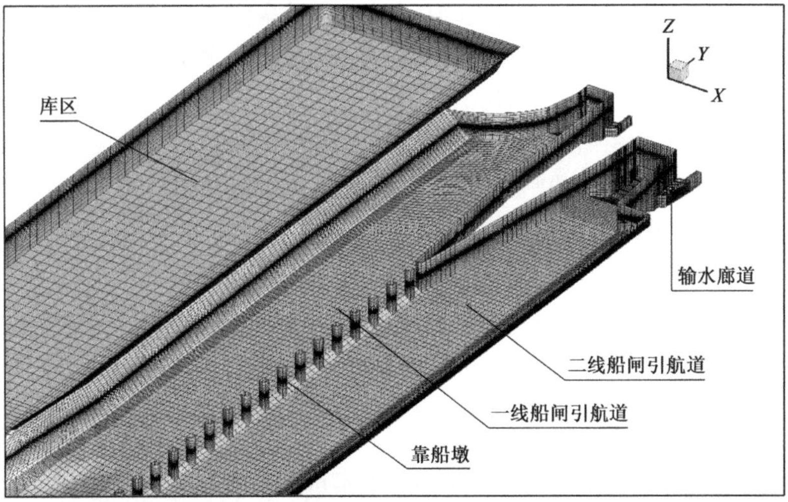

图 3-4 株洲枢纽上游引航道模型网格剖分图

下游引航道模型总长1100m,模拟范围包括一线、二线船闸下游引航道及口门区。计算域采用六面体网格划分,总网格单元数约67万个。模型进口为输水廊道,出口位于引航道上游约1100m处。模型网格剖分见图3-5。

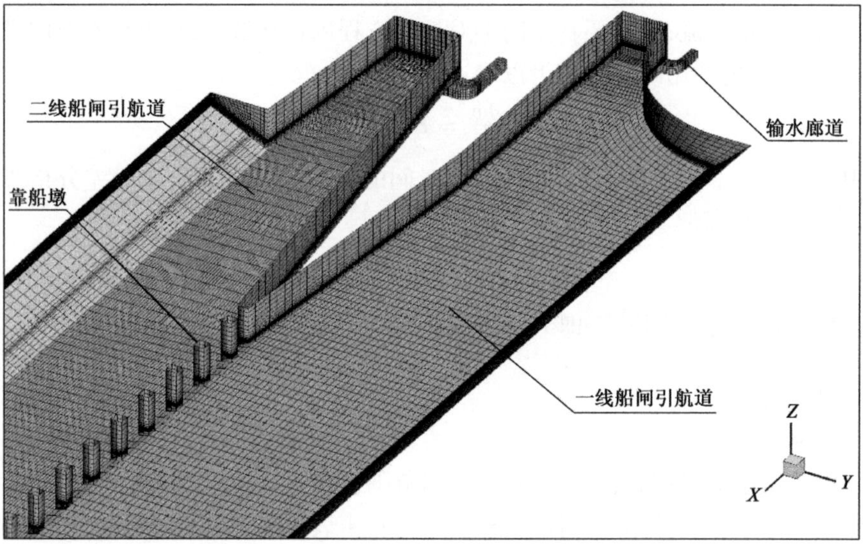

图3-5　株洲枢纽下游引航道模型网格剖分图

④初始条件与边界条件。

初始条件:自由表面以上为大气压强,速度及紊流参变量沿法向梯度为零。船闸各处水体初始速度为零,压力为静水压力,水面为水平,紊流紊动动能k及紊动耗散率ε可按经验公式给出。

边界条件:上游引航道模型进口为库区,属开敞水域,水位恒定,边界条件采用静水压力分布;出口为船闸输水廊道,设定为质量流量边界条件,其质量流量变化过程由船闸灌泄水流量曲线换算而得。

下游引航道进口为船闸泄水廊道的出口,边界条件采用流速入口,其流速变化过程依据船闸泄水流量曲线换算得到;出口水位即下游河道水位,边界条件采用静水压力分布。

固壁边界采用无滑移边界条件,对黏性底层采用壁函数处理。

(2)数学模型的验证

由于缺乏船闸灌、泄水时,上、下游引航道内水位变化实测资料,数学模型采用概化物理模型试验结果作为验证依据。验证试验条件为引航道长1000m,底宽40m,渠道内起始水深3.0m,阀门开启时间6min。验证测点布置如图3-6所示。

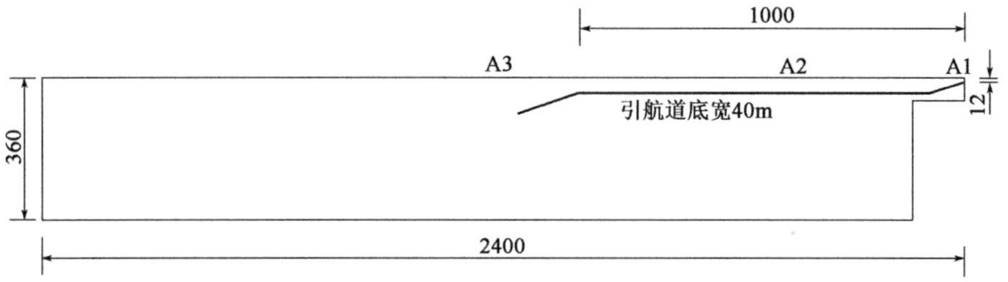

图3-6　验证试验测点布置图(尺寸单位:m)

调整计算参数直至数学模型计算的引航道内水位变化与物理模型吻合较好,如图3-7和图3-8所示,各测点物理模型与数学模型最大水位变幅偏差满足《通航建筑物水力学模拟技术规程》(JTJ/T 235—2003)的要求。

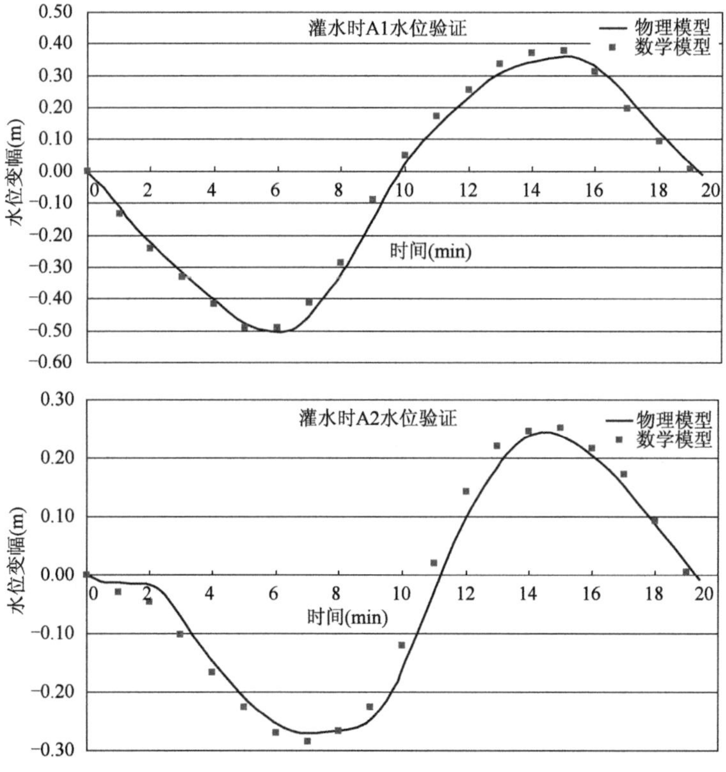

图　3-7

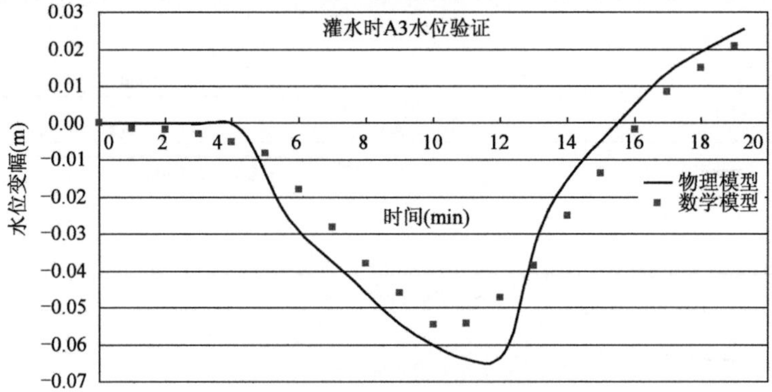

图 3-7　灌水工况下不同测点的水位验证结果

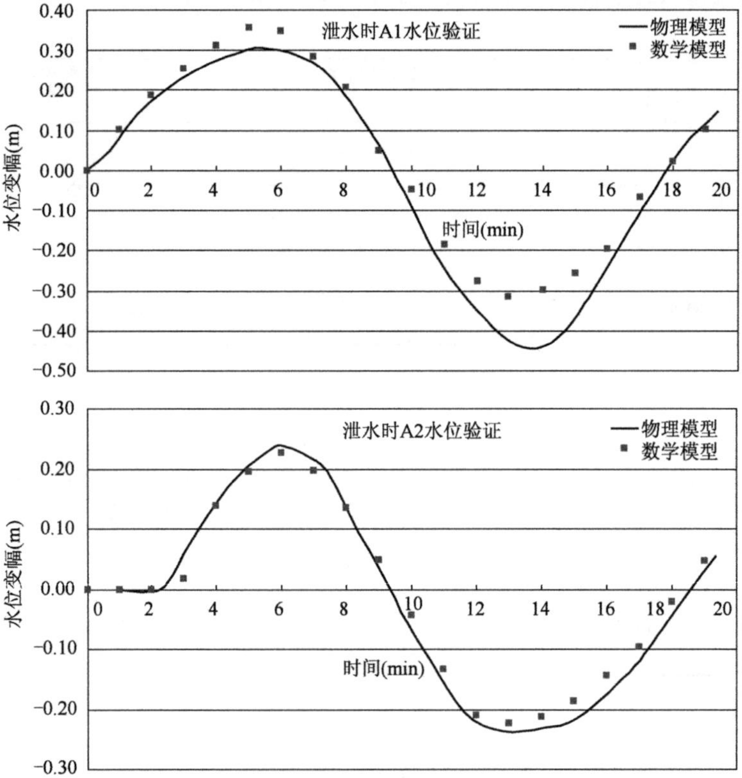

图　3-8

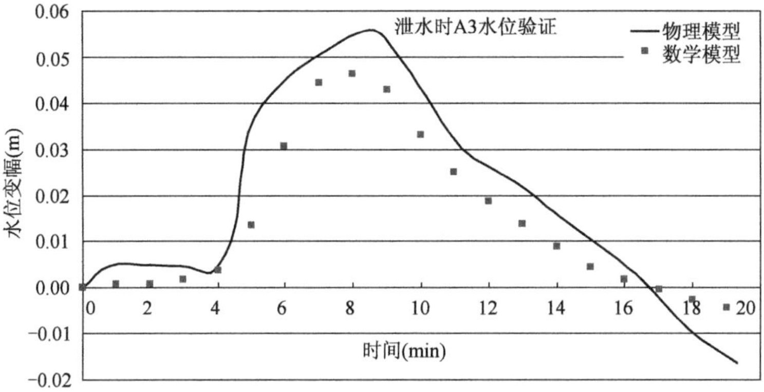

图 3-8　泄水工况下不同测点的水位验证结果

3.2.1.3　存在的问题

株洲枢纽的一、二线船闸之间仅有靠船墩相隔，相当于一线船闸与二线船闸引航道内水域联通，采用三维局部数学模型研究双线船闸不同运行方式下，引航道内非恒定流水力特性，结果表明：

(1)船闸上游引航道

当一线或者二线船闸单独灌水时，闸首最大水位变幅分别为 0.25m 和 0.45m，引航道内水位波动较小，满足规范要求。仅一线船闸灌水时，引航道最大纵向流速 0.29m/s，受一线灌水影响，二线引航道内水流绕过靠船墩进入一线船闸引航道，靠船墩局部横向流速可达 0.25m/s。而当仅二线船闸灌水时，引航道最大纵向流速为 0.48m/s，同样因绕流产生的靠船墩附近局部最大横向流速可达 0.38m/s。

当双线船闸同时灌水时，由于灌水流量显著增大，闸首处最大水位变幅可达 0.78m，超过规范限值 0.5m。停泊段内水位变化较上闸首处小，但变幅也达到 0.64m。流速方面，灌水流量的增大使引航道内最大纵向流速达到 0.71m/s，但因双闸同时开启，靠船墩附近并无明显绕流现象，横向流动微弱。双线船闸同时灌水时船闸上游引航道水位变化见图 3-9。

(2)船闸下游引航道

当一线或者二线船闸单独泄水时，闸首最大水位变幅分别为 0.46m 和 0.48m，均能满足规范要求。仅一线船闸泄水时，引航道最大纵向流速 0.38m/s，受一线泄水影响，二线引航道内水流绕过靠船墩进入一线船闸引航道，辅导航墙附近的靠船墩局部横向流速可达 0.32m/s。而当仅二线船闸泄水时，引航道最大纵向流速为 0.72m/s，同样因绕流产生的靠船墩附近局部最大横向流速可达 0.38m/s。

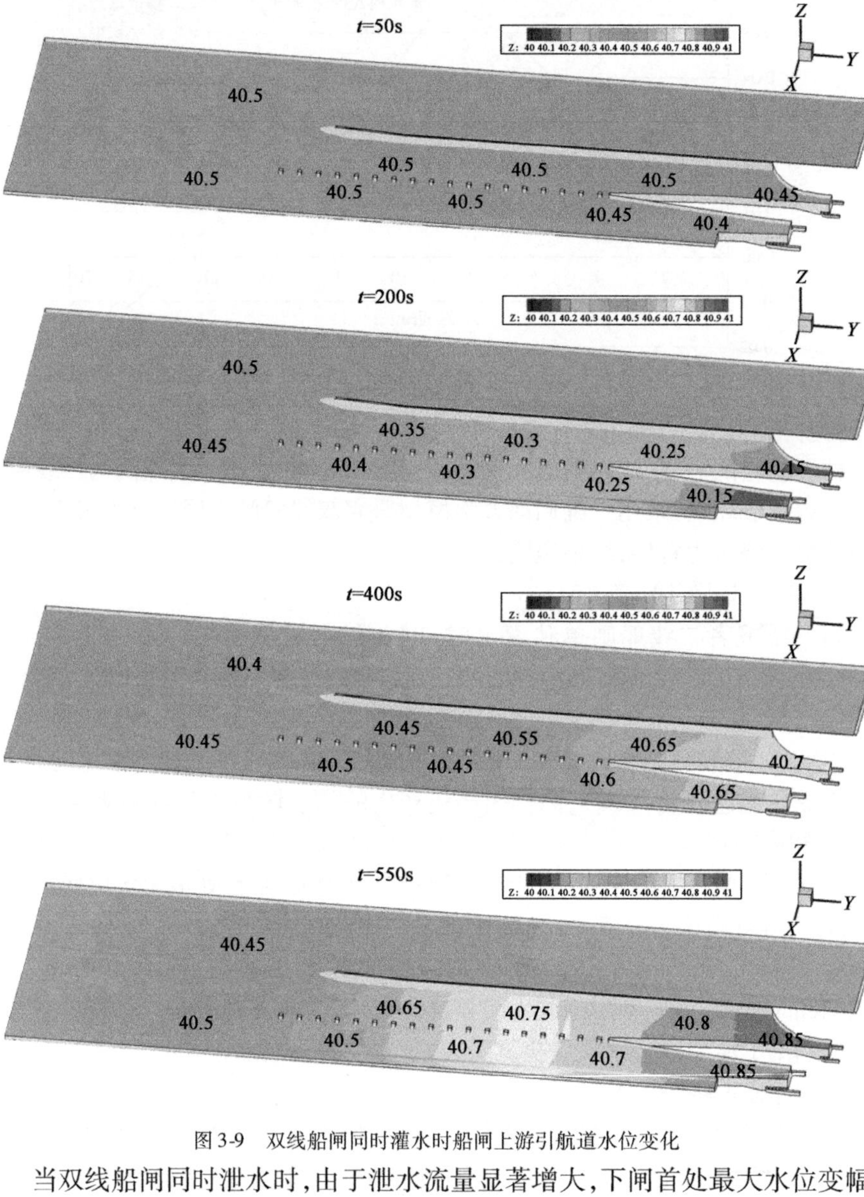

图 3-9　双线船闸同时灌水时船闸上游引航道水位变化

当双线船闸同时泄水时，由于泄水流量显著增大，下闸首处最大水位变幅超过 0.9m，高于规范限值 0.5m。停泊段内水位变化较上闸首处小，但变幅也在 0.7 ~ 0.8m。流速方面，灌水流量的增大使引航道内停泊段范围最大纵向流速达到 1.0m/s，但因双闸同时开启，靠船墩附近并无明显绕流现象，横向流动微弱。双线船闸同时泄水时船闸下游引航道水位变化见图 3-10。

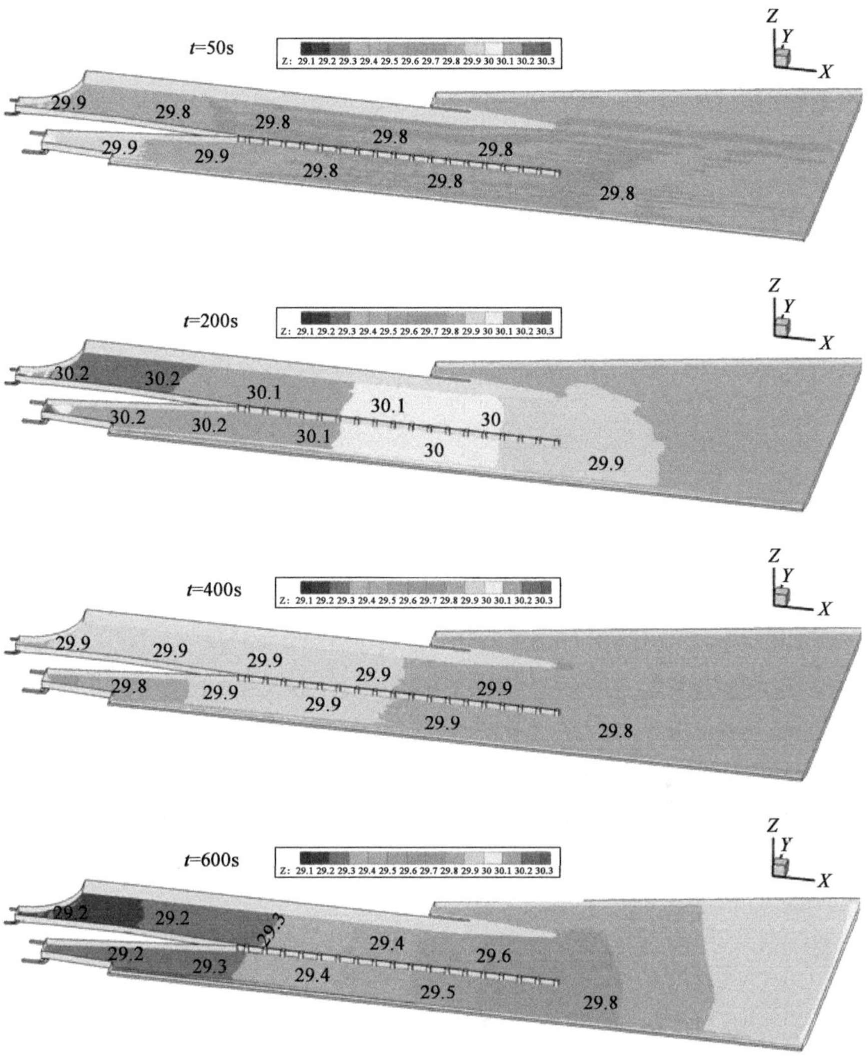

图 3-10　双线船闸同时泄水时船闸下游引航道水位变化

株洲枢纽的双线船闸运行过程中，上下游引航道存在的问题可归纳为，当双线船闸同时灌泄水时，闸首水位最大波动幅度超过规范要求值；一、二线船闸单独灌、泄水时，停泊段局部范围，即靠近辅导航墙的靠船墩附近因绕流产生横向流速超过规范要求值。需要采取措施对上述问题加以改善。

3.2.1.4　改善措施及效果

(1)改善措施

针对株洲枢纽一线船闸和扩建二线船闸引航道内存在的问题，分别提出了改善水流条件的工程措施与调度措施。

工程措施具体为：设计方案基础上，靠船墩间采用底部透空式隔水墙，将一、二线船闸引航道隔开，隔水墙顶高程与靠船墩顶高程相同，隔水墙底高程为最低通航水位以下1m。一、二线船闸引航道水域通过隔水墙底部透空结构互相连通。单线船闸运行时，拟通过隔水墙阻挡靠船墩绕流形成的局部横向流速，双线船闸同时运行时，拟通过隔水墙避免两股灌、泄水流量叠加从而产生较大的水面波动。工程措施布置图见图3-11。

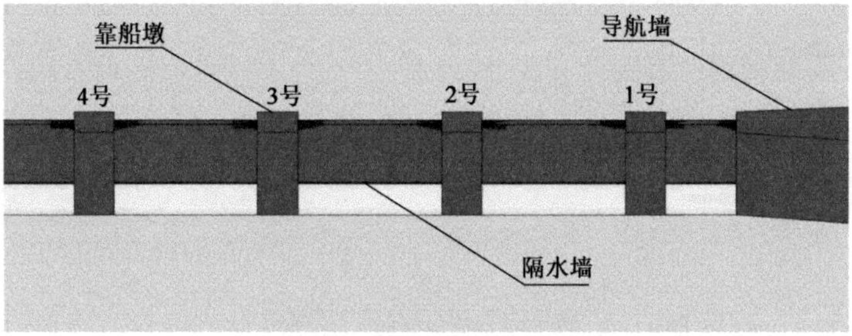

图3-11　靠船墩间的底部透空式隔水墙结构示意图

调度措施具体为：在上述工程措施的基础上，将双线船闸输水阀门开启时间相继间隔5min。由于引航道内水位波动与灌、泄水量大小及流量增率密切相关，且一、二线船闸引航道波动相位差不同会导致波动叠加或抵消。故拟通过双线船闸措施运行，来降低引航道内的水位变幅。双线船闸错时灌、泄水流量过程见图3-12。

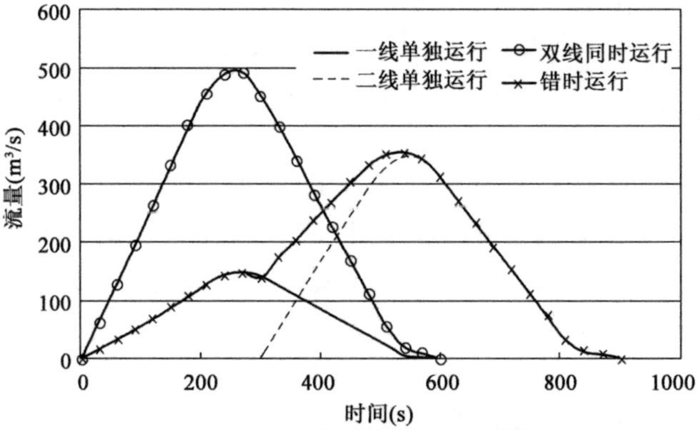

a)双线船闸错时灌水流量过程曲线

图　3-12

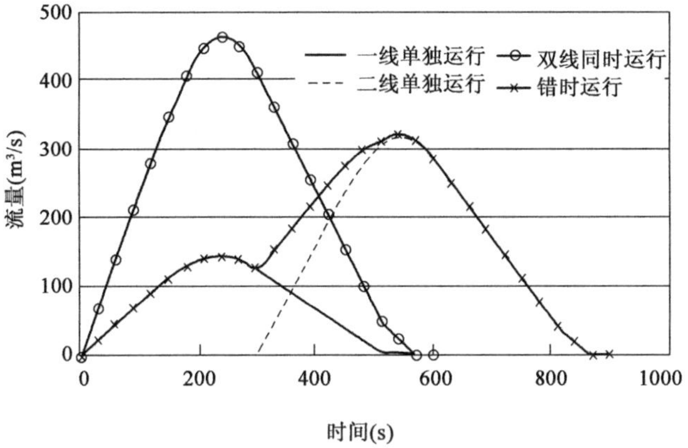

b)双线船闸错时泄水流量过程曲线

图 3-12　双线船闸错时灌、泄水流量过程

(2)改善效果

①工程措施改善效果。

上游引航道,当一线或者二线船闸单独灌水时,上闸首处最大水位变幅分别为 0.3m 和 0.46m,与改善前相比水位变幅基本相同。仅一线船闸灌水时,引航道内最大纵向流速为 0.46m/s,仅二线船闸灌水时引航道最大纵向流速为 0.75m/s。与改善前的 0.28m/s 和 0.48m/s 相比有所增大,但并未超过规范限值。由于靠船墩之间隔水墙的设置,绕流形成的横向流动基本消失,停泊段表层横向流速均小于 0.15m/s,较改善前的 0.38m/s 横向流速明显减小。当双线船闸同时灌水时,上闸首水位最大变幅为 0.62m,较改善前的 0.78m 有所减小,引航道停泊段内最大纵向流速为 0.66m/s。采取工程措施后双线船闸同时灌水上游引航道流速分布变化如图 3-13 所示。

下游引航道,当一线或者二线船闸单独泄水时,下闸首处最大水位变幅分别为 0.45m 和 0.49m,与改善前相比水位变幅基本相同,满足规范要求。仅一线船闸泄水时,引航道内最大纵向流速为 0.46m/s,仅二线船闸泄水时引航道最大纵向流速为 0.75m/s。与改善前的 0.38m/s 和 0.79m/s 相比略有增大,但并未超过规范限值。由于靠船墩之间隔水墙的设置,绕流形成的横向流动基本消失,停泊段表层横向流速均减小至 0.15m/s 以内,较改善前的 0.38m/s 横向流速效果显著。当双线船闸同时泄水时,下闸首水位最大变幅为 0.95m,与改善前相比差别不大,引航道停泊段内最大纵向流速为 1.04m/s。采取工程措施后双线船闸同时泄水下游引航道流速分布变化见图 3-14。

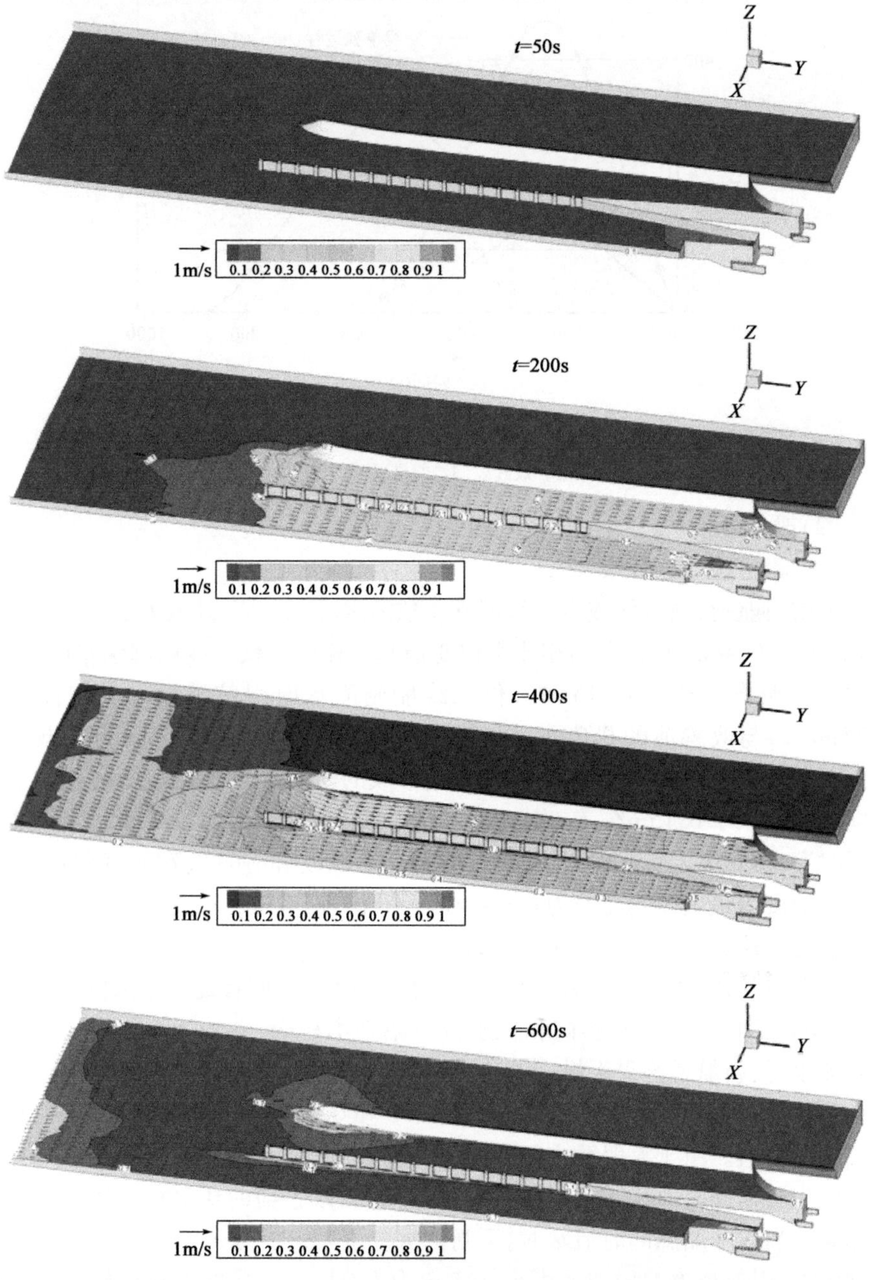

图 3-13　采取工程措施后双线船闸同时灌水上游引航道流速分布

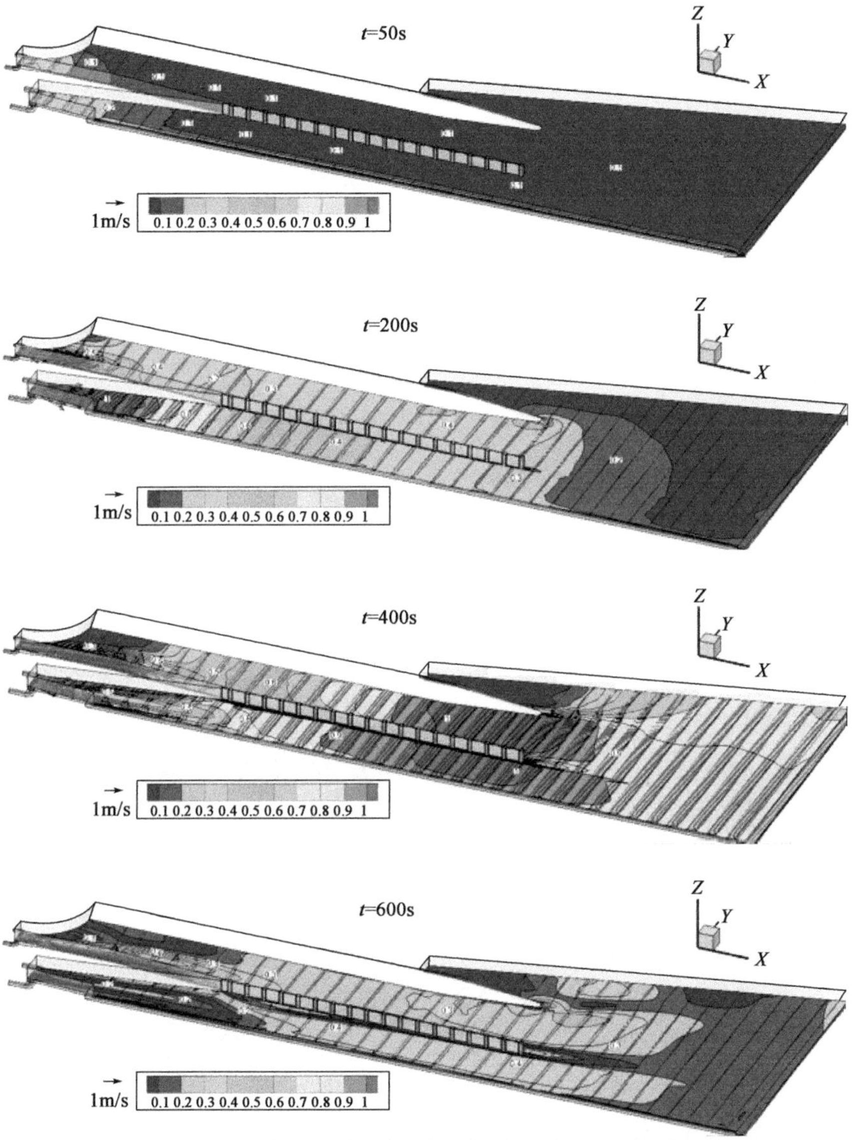

图 3-14　采取工程措施后双线船闸同时泄水下游引航道流速分布

采取靠船墩之间设置透空隔水墙的工程措施，对于单线船闸灌、泄水时靠船墩附近绕流所产生的横向流速有明显改善作用，但因其未改变双线船闸灌、泄水的流量过程，也未扩大引航道断面，故当双线船闸灌、泄水时，上、下闸首处的水位变化幅度均超过规范限值 0.5m，下闸首超标情况更为严重。采取工程措施后双线船闸同时泄水时下游引航道水位变化见图 3-15。

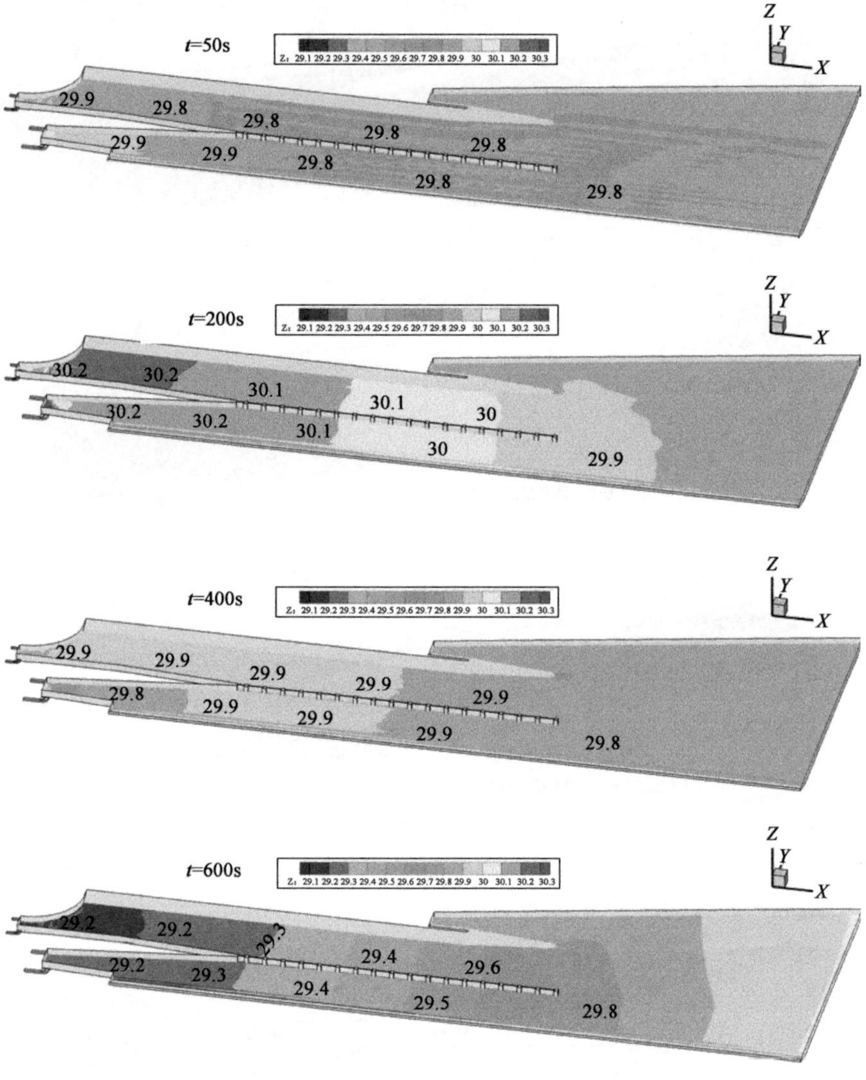

图 3-15 采取工程措施后双线船闸同时泄水下游引航道水位变化

②工程措施结合调度措施改善效果。

在工程措施的基础上，采用双线船闸错时运行方案以改善双线船闸同时运行工况下，闸首处超标的水位变幅。前 300s 水位变化规律与船闸单线运行时一致。300s 之后，二线船闸开始灌、泄水，引航道内流量增大，水位及流速发生了显著变化，具体如下：

上游引航道，在双线船闸错时灌水过程中，当550s时上闸首处最低水位为40.21m。随着灌水流量的减小，引航道内水位上升，当850s时停泊段水位达到40.68m。整个过程上闸首处最大水位变幅由0.62m降低至0.47m。自300s起二线船闸开始灌水后，引航道内流速进一步增大，600s时停泊段流速达到最大值为0.62m/s。采取工程措施后双线船闸错时灌水上游引航道水位变化见图3-16。

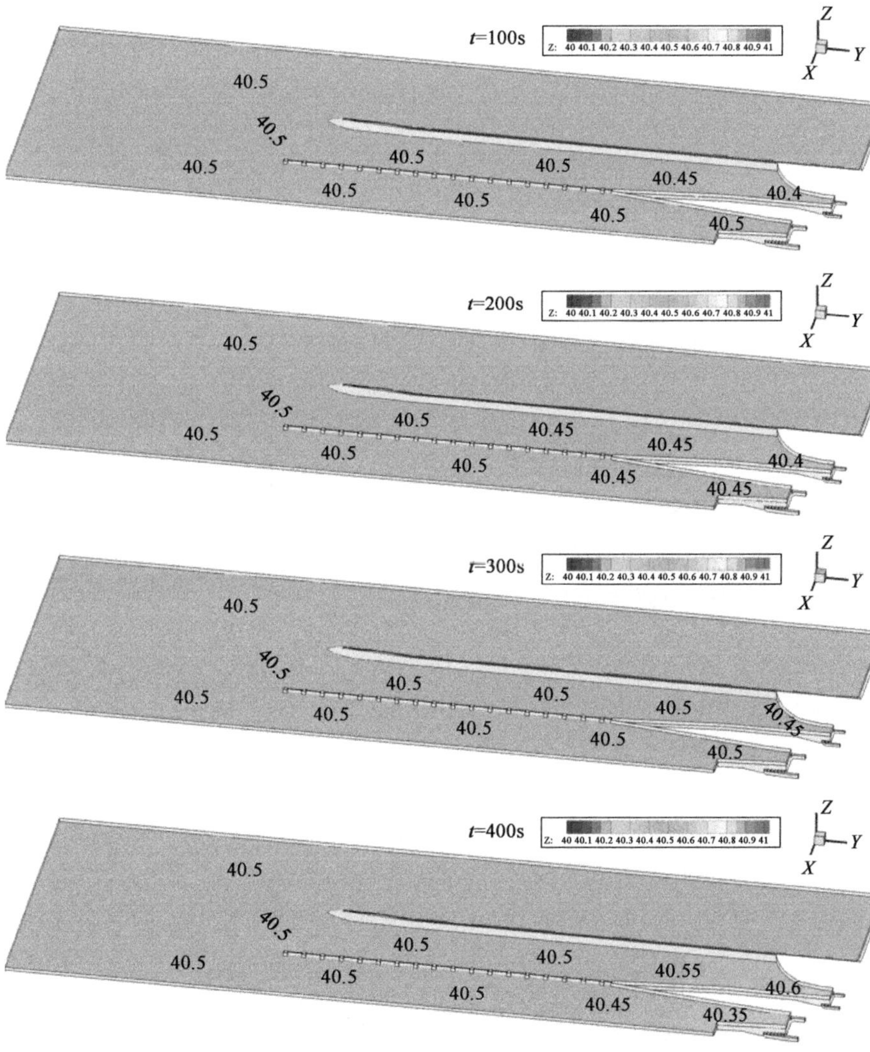

图 3-16

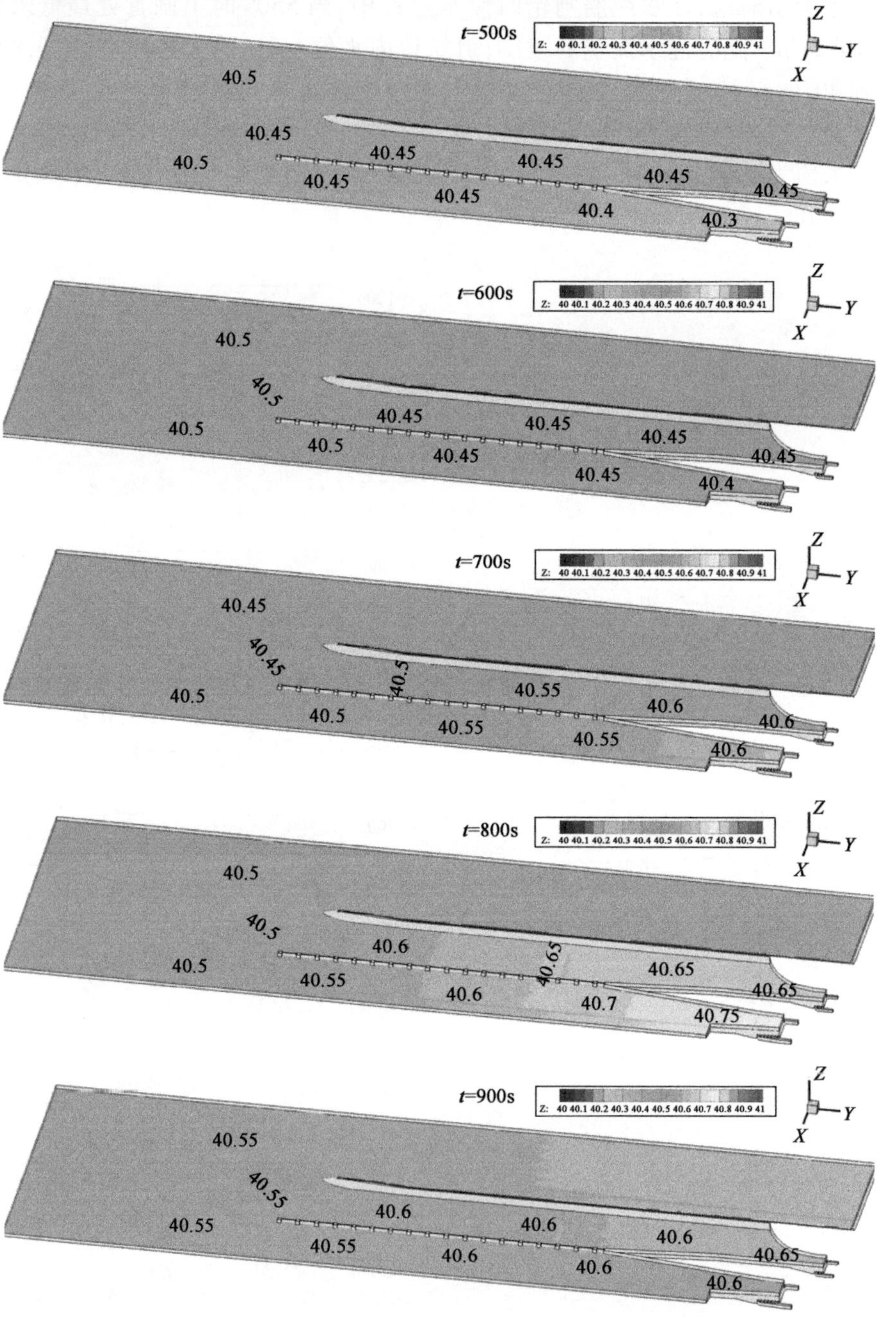

图 3-16　采取工程措施后双线船闸错时灌水上游引航道水位变化

下游引航道，在双线船闸错时泄水过程中，300s 后二线船闸开始泄水，随着下泄流量的增大，引航道内水位进一步上涨，下闸首处最高水位为 30.04m。600s 后随着下泄流量减小，引航道内水位回落，下闸首处最低水位为 29.59m。整个过程中下闸首处最大水位变幅由超过 0.9m 降低至 0.45m。自 300s 起二线船闸开始泄水时，引航道内流速进一步增大，600s 时停泊段流速达到最大值为 1.02m/s。采取工程措施后双线船闸错时泄水下游引航道水位变化如图 3-17 所示。

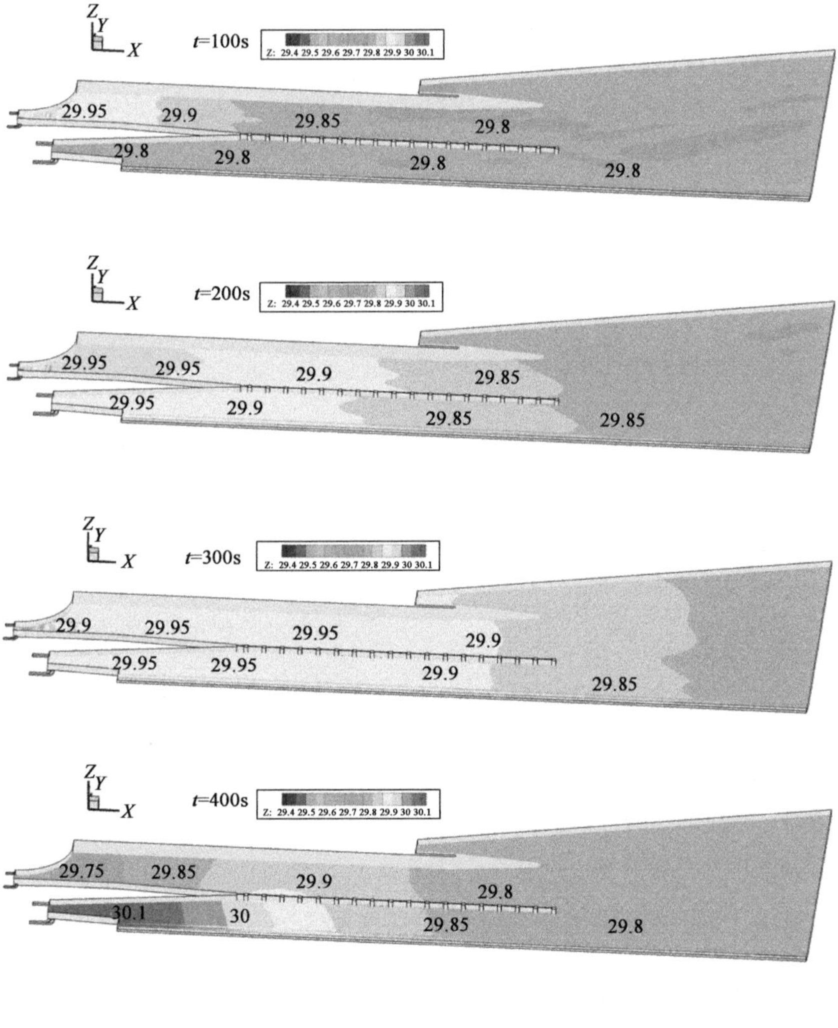

图 3-17

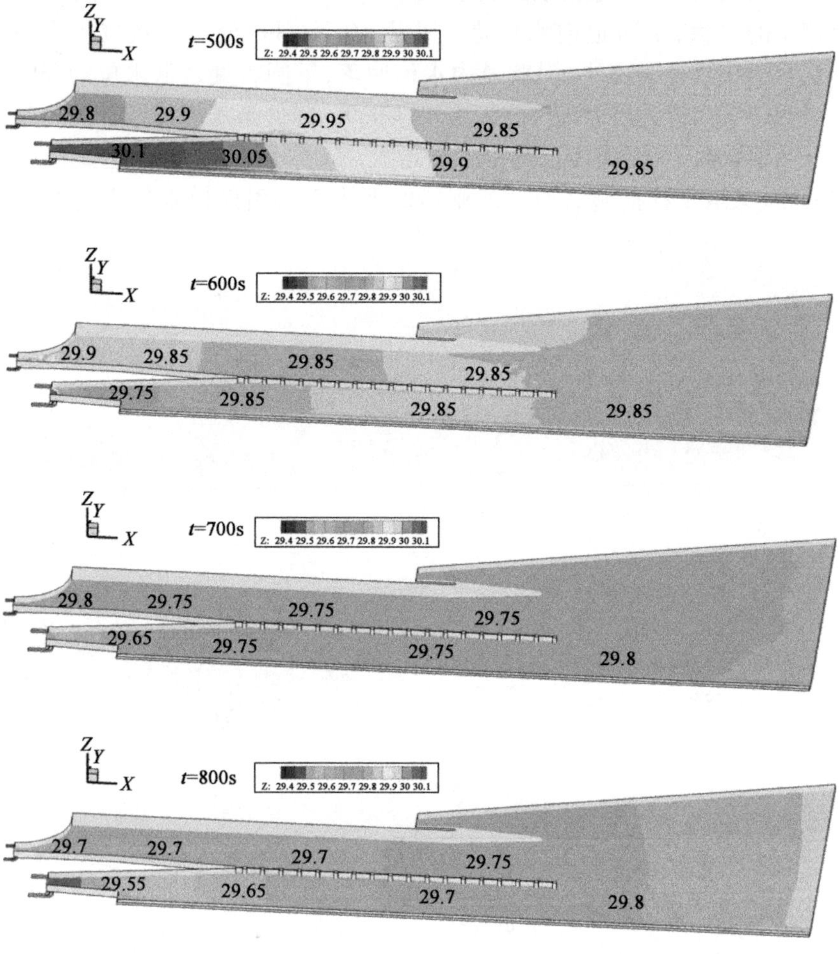

图 3-17　采取工程措施后双线船闸同时泄水下游引航道水位变化

可见，株洲枢纽采用靠船墩间透空隔水墙的工程措施，结合双线船闸错时运行的调度措施，基本消除了靠船墩间因绕流形成的横向水流流速，同时有效减小了船闸上、下闸首处的最大水位变幅，使其满足规范要求。可见改善措施所起的效果显著。

3.2.2　采取错时调度改善水流条件实例

3.2.2.1　工程背景

湘江长沙综合枢纽为湘江干流 9 级开发的最下游一级，上距株洲航电枢纽

135km,控制流域面积9.05万km^2,坝址位于顺直分汊河段,蔡家洲将河道分为左右两汊。长沙枢纽是具有发电、通航、城市供水等多重功能的综合性枢纽。枢纽主要建筑物包括船闸、泄水闸、电站、鱼道等(图3-18),枢纽从左岸起依次为左岸副坝、预留三线船闸、二线船闸、一线船闸、26孔净宽22m的低堰泄水闸、1孔净宽7m泄洪排污闸、河床式电站厂房、鱼道、蔡家洲副坝、20孔净宽14m的高堰泄水闸及右岸副坝。

图3-18 长沙枢纽平面布置图

长沙综合枢纽船闸布置于左汊左岸河边,右侧与泄水闸连接,为单级双线船闸,等级为Ⅱ(3),按照通航1+2×2000t级船队和1+4×1000t级船队控制标准设计,年通过能力9800万t。双线船闸规模相同,有效尺度均为280m×34m×4.5m,一、二线船闸共用引航道,采取并列布置方式,闸室轴线距离为62m。上、下游引航道长910m,从口门区至闸门分别由150m的制动段、560m的停泊段与200m的导航调顺段组成,导航调顺段宽由近闸首断面的96m逐渐增大至146m,其余引航道宽度均为146m。口门区附近宽度约260m,引航道左侧布置一排靠船墩,右侧利用隔水墙兼做靠船墩。考虑到双线船闸共用引航道可能存在的泄流问题,两线船闸泄水系统采用旁侧泄水的布置形式,左侧廊道泄入引航道,右侧廊道泄水河道。长沙枢纽船闸布置图见图3-19。

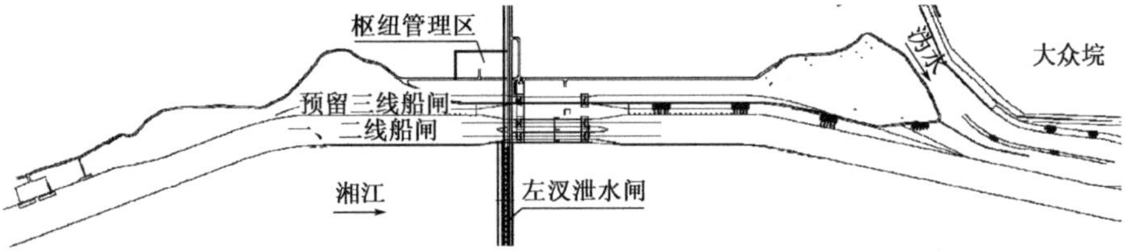

图3-19 长沙枢纽一、二线船闸平面布置图

长沙枢纽一、二线船闸规模相同,调度运行方式也一致,上游正常蓄水位为29.7m,下游最低通航水位21.9m,水头差 H 为7.8m,阀门匀速开启,开启时间为5min,双线船闸的灌、泄水水力特性曲线如图3-20所示。

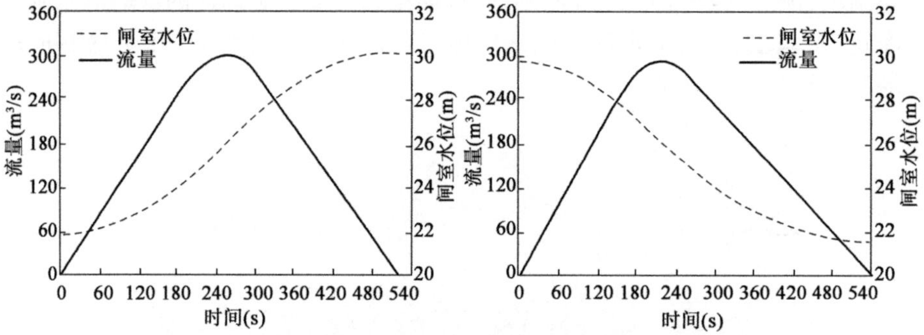

图3-20　长沙枢纽双线船闸灌、泄水曲线

3.2.2.2　研究手段

采用三维局部引航道数学模型研究双线船闸共用引航道时的非恒定流问题,同3.2.1小节。

(1)数学模型的建立

①控制方程。

②方程离散与求解。

同3.2.1.2小节中的①和②。

③网格剖分。

上游引航道模型总长约1100m,模拟范围包括一线、二线船闸上游引航道及部分库区。计算域采用六面体网格划分,对自由表面附近网格进行加密,最小竖向网格单元0.01m,总网格单元数约78万个。模型进口位于引航道上游约1100m处,出口为闸墙廊道。模型网格剖分见图3-21。

下游引航道模型总长1100m,模拟范围包括一线、二线船闸下游引航道及口门区。计算域采用六面体网格划分,总网格单元数约89万个。两线船闸泄水系统采用旁侧泄水的布置形式,左侧廊道泄入引航道,右侧廊道泄入河道。模型进口为闸墙廊道,出口位于引航道上游约1100m处。模型网格剖分见图3-22。

(2)数学模型的验证

以概化物理模型试验结果作为验证依据。

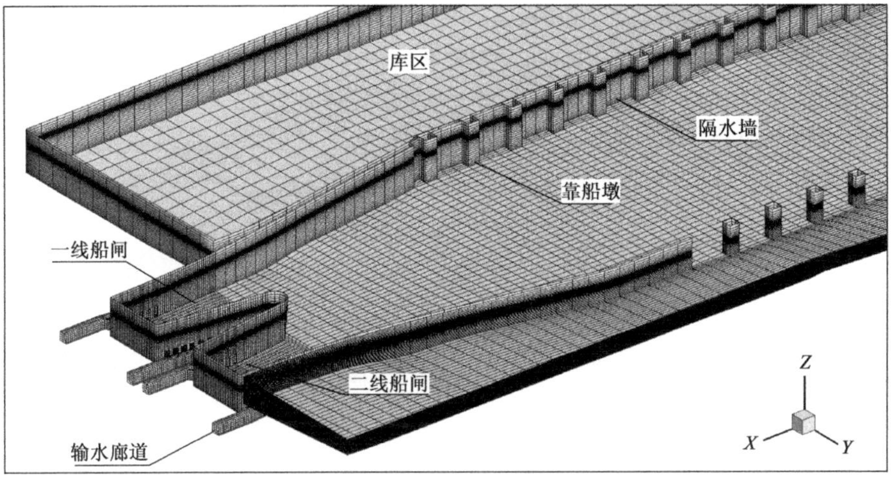

图 3-21 长沙枢纽上游引航道模型网格剖分图

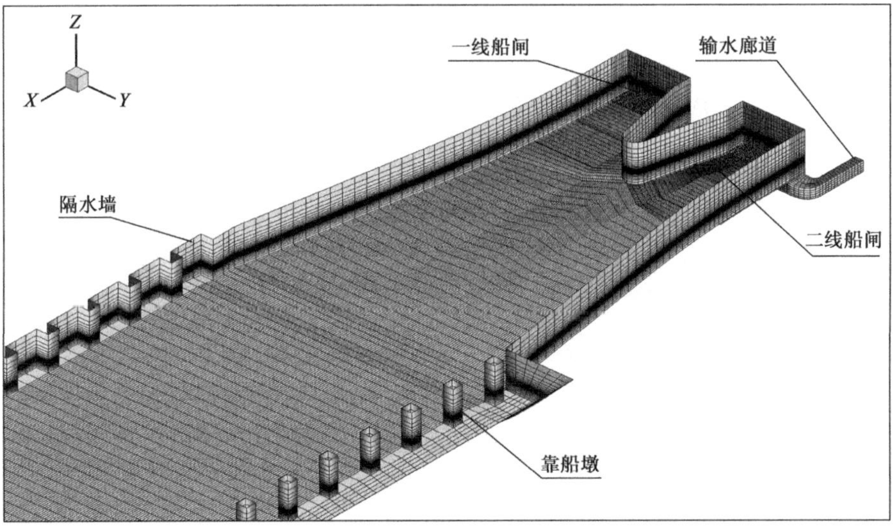

图 3-22 长沙枢纽下游引航道模型网格剖分图

3.2.2.3 存在的问题

长沙综合枢纽双线船闸共用引航道，采用三维局部数学模型研究一线船闸单独灌、泄水、二线单独灌、泄水，一、二线船闸同时灌、泄水等不同工况组合下，引航道内水位变化、典型位置的断面和剖面流速分布等内容，结果表明：

(1)船闸上游引航道，在一、二线船闸单独灌水时，引航道停泊段内水位波动较小，上闸首处水位最大波幅均在0.3m以内，小于规范要求的最大限值0.5m，引航道停泊段附近最大纵向流速为0.24m/s；在双线船闸同时灌水时，上闸首最大水位变幅为0.48m，引航道停泊段最大纵向流速为0.44m/s，双线船闸同时灌水时上游引航道水位变化见图3-23。灌水过程中由于二线船闸左侧水域补水，导致二线船闸导航墙与1号靠船墩之间存在最大为0.24m/s的横向流速，但其范围较小，对停泊条件影响微弱。双线船闸同时灌水时上游引航道流速分布变化见图3-24。

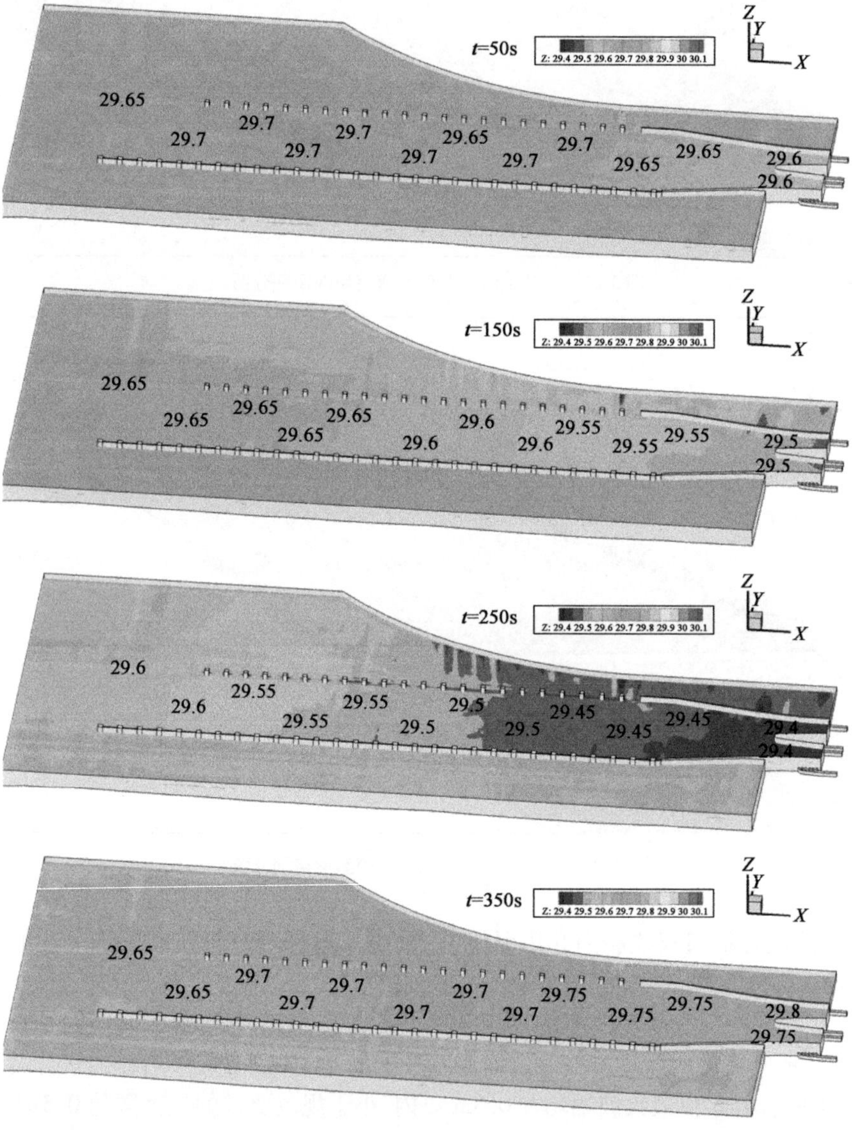

图 3-23

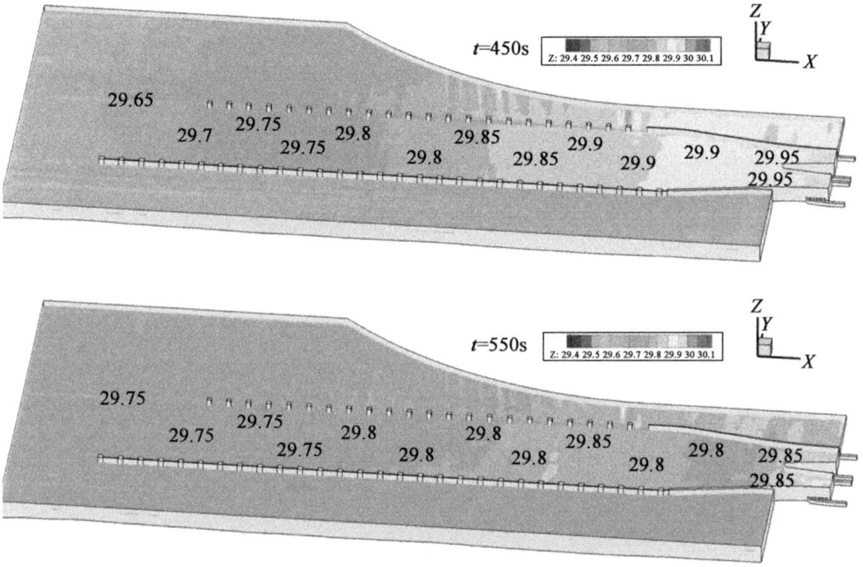

图 3-23　长沙枢纽双线船闸同时灌水时上游引航道水位变化

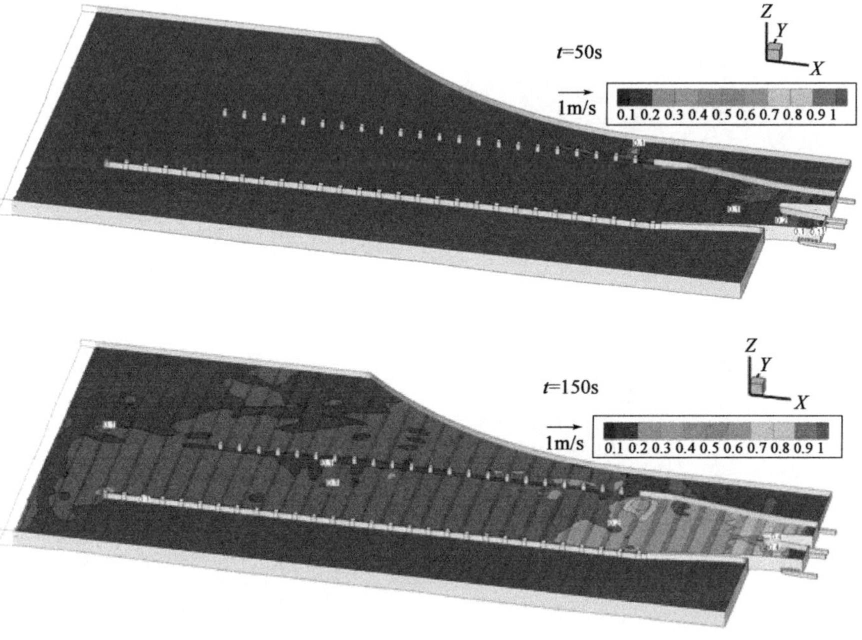

图　3-24

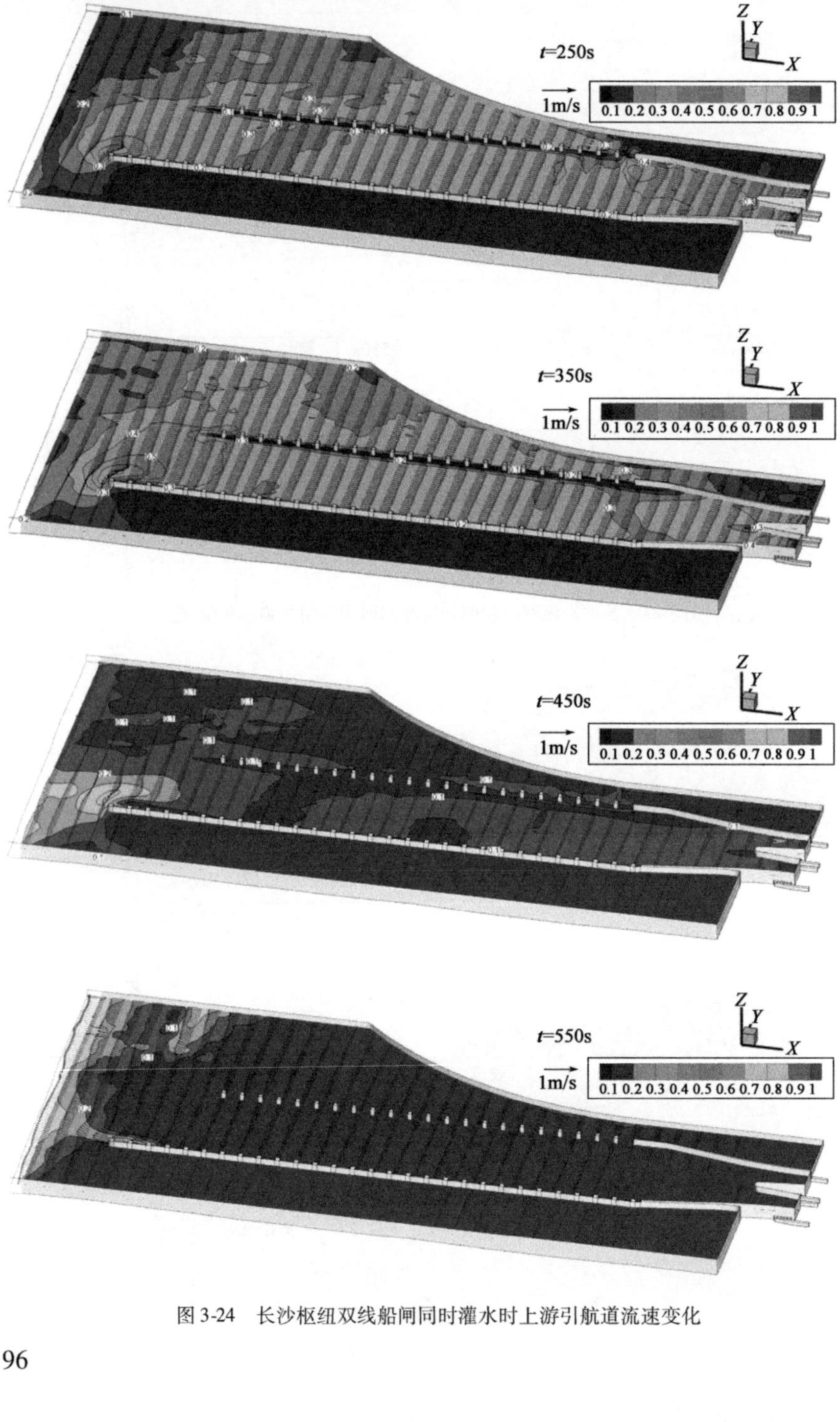

图 3-24　长沙枢纽双线船闸同时灌水时上游引航道流速变化

(2)船闸下游引航道，在一、二线船闸单独泄水时，下闸首处最大水位变幅在0.36m，引航道停泊段附近最大纵向流速为0.39m/s，满足规范要求；在双线船闸同时泄水时，尽管一、二线船闸的右侧廊道采用了旁侧泄流的方式，但下闸首泄水波波高达0.37m，最大水位变幅为0.66m，超过规范最大值0.5m，不满足要求，对应的停泊段附近表面流速最大值为0.65m/s。双线船闸同时泄水时下游引航道水位变化见图3-25，流速分布变化图见图3-26。

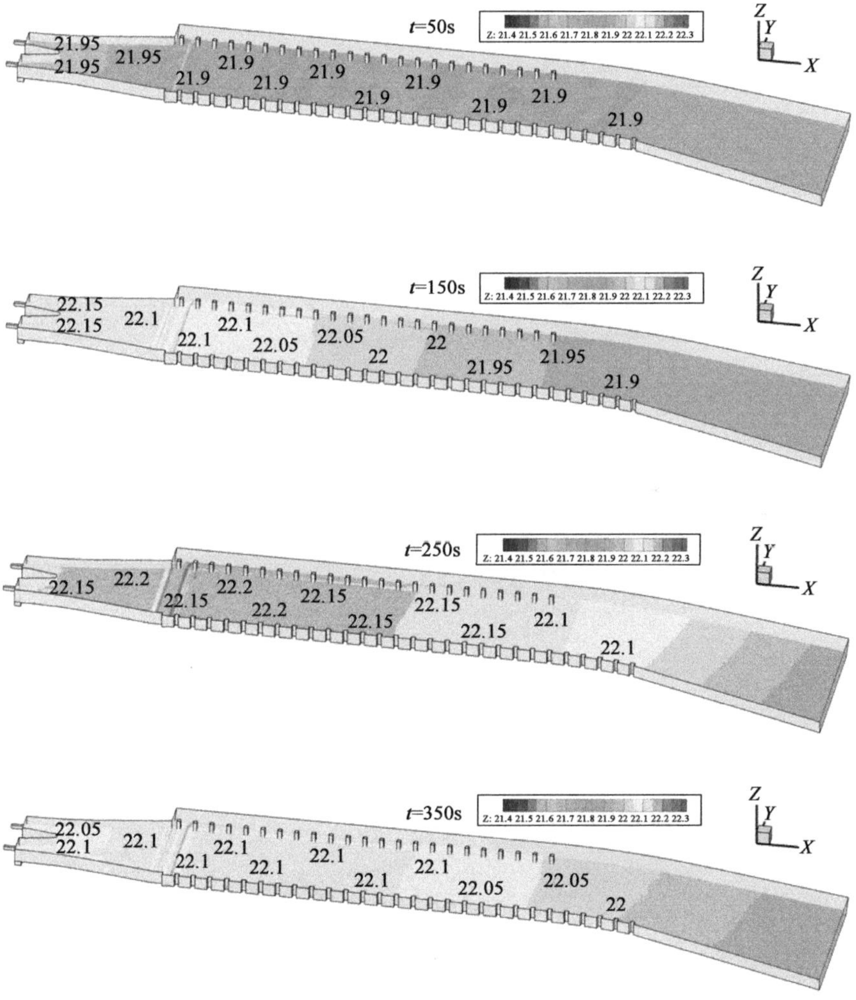

图 3-25

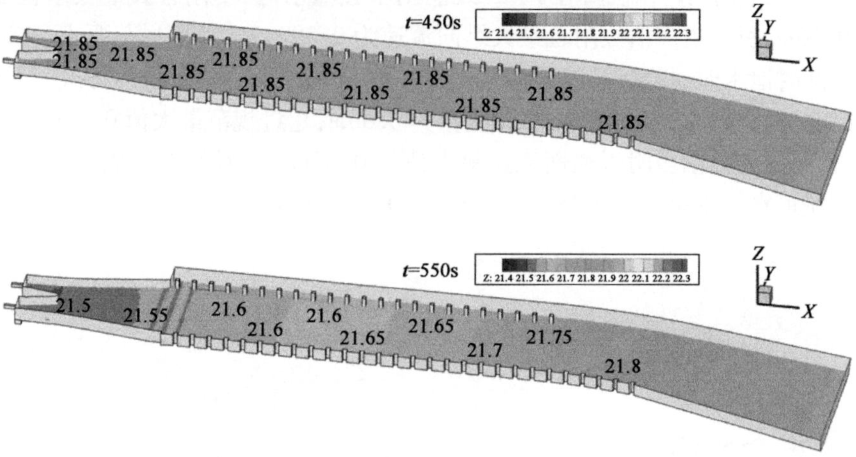

图 3-25　长沙枢纽双线船闸同时泄水时下游引航道水位变化

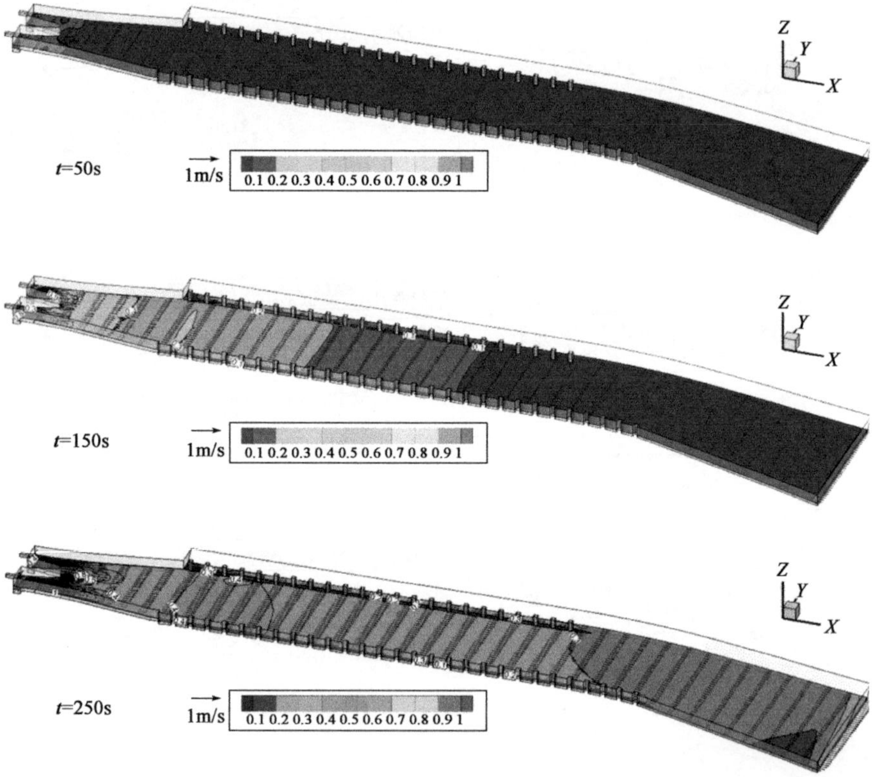

图　3-26

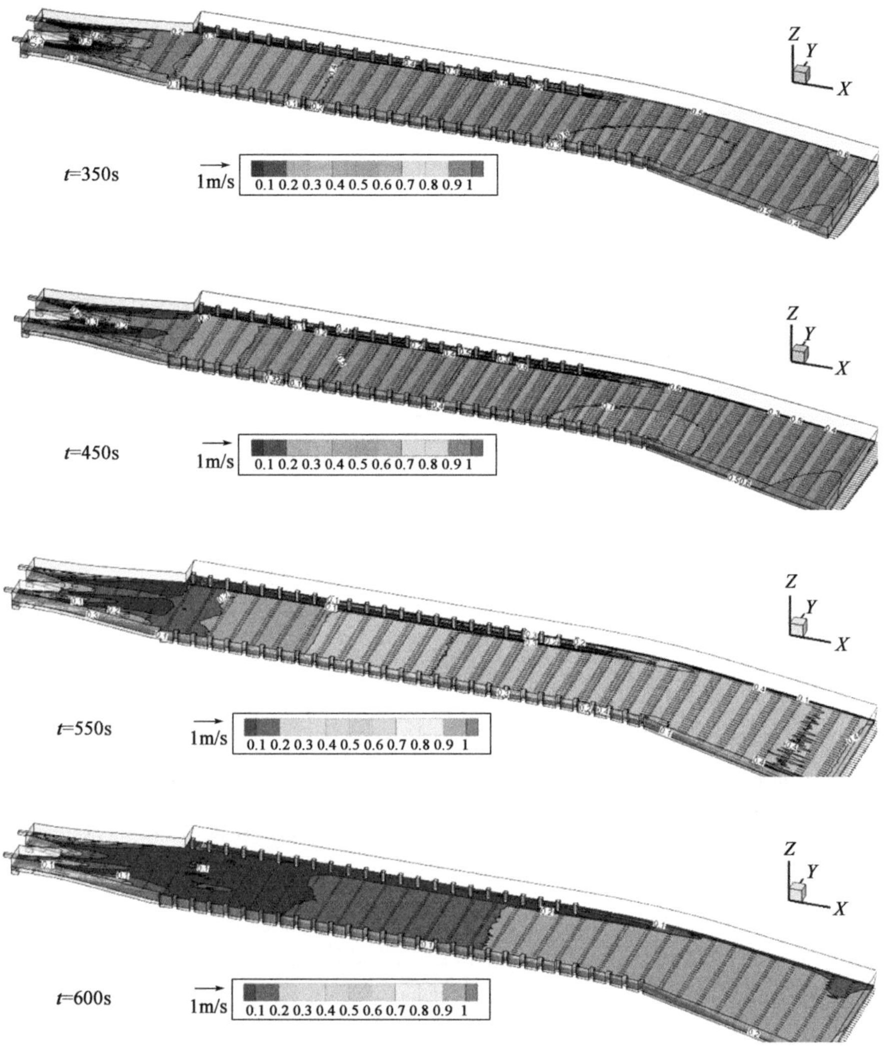

图 3-26 长沙枢纽双线船闸同时泄水时下游引航道流速变化

(3)长沙枢纽存在的问题可归纳为,双线船闸同时泄水时,船闸下游引航道下闸首水位波动幅度较大,超过规范限值。

3.2.2.4 改善措施及效果

(1)改善措施

针对长沙枢纽下游引航道的问题,提出了双线船闸错时泄水的改善措施,通过数学模型研究两船闸泄水阀门相继开启的间隔时间以及对应的引航道水流条件，确定最终的错时运行时间间隔为4.5min。双线船闸错时运行灌、泄水流量过程见图3-27。由图可知，在0～270s，流量过程线与船闸单线灌水相一致；270～540s内，泄水流量进一步增大，最大泄水流量为348m^3/s，随后流量逐渐减小。错时运行总下泄流量比双线船闸同时运行的总下泄流量明显减小，但泄水结束时间增加270s。

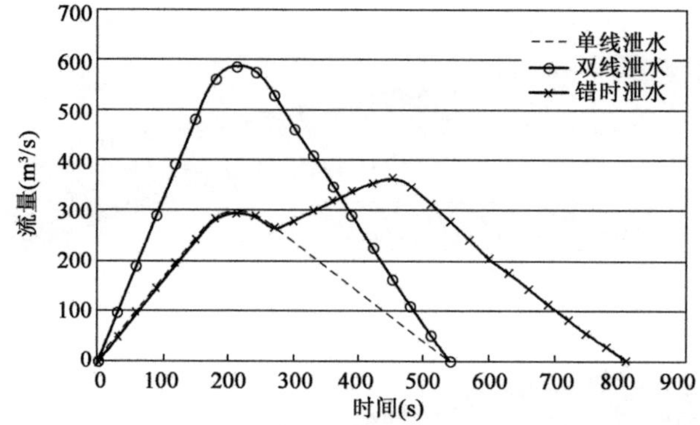

图3-27 长沙枢纽双线船闸错时4.5min泄水曲线

(2)改善效果

双线船闸错时4.5min的泄流过程，0～270s，泄流过程与单线船闸泄水一致，270s二线船闸开始泄流，270～540s，最大泄流量为348m^3/s，随后流量减小。对比改善前的200s即达到最大泄流量582m^3/s，错时运行后总泄量明显减小，泄水时间增加270s。

水位变化方面，0～270s，闸首附近水面变化规律与单线船闸运行一致，270～540s，下闸首处最高水位为22.15m。540s以后，随着泄流量的减小，引航道内水位回落，停泊段最低水位21.68m。整个泄水过程中，下闸首处最大波高由0.37m减小至0.25m，最大波幅由0.66m减小至0.47m，满足规范要求的0.5m。双线船闸错时泄水时下游引航道水位变化如图3-28所示。

流速变化方面，0～270s，一线船闸先泄水，由此产生的涨水波向其引航道下游和二线船闸侧传递，270s后二线船闸开始泄水，下泄流量的增大使引航道内流速进一步增大，540s后随着泄流量的减小，引航道内流速逐渐减小。整个泄水过程中，停泊段附近最大纵向流速由0.66m/s减小至0.43m/s，满足规范要求。双线船闸错时泄水时下游引航道流速分布变化如图3-29所示。

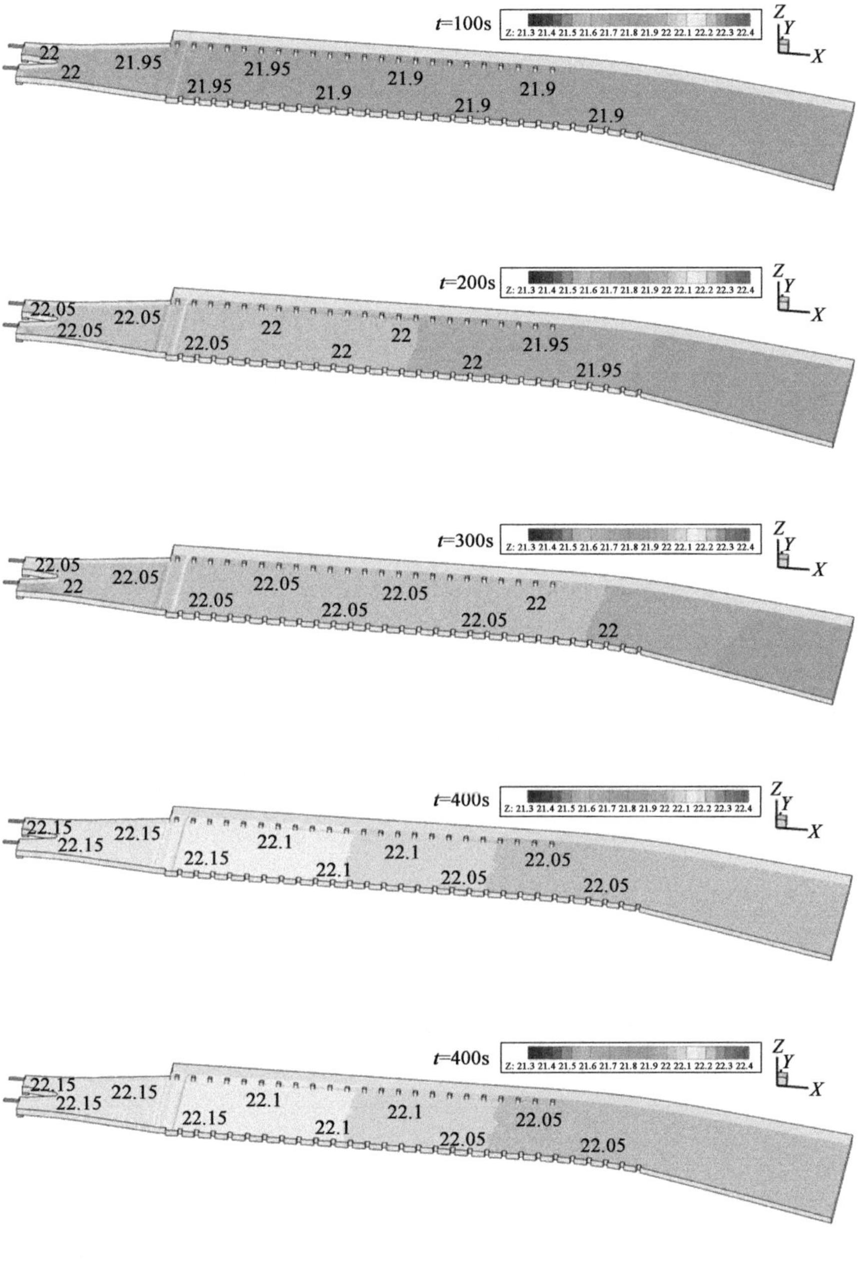
t=100s
Z: 21.3 21.4 21.5 21.6 21.7 21.8 21.9 22 22.1 22.2 22.3 22.4
22
22
21.95
21.95
21.95
21.9
21.9
21.9
21.9
21.9
t=200s
Z: 21.3 21.4 21.5 21.6 21.7 21.8 21.9 22 22.1 22.2 22.3 22.4
22.05
22.05
22.05
22
22.05
22
22
21.95
22
21.95
t=300s
Z: 21.3 21.4 21.5 21.6 21.7 21.8 21.9 22 22.1 22.2 22.3 22.4
22.05
22
22.05
22.05
22.05
22.05
22.05
22
22.05
22
t=400s
Z: 21.3 21.4 21.5 21.6 21.7 21.8 21.9 22 22.1 22.2 22.3 22.4
22.15
22.15
22.15
22.1
22.15
22.1
22.1
22.05
22.05
22.05
t=400s
Z: 21.3 21.4 21.5 21.6 21.7 21.8 21.9 22 22.1 22.2 22.3 22.4
22.15
22.15
22.15
22.1
22.15
22.1
22.1
22.05
22.05
22.05
Z
Y
X

图 3-28

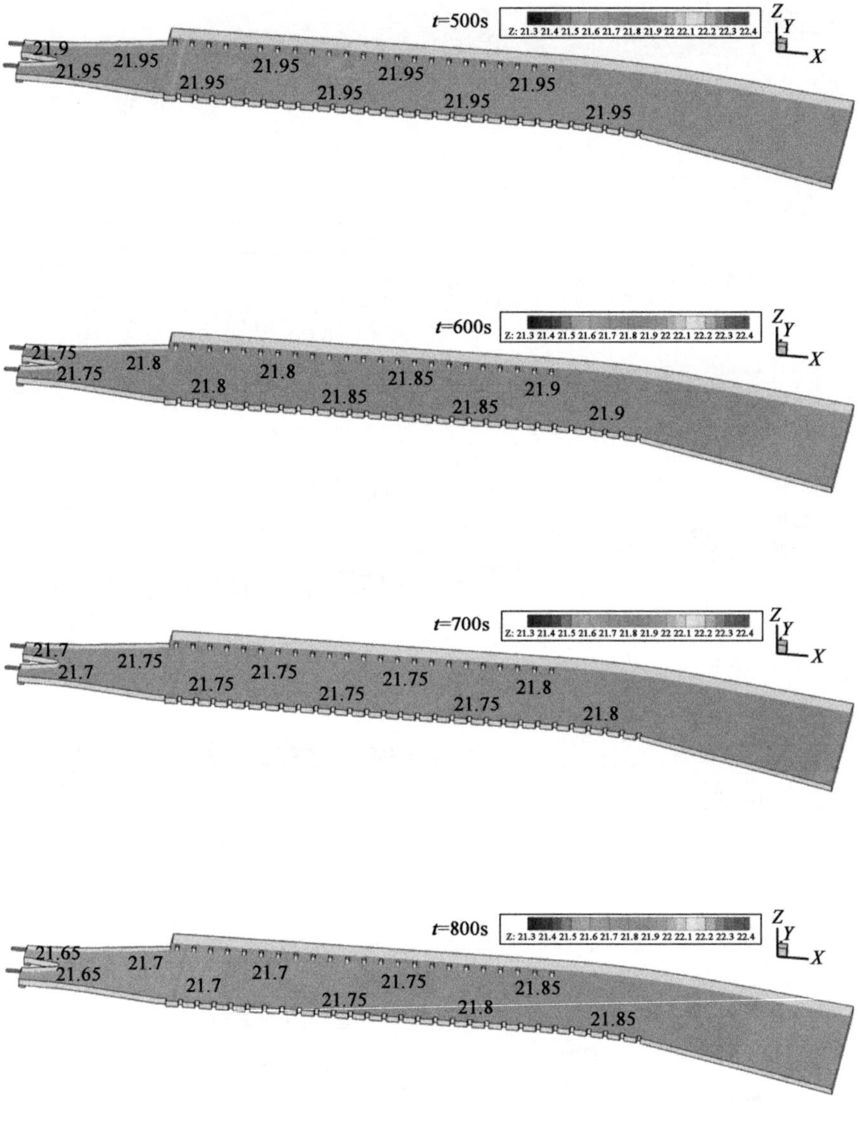

图 3-28　长沙枢纽双线船闸错时泄水时下游引航道水位变化

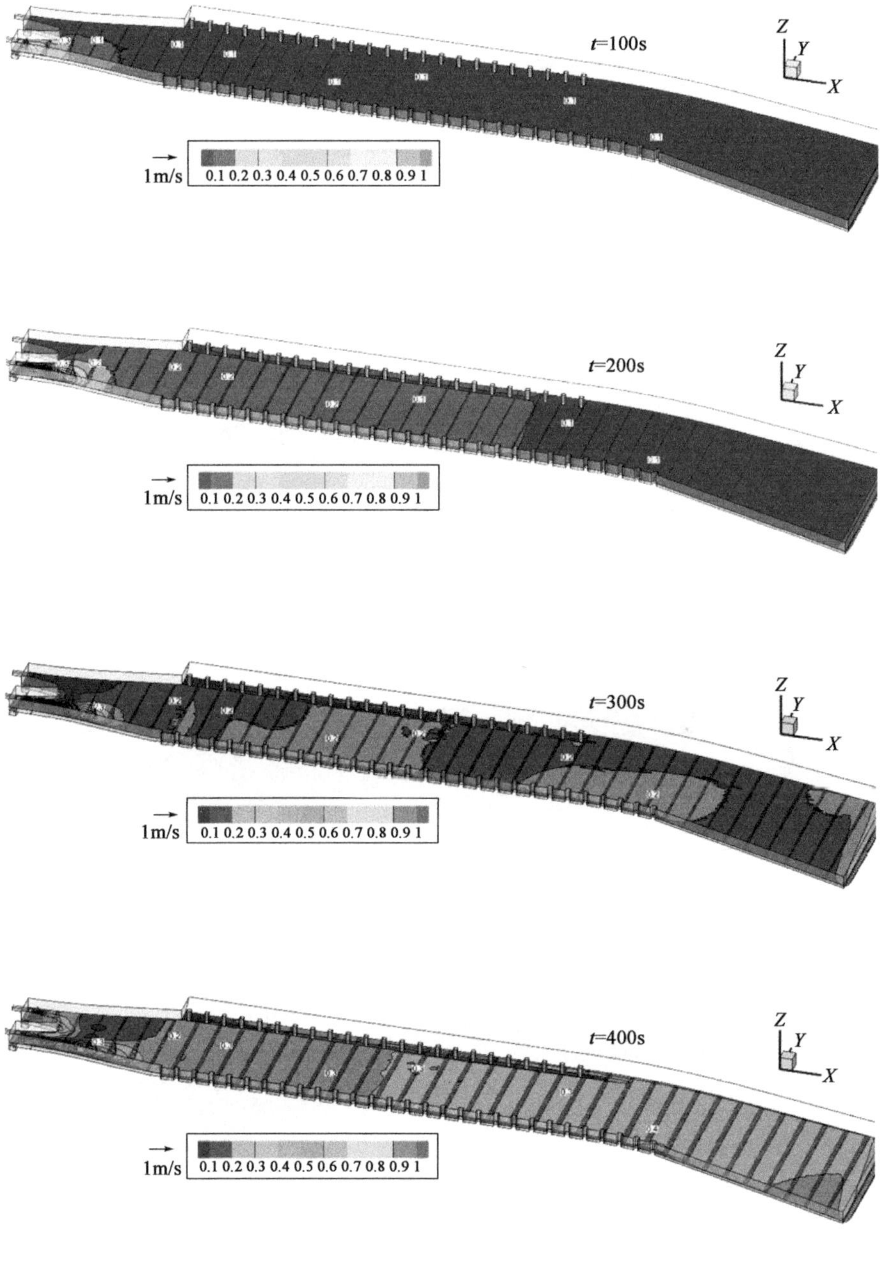
t=100s
Z
Y
X
1m/s
0.1 0.2 0.3 0.4 0.5 0.6 0.7 0.8 0.9 1
t=200s
Z
Y
X
1m/s
0.1 0.2 0.3 0.4 0.5 0.6 0.7 0.8 0.9 1
t=300s
Z
Y
X
1m/s
0.1 0.2 0.3 0.4 0.5 0.6 0.7 0.8 0.9 1
t=400s
Z
Y
X
1m/s
0.1 0.2 0.3 0.4 0.5 0.6 0.7 0.8 0.9 1

图 3-29

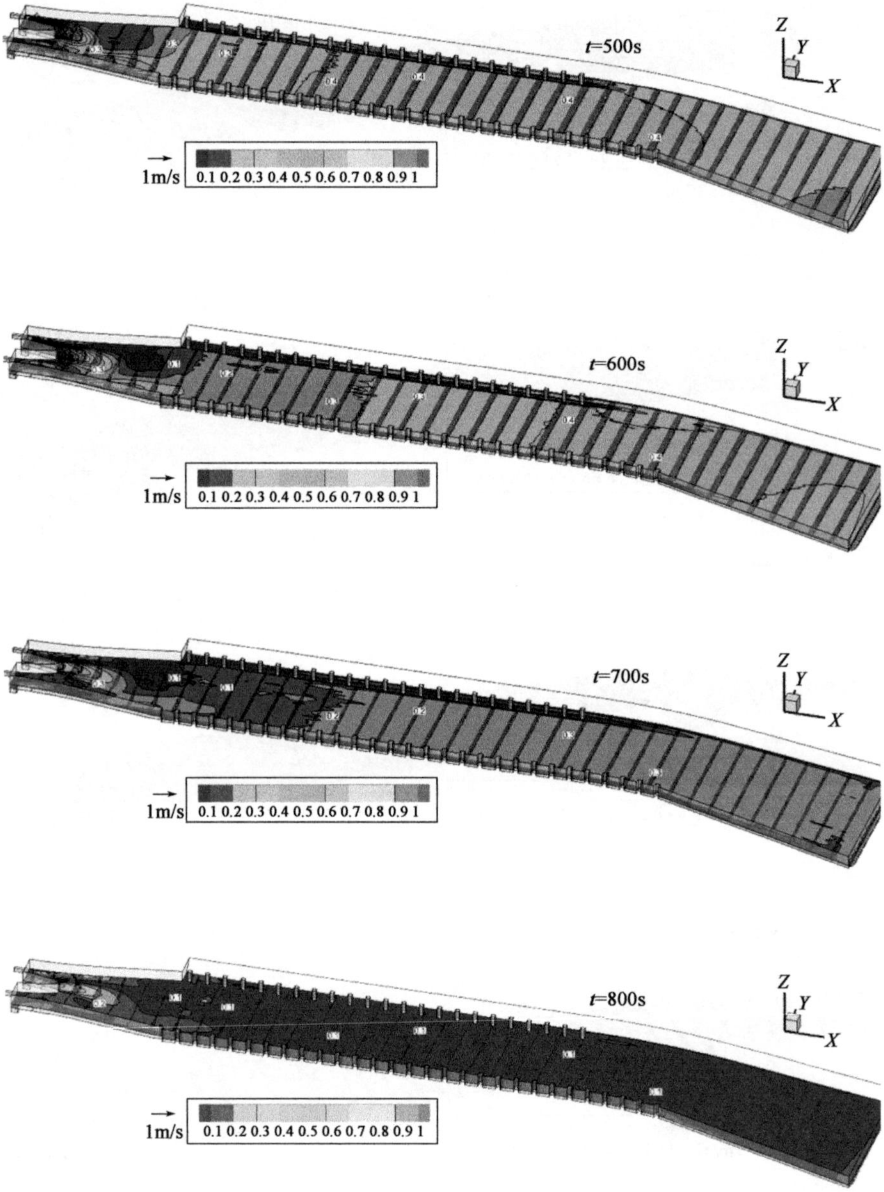

图 3-29　长沙枢纽双线船闸错时泄水时下游引航道流速变化

3.3 引航道水流条件改善小结

(1)非恒定流水力特性

船闸灌、泄水过程是非恒定流过程,灌水过程大量水体进入闸室,上游引航道水位下降,而后由于引航道外侧水位高于闸首侧,外部水体流向引航道,使引航道内水位不断上升。当水体运动至人字闸门处,受水体运动惯性的影响,引航道水位超过起始水位,而后回落形成一个周期,如此往复直至平衡。泄水过程大量水体泄入下游引航道,使下游引航道水位升高产生涨水波向下传递,行至引航道堤头时一部分水体绕过堤头进入主河道,其余水体继续向下游推进,而后随着下泄流量的减少,引航道内水位逐渐回落,最终恢复正常水位。双线船闸共用引航道灌、泄水引起的非恒定流与上述过程基本相似,一、二线船闸灌泄水产生的涨(落)水波在引航道内叠加,将引起较大的水面波动。

(2)非恒定流对引航道的影响

船闸灌泄水产生非恒定流对引航道航行条件的影响是多方面的。首先,灌泄水产生的水面波动使引航道水面降低,水深减小。

船闸灌泄水产生的长波运动,形成纵向水面附加比降和附加流速。当与船舶航向一致时,影响舵效发挥,增大船舶操纵难度;当与船舶航向相反时,增大航行阻力,影响航速。

船闸灌泄水产生的长波运动,会在闸首产生反向水头,增大人字门的动水作用力,影响其安全使用,也会增大引航道内停泊船舶的水流作用力,增加船舶系缆力和船舶停靠系缆难度。

(3)改善措施的分类及适用范围

现有的引航道水流条件改善措施,大致可分为工程措施与调度措施两大类。

工程措施中,若采取设置隔流堤、防浪闸、隔水墙、辅导航墙等方案,基本不改变引航道内的非恒定流特性及传播规律,仅对于关键部位起到掩护作用,能够改变局部范围的水流条件,如在株洲枢纽中,采用透空式隔水墙消除靠船墩局部绕流产生的横向流速。

若采取扩大断面,设置调节池,旁侧泄流等方案,通过改变船闸灌泄水过程中,非恒定流运动的边界条件,削弱引航道内水流的非恒定性,减缓水面波动,从而达到改善水流条件的目的。

调度措施中,优化多线船闸调度方式,改变了船闸灌、泄水的流量过程,使引航道内流动的非恒定性减弱,如本节中株洲枢纽和长沙综合枢纽的双线船闸,均采取错峰运行调度方式，对于减弱整个引航道内的纵向流速、上下闸首处的水面波动幅度均能起到明显作用。但带来的负面影响是灌、泄水过程延长，船舶过闸效率降低，故需要结合过闸货运需求确定过闸时间。另外在一些复杂问题中，如株洲枢纽的引航道水流条件改善中，既需要对靠船墩局部横向流速进行改善，又需要减小上下闸首的水位波动幅度。此时仅通过改变双线船闸的调度方式很难对上述两种问题都起到改善效果，需要结合工程措施共同改善引航道的通航水流条件。

本章参考文献

[1] 闵朝斌. 西德的内河航道(上) [J]. 水运工程,1986,(03):53-58.

[2] 闵朝斌. 西德的内河航道(下) [J]. 水运工程,1986,(04):50-58.

[3] Robert Leclercg, 法国船闸述评[J]. 水道港口, 1980,(2):1-14.

[4] Thorenz C , Bousmar D , Dubbelman J , et al. PIANC working group 155' Ship behaviour in locks and lock approaches' [C], Pianc World Congress. PIANC, 2014.

[5] 殷瑞兰,王巧,汪明娜,等. 葛洲坝枢纽三江下引航道水流结构及淤积规律的研究[J]. 长江科学院院报,1989,6(3):19-24.

[6] 易兴华,刘大明. 葛洲坝双线船闸的泄水布置及其不稳定流问题[J]. 长江科学院院报,1989,6(4):30-39.

[7] 易兴华. 葛洲坝枢纽航道中的不稳定流——往复波流问题[J]. 水利学报,1987,(03):47-58.

[8] 赵连白,袁美琦. 水位下降对三江下航道影响及治理措施[J]. 水道港口,1992(1):17-26.

[9] 中华人民共和国行业标准. 船闸输水系统设计规范:JTJ 306—2001[S]. 北京:人民交通出版社,2001.

[10] 中华人民共和国行业标准. 三峡船闸通航调度技术规程:JTS 196—6—2012[S]. 北京:人民交通出版社,2012.

[11] 傅永清译,袁学光校. 对运河短渠内降低波高的研究[J],内河航运,1959,(09):51-53.

[12] 巴拉宁著,傅永清,译. 船闸下游引渠消波[J]. 内河航运,1962,(02):46-48.

[13] 【西德】汉斯-沃纳帕坦斯基. 航运建筑物水力学[R],1989.

[14] H 埃勃劳克斯. 美国俄亥俄河上新建船闸些水廊道出水口水力学模型试验成果介绍[J]. 张桂芬,译. Lock Culvcrt Basins,Mp 2-794,U. S. ,Army, Waterways Experiment Station,1989.

[15] 赵德志. 船闸充泄水时引航道中的不稳定流[J]. 水道港口,1991(4):41-47.

[16] 杨东. 江苏泗阳船闸下游引航道非恒定流研究[D]. 南京:河海大学,2004.

[17] 东培华,马洪亮,尤薇,等. 多线船闸下游引航道通航水流条件及改善方案研究[J]. 水道港口,2013,34(5):420-424.

[18] 王波,程子兵,金峰,水电站引航道透空式隔流堤水力学试验研究[J]. 人民长江,2012,7(43):67-69.

[19] 黄伦超,李珊,游涛,等. 双线船闸共用下游引航道水流特性及其影响[J]. 交通科学与工程,2012,28(4):37-44.

[20] 戴会超,朱红兵. 三峡永久船闸输水系统水力学问题研究[J]. 水力发电,2005,31(7):28-31.

[21] 孙尔雨,李发政. 三峡船闸上引航道通航水流条件研究[J]. 长江科学院院报,1996,13(3):6-11.

[22] 孟祥玮. 三峡工程电站汛期日调节对上游通航水流条件的影响研究[D]. 天津:天津大学,2004.

[23] 李珊,双线船闸共用下引航道的水流特性研究[D]. 长沙:长沙理工大学,2012.

[24] 李焱,汤小霞. 长洲水利枢纽四线船闸引航道通航水流条件数值模拟[J]. 水道港口,2014,1(35):66-72.

[25] 谭先泽,郝岭,吴文凤. 山区河流船闸引航道布置型式[J]. 水运工程,2006(4):69-72.

[26] 王召兵,陈亮,周家俞,等. 共用引航道船闸下游引航道的平面布置[J]. 水运工程,2018,1:117-122.

[27] 张勇. 三峡升船机下闸首涌浪超限改善工程初步研究[J]. 水道港口,2016,37(4):416-421.

[28] 黄国兵. 三峡工程上游引航道非恒定流数值分析与计算[J]. 长江科学院院报,1997,14(3):10-14.

[29] 黄明海,黄国兵,李发政. 三峡工程引航道通航水流数值模拟研究[C]. 全国水力学与水利信息学学术大会,2005.

[30] 戴会超,王玲玲. 三峡永久船闸阀门段廊道水力学数值模拟[J]. 水力发电学报,2005,24(3).

[31] 刘清江. 船闸灌泄水非恒定流对引航道内通航条件影响研究报告[R]. 天津水运工程科学研究所,2007.

4 船闸扩能升级与梯级枢纽通航水流条件

社会经济的发展将带动能源需求,众多能源结构中,水力发电作为一种清洁的可再生能源,一直受到各个国家的重视。为充分利用水能资源发电,在分级开发、多次利用的指导思想下,诞生了梯级枢纽。1933 年,美国在田纳西河流域开发方案中首次提出多目标梯级开发的主张,苏联在 1931 年到 1934 年间完成了伏尔加河的梯级开发规划,并付诸实施。目前世界上梯级水电站开发最完善的是美国和加拿大境内的哥伦比亚河,干支流共建有 42 座梯级,总装机容量达 3335 万 kW,不仅获得了巨大的水电能源,也获得了综合的社会、经济效益。

我国在改革开放以后,随着经济的迅猛发展,能源缺口逐年增大,水电开发日益引起各方面重视,梯级电站建设出现新的势头。黄河上游梯级经过 50 年的开发建设,已建成 5 座大中型电站,形成 312 亿 m^3 的库容和拥有 300 万 kW 的装机。红水河梯级、大渡河梯级、岷江梯级、金沙江主要支流,雅砻江梯级开发和南向水系澜沧江梯级开发也拉开了序幕。金沙江干流、乌江干流的开发如火如荼。我国的水能资源的梯级开发以前所未有的速度发展,国民经济得到了充足的、可靠的能源供应。我国梯级枢纽在早期规划建设过程中,关注重点多放在防洪和发电效益。梯级枢纽间的通航水流条件未得到足够重视,导致一些梯级枢纽间的通航存在诸多问题,如坝下冲刷导致枯水位下降、枯水期基流偏小导致坝下水深不足、电站调峰产生非恒定流、下游枢纽回水未与上游坝下航道衔接、山区河流梯级枢纽间的滩群演变导致水流条件恶化碍航等。随着内河航道等级的提升,通航枢纽扩能升级改造工程的推进,其所需航道尺度更大,对梯级枢纽的通航水流条件提出了更高的要求,以满足日益增长的过闸货运量。

梯级枢纽阻断了航道水流条件的连续性,其运行受到彼此的制约和影响。众多研究表明,对于其通航水流条件的改善措施,往往涉及上游枢纽下泄流量、下游枢纽运行水位的研究以及枢纽间航道整治,具有一定的复杂性。

4.1 梯级枢纽通航问题研究背景

4.1.1 梯级枢纽电站日调节的影响

基于航运效益最大化的梯级枢纽调度原则,与梯级枢纽联合发电和防洪调度不同,不仅需要满足航道涉及通航流量和设计通航水位,且对上、下游引航道口门区及连接段形成的流场有着较为严格的要求,如口门区横向流速、回流流速、漩涡尺度等。

关于最小下泄流量的确定,航道部门希望增加最小通航流量,以更大程度改善坝下游的航道条件,而水利和发电部门则从蓄水灌溉和维持发电水头的角度控制泄流,且枢纽下泄过程能够与电网调度规则同步。《内河通航标准》(GB 50139—2014)规定下游设计最低通航水位应该用满足一定通航保证率的枢纽瞬时最小下泄流量对应的水位,并考虑河床下切和电站日调节等因素引起的水位变化值。

电站日调节导致枢纽下泄非恒定流量,相关研究认为对下游航道的影响主要体现在两个方面:一是枯水期日水位变幅大,枯水航深不足,通航的连续性受到破坏;二是水位陡涨陡落,影响了航道的稳定性。关于日调节与通航之间的关系研究主要集中在三峡工程(下游为葛洲坝枢纽)。原型观测三峡枢纽电站调峰试验下游非恒定流现象,得出两坝间非恒定流出现顺涨波和逆涨波的双峰现象,局部河段存在负比降现象,水位流量关系为不规则的逆时针绳套曲线。通过1∶150模型试验模拟了三峡电站下游的不稳定流过程,结果表明,下游葛洲坝枢纽的反调节库容,对于改善三峡电闸日调节造成的坝下水流不稳定有明显作用。有关研究表明,三峡电站在汛期调峰流量大,流量变幅大,其产生的非恒定流波动较枯水期调峰更为强烈。

关于枢纽泄流对通航影响的对策研究,乐培九等提出了满足航运设计流量要求的小型发电机组,刘丽娟则对枯水期乘峰通航问题进行了研究,提出了日调节电站乘峰通航的几种形式,即单峰可以利用峰值通航,双峰若两谷都低于设计流量,一般难以乘峰通航。若两谷只有低谷低于设计流量,则有可能乘峰通航,多峰水情较为复杂,需要更详细的水文预报工作。梯级枢纽之间不仅存在电力联系,也存在水力联系,上一级枢纽的发电和泄流影响着下一级或者更下一级枢纽的发电和泄流。建立梯级枢纽的调度模型,通过最优化方法,求解水库优化调度数学模型,寻求最优运行方案,可以使航运和发电在调度周期内的总效益最大而不利影响最小。众多学者针对梯级枢纽优化调度开展了有关优化调度模型和计算求解方法的大量研究工作,取得了丰富的成果。

4.1.2 梯级枢纽库尾通航水流条件

枢纽建成后随着水位的壅高,梯级枢纽间航道水深增大,原有的急滩、险滩逐渐被淹没,与此同时流速减缓。上述变化对于改善通航水流条件具有积极作用。但拦河筑坝将会改变天然河流的水沙条件,进而引起河床调整,一般在坝址上、下游河段将产生水库淤积和坝下冲刷两类不同的泥沙现象。梯级枢纽的回水问题,通常体现为库尾变动回水区的泥沙问题。

变动回水区的泥沙淤积问题不仅存在于天然河道单个水库,也同样存在梯级水库。上游枢纽的建设会将原本下泄水流中大部分泥沙拦蓄至库中,但在坝下冲刷发展以及上游枢纽排沙的情况下,部分泥沙向下游库区运动,多淤积在库尾变动回水区从而影响航槽稳定。目前变动回水区通航水流条件的研究多围绕三峡、葛洲坝、丹江口等大型枢纽展开。袁美琦等对三峡水库变动回水区洛碛—王家滩河段的卵石浅滩进行了动床试验模拟,分析演变规律后认为浅滩按照洪淤规律演变。杨胜发等通过原型观测和模型试验后,认为三峡变动回水区淤积以沙质推移质为主。李义天等对三峡水库不同蓄水方案对重庆河道的影响进行了计算研究,认为蓄水方案的改变对该河段航道影响不大。

关于库位变动回水区的整治研究,确定的整治原则一般为充分利用消落期的有利条件,沿程抬高整治建筑物设计水位以上的高度以延长冲刷历时,缩窄整治线宽度以增大航槽的沿程水流速度,从而增强变动回水区航道在中、低水时的水流输沙能力。张绪进等对三峡变动回水区重庆河段,傅华对川江蚕背梁滩,罗宏对川江铜锣峡激流河段等均通过河工模型试验,探讨相应河段的整治方案,并成功实施。曹民雄针对广西秀江交口水电站变动回水区淤积问题,提出了沿程采用不同整治线宽度和整治水位的思路,经过模型试验验证可取得较好的整治效果。

4.1.3 梯级枢纽坝下脱水段通航水流条件

梯级枢纽之间水位未完全衔接的情况下,即下游枢纽回水未抵至上游枢纽坝下,坝下河段处于下游枢纽的常年回水范围之外,形成“脱水段”,随着清水下泄和坝下冲刷的发展,坝下河段河床发生剧烈变形,同流量下枯水水位大幅下降,造成船闸下游门槛水深不足,航道条件恶化,且枯期电站调峰造成的水面波动也更加明显。脱水段碍航的情况普遍存在于我国山区河道的梯级枢纽开发中,如南盘江平班水电站下游脱水段(下游为龙滩枢纽),西江大藤峡枢纽下游脱水段(下游为长洲枢纽),沅水五强溪枢纽下游脱水段(下游为凌津滩枢纽)、清水江白市枢纽下游脱水段(下游为托口枢纽)等。

南盘江平班水电站下游脱水段航道处于龙滩水电站的变动回水段,下游龙滩枢纽若采用正常蓄水位400m运行,则回水与平班枢纽坝下衔接,枢纽间航道条件优良。但若低于此水位运行,则在两枢纽之间出现脱水段。平班水电站坝下14km处的燕子石滩段即处于此变动回水区范围内,其本身河道狭窄,礁石密布,枯水期航道弯曲,当回水未覆盖此段航道时,很容易形成枯水浅滩和急滩。再加上平班电站非恒定流日条件的影响,在枯水期流量条件下,很难达到通航保证率95%的设计航道尺度。

广西西江大藤峡枢纽下游脱水段,由于下游长洲枢纽正常蓄水位的回水只能到达桂平三江口,桂平三江口往上与大藤峡之间还存在约12km的脱水段。该滩段自上而下分布有飞凤角、鹅蛋滩、铜鼓滩和羊栏滩,呈现多滩相连的特征,中、枯水期水流急、流态乱、横流大,航道条件较差,而下游长洲枢纽的运行对于该段航道条件没有任何改善作用。

五强溪枢纽引航道出口以下7km为不受下游凌津滩枢纽回水影响的天然河段。该河段河道狭窄,水流流速较大,紧接下游5km两反向急弯河段,礁石密布,通航水流条件本身存在问题,再加上五强溪日调节非恒定流的影响,使得过往船舶航行非常困难。

关于梯级枢纽脱水段的航道整治,通常采取的措施包括长距离河段开挖,局部河段开挖结合航线调整等工程措施,但长距离开挖容易引起枯水期同流量的水位下降,需要结合模型试验论证效果,采用局部炸礁和疏浚相结合的整治措施仍然是主要手段。此外,还包括选择吃水较浅的船型,加大上游枢纽枯水期下泄流量等非工程措施,但在具体实施过程中难度较大。

4.1.4 梯级枢纽间航道通航水流条件

梯级枢纽间航道通航水流条件的研究多集中在三峡—葛洲坝两坝间约38km的河段,主要关注的是三峡大坝135m蓄水方案条件下通航水流技术标准,以及175m蓄水方案电站枯季日调节和汛期调峰对两坝间河段通航水流条件的影响研究。

以美国密西西比河和苏联伏尔加河为代表的国外大型通航河流渠化工程,通过航道整治工程后均取得了良好的通航条件。反观我国长江三峡—葛洲坝两坝间，虽通航标准和尺度与上述两条河流属于同一等级，但自然条件与通航水流条件均劣势，电站日调节幅度也更大，相应地两坝间航道整治也更为复杂。早在20世纪50年代，研究三峡工程对坝下通航影响时，航运部门根据当时的情况提出了“三、三、三”标准，即水位日变幅不超过3m，小时水位变率不超过0.3m，流速不超过3m/s。“七五”期间，由交通运输部三峡工程航运办主持，开展了三峡—葛洲坝河段通航水流技术标准试验研究。众多学者采用一维水流数学模型，物理模型和遥控自航船舶模型，结合原型观测和实船试验等手段，研究了不同工况下的通航水流条件。姚仕明等认为，枯水日调节条件下，两坝间河段水面比降和流速变化均不影响本河段万吨级船队的通航水流条件，而洪水期大流量条件下通航水流条件趋差，主要位于水田角，喜滩、石牌、偏脑等局部河段。王召兵、舒荣龙等通过船模航行试验确定了三峡葛洲坝两坝间航行最困难航段为水田角和石牌河段。

目前来看，改善梯级枢纽间通航水流条件的主要手段还是集中在对河道的整治和发挥梯级电站的反调节作用上。关于梯级枢纽间的航道整治，由于水流变化特征和自然河流有所不同，航道水深条件恶化加剧，河床演变剧烈，其整治难度加大，对整治建筑物的强度要求也更高。针对日调节电站下游波谷流量小、水位陡涨陡落和河床变形的特点，将近坝段航道整治的基本原则归结为控制河势，稳定边滩，集中水流，低坝整治，结合疏浚，因势利导。刘丽娟指出，整治水位与整治线宽度是航道整治工程成功的关键因素。整治水位的确定一般有三种方法，即平滩水位法、多年平均流量法、造床流量法。整治河段的整治线布置应该遵循的原则为：整治线的方向和位置依靠主导河岸，其起点和终点以稳定深槽的主导河岸为依托，并根据河道地形，地貌特征，尽量利用比较坚实的河岸、硬角和矶头等作为整治线的控制点。针对三峡—葛洲坝两坝间河段，章日红提出采取切除突嘴、石梁，平顺岸线，改善流态，并适当扩大过水断面，减小流速、比降，调整流速分布，有效改善其通航水流条件。

发挥下游电站的反调节作用也是改善两坝间通航水流条件的有效措施。国内学者对改善梯级枢纽间通航水流条件措施也进行了大量的研究，如对于三峡枢纽和葛洲坝枢纽间的通航水流条件，孙尔雨等根据三峡工程设计各阶段实体模型、一维和二维数学模型以及自航船模研究成果，提出了不增大坝前水位变幅的条件下，提高葛洲坝水库调蓄能力，在不减小电站符合调峰变幅的条件下，提高航运基荷；优化反调节水库下泄流量过程线等改善通航水流条件的措施。杨文俊等在此基础上，优化反调节下泄流量过程，充分发挥其对调峰电站下泄流量过程的“削峰填谷”功能。

4.2 梯级枢纽通航水流条件改善实例

梯级枢纽改、扩建船闸的实施,其相应的建设标准和通航尺度均有不同程度的提高,对于通航水流条件的要求更高。在遇到诸如梯级电站调节、库尾淤积、脱水段碍航等问题,导致其通航水流条件不满足规划要求,需采取相应的改善措施。对于如电站日调节、库位淤积等引起的通航水流条件问题,通常所采取的改善措施比较明确且思路单一,即改变电站泄流方式,采取库位航道整治等措施。而对于其他问题来讲,由于改善思路存在差异,相应的措施也不尽相同。如对于梯级枢纽间通航水流条件的改善,可以采取航道整治等工程措施,也可以通过上下游枢纽联合调度的非工程措施,或者采取两者相结合的方式。再如关于梯级枢纽坝下脱水段通航水流条件的改善,同样既可采取坝下开挖等工程措施,也可与提高下游枢纽坝前水位等非工程措施相结合的手段。

本节针对梯级枢纽通航水流条件问题中,存在非单一改善思路的特点,选取闽江沙溪口—水口梯级枢纽、长江三峡—葛洲坝梯级枢纽作为典型的梯级枢纽工程,分析其布置特征、船闸改扩建工程后对通航水流条件的要求、存在的问题及研究手段等,最终提出相应的通航水流条件改善措施。

4.2.1 梯级枢纽下游脱水段水流条件改善

4.2.1.1 工程背景

闽江有沙溪、富屯溪、建溪三大支流,于南平汇合后称闽江。沙溪口枢纽位于沙溪与富屯溪汇合口下游约5.5km的闽江干流,下距水口枢纽约108km。

沙溪口枢纽控制流域面积为2.56km^2,占闽江流域面积的42%,坝址所在河段微弯,河宽约480m,坝下430m为鲤鱼洲分汊河段,左汊宽约200m,右汊宽约150m。水文观测表明,枯水期分流比右汊较大,而洪水期则相反。枢纽以发电为主,兼顾航运,工程主体由拦河大坝、开敞式溢洪道、河床式厂房、开关站和船闸等组成,如图4-1所示。其中溢流坝位于河床中间偏左岸,设16孔开敞式溢流堰,电站厂房位于右岸,船闸设于左岸主河槽中,为一线单级300t级船闸,闸室有效尺度为130m×12m×2.5m(长×宽×水深),船闸门槛底高程为61.3m,而船闸下游最大通航流量为3000m^3/s,下游最高通航水位为72.6m,最低通航水位为63.8m。

沙溪口坝址处实测多年平均流量为778m^3/s,最小流量为78.8m^3/s。沙溪口枢纽属日调节电站,安装4台单机容量为75MW的轴流式机组,水库日均入库流量和日均出库流量基本持平,下泄流量取决于来水流量。近年来,由于下游水口水电站的库水位不断下降,回水区位置随之下移,导致沙溪口枢纽坝下出现脱水段。枯水期坝下脱水段水浅流急,礁石密布,船闸门槛水深不足,基本处于断航状态,成为制约闽江上游航运的关键节点。

图 4-1　沙溪口枢纽布置图

4.2.1.2　研究手段

采用按照重力相似和阻力相似准则设计的 1∶50 定床正态物理模型试验,同比尺遥控自航船舶模型试验,并结合沙溪口枢纽坝下河段平面二维数学模型,研究枢纽坝下脱水段通航水流条件的改善措施及改善效果。技术路线为采用枢纽坝下河段平面二维数学模型,通过大量试验组次计算,对设计方案整治工程参数做进一步优化,然后通过物理模型以及遥控自航船舶模型,完善和细化最终的整治方案。

(1)物理模型概况

物理模型研究河段范围,模型进口为沙溪口枢纽坝上游 1km,模型出口为枢纽下游 5.7km。模拟河段长度约 6.7km,平均河宽约 500m。模型研究范围如图 4-2 所示,枢纽建筑物布置如图 4-3 所示。

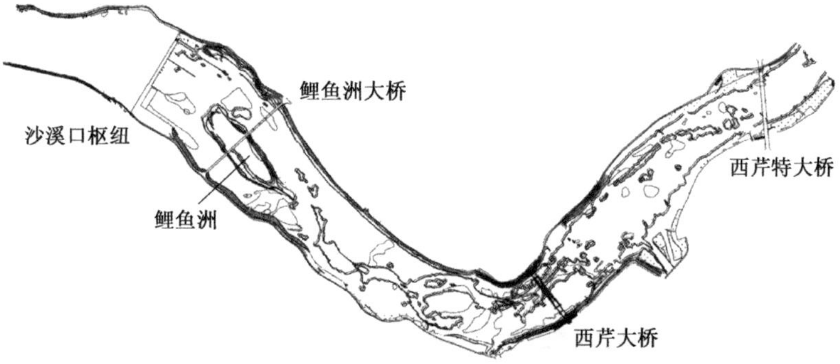

图 4-2　沙溪口物理模型研究范围示意图

图 4-3　沙溪口枢纽建筑物物理模型布置图

①模型设计。

为保证水流运动相似与船舶模型航行相似，整体模型设计为定床正态，按照几何比尺为 1∶50 设计，模型长约 134m，宽度约 10m。

按照河工模型水流运动相似基本准则，模型设计应满足重力相似、阻力相似及水流连续性相似等条件，相应地计算出流速比尺 λ_v，流量比尺 λ_Q，时间比尺 λ_t，糙率比尺 λ_n 等。具体计算如下。模型设计比尺计算表见表 4-1。

模型设计比尺计算表　　表 4-1

模型设计比尺	计　算
几何比尺	$\lambda_L = \lambda_H = 50$
速度比尺	$\lambda_V = \lambda_L^{\frac{1}{2}} = 7.071$
流量比尺	$\lambda_Q = \lambda_L^{\frac{5}{2}} = 17677.7$
时间比尺	$\lambda_t = \frac{\lambda_L}{\lambda_V} = 7.071$
糙率比尺	$\lambda_n = \lambda_L^{\frac{5}{2}} = 1.919$

此外模型还需要满足以下限制条件：

其一，为模型水流必须为紊流，即模型雷诺数。

$$Re_m = \frac{VR}{\nu} \geqslant 1000$$

式中：V——水流流速；

R——水力半径；

ν——水流运动黏滞系数。

其二，为模型试验段最小水深 H_{min}不小于 3cm，避免表面张力影响。

②模型验证。

为保证模型与原型水流运动相似，模型建成后，分别对洪水 1800m^3/s、中水 1000m^3/s、枯水 265m^3/s 三级流量的沿程水面线及断面流速分布进行验证试验，调整糙率使模型与原型误差最终满足《内河航道与港口水流泥沙模拟技术规程》(JTS/T 231-4—2018)(以下简称《规范》)的要求。水尺与测流断面布置如图 4-4 所示，沿程水面线验证结果如图 4-5 所示，各级流量下断面内流速分布验证结果如图 4-6 所示。

以上三个流量级的验证表明，河道左、右岸模型水面线与天然水面线基本吻合，水位误差均在 ±0.1m 内，模型与原型达到了阻力相似；断面流速分布趋势与原型一致，典型断面的流量闭合差均为超过 ±5% 的允许偏差要求，模型的水流运动与原型相似。满足规范要求，在此基础上进行模型试验，其成果是可靠的。

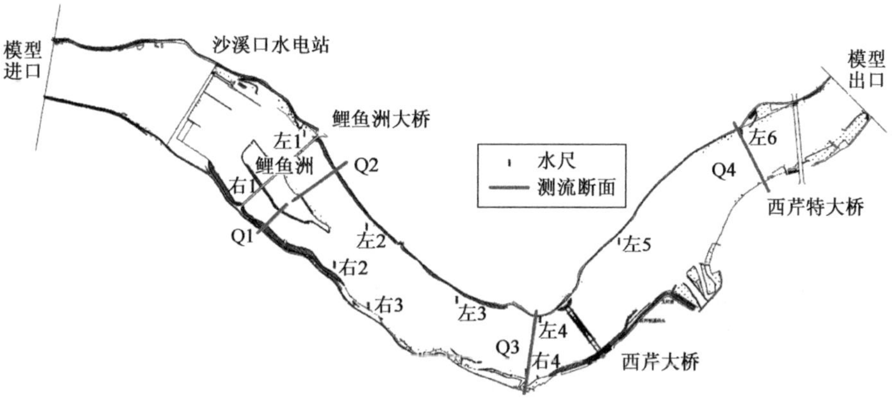

图 4-4 物理模型水尺及测流断面布置图

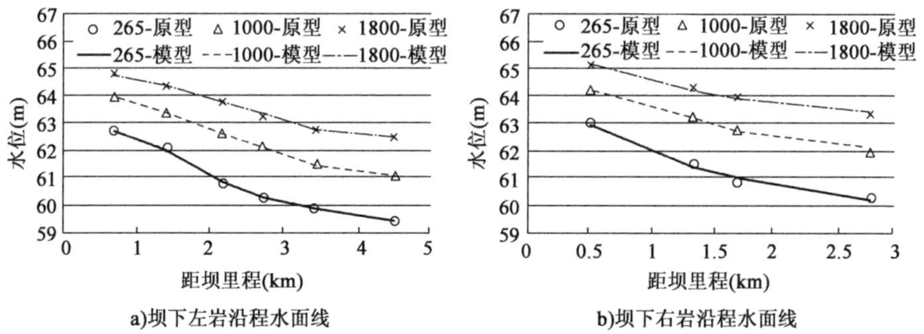

图 4-5 沿程水面线验证结果

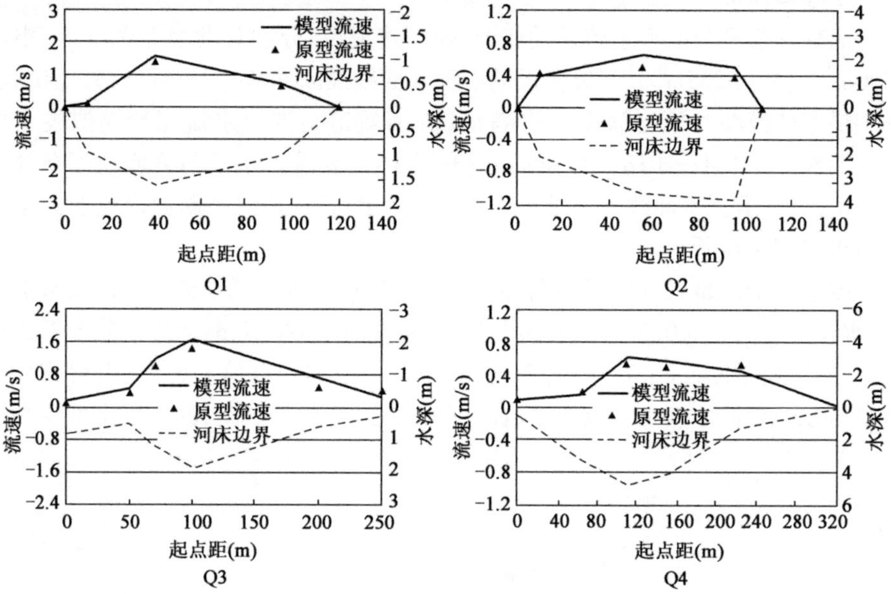

a)Q=265m³/s模型与原型流速分布

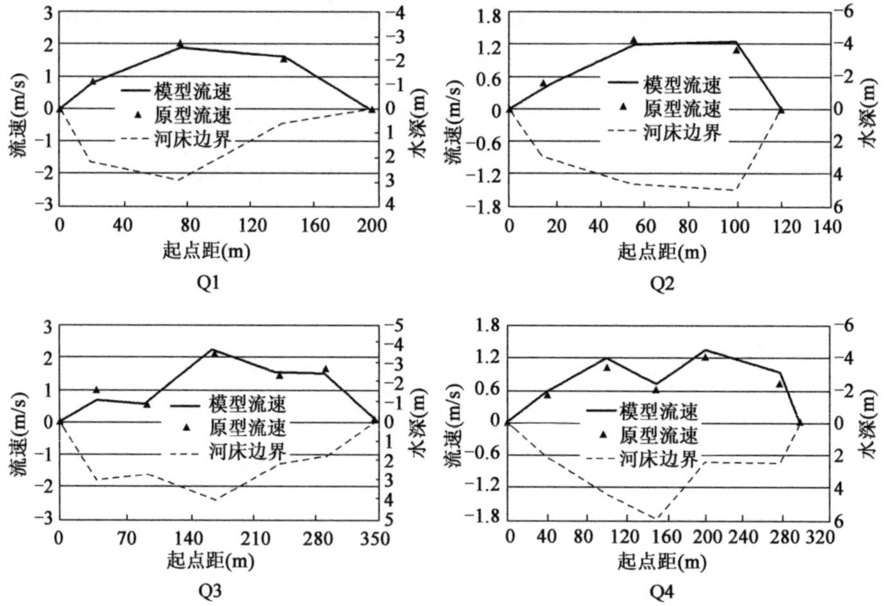

b)Q=1000m³/s模型与原型流速分布

图 4-6

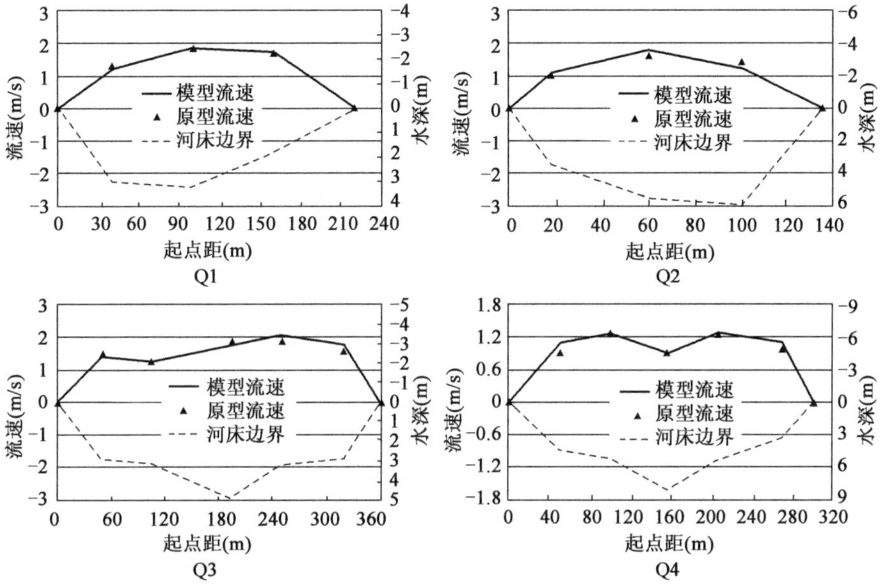

c)Q=1800m³/s模型与原型流速分布

图 4-6　断面流速分布验证结果

(2)遥控自航船舶模型概况

①船型选取。

沙溪干流航道等级为内河 V 级航道，通航 300t 级闽江干流标准运输船舶，同时兼顾 500t 级闽江干流标准运输船舶的通航要求，船模试验选区 500t 级闽江干流标准运输船舶作为代表船型，船舶尺度为 54m×10.3m×1.6m(船长×船宽×满载吃水)。

②船舶模型设计与制作。

船模设计：船模作为实船在水中运动，其运动过程是一个力学过程，应该满足一定的相似条件。《通航建筑物水力学模拟技术规程》(JTJ/T 235—2003，以下简称《规程》)规定，用于通航水流条件试验的船模，应该满足几何相似和重力相似条件。对于满足几何相似条件的船模，其几何尺度、形状、吃水和排量都应与实船相似；对于满足重力相似条件的船模，其运动速度及时间也应该与实船相似。

船模比尺应该与水工模型的几何比尺一致，均为 1∶50，根据量纲关系推求各个物理量之间的比尺见表 4-2。

船模比尺关系汇总表　　表 4-2

船模比尺	关系式
吃水比尺	$\lambda_T = \lambda_L$
排水量比尺	$\lambda_\nabla = \lambda_L^3$
速度比尺	$\lambda_V = \lambda_L^{\frac{1}{2}}$
时间比尺	$\lambda_t = \lambda_L^{\frac{1}{2}}$

船舶制作:主要依据船舶线形图,桨叶图,舵叶图按照 1∶50 的几何比尺进行加工,对于船体水线以下部分尺寸需严格控制其加工精度,水线以上结构则可适当简化,以便减轻重力。

根据代表船型的实际航行资料,最大静水航速约为 4.2m/s,结合试验及船模配重要求,设计船型的试验航速分别设定为 3.0m/s、3.5m/s、4.0m/s、4.5m/s(静水航速,已换算成原型)。船模的航速率定按照《规程》要求,在无风静水中进行,在保证船模直航稳定(航行过程中压舵小于 3°)的前提下,调整螺旋桨的转速,使船模的航速达到设定值。

③船舶模型率定。

船舶试验前,需要对船模的静水性能和运动性能进行校准使其满足试验要求。

内河船舶的静水性能主要是指船舶在静水中的吃水、排水量、浮态及重心位置。船体制作完工后,进行配载试验,在船舶模型船首、船中、船艉位置标刻上响应的吃水深度,按排水量称重配载,在专用水槽中调整配载位置,满足船舶模型的前、中、后吃水深度,从而使船模与实船在静水中的排水量、吃水及平面重心位置达到相似要求。

内河船舶的运动操纵性能主要是指其在航行过程中的操纵性能。船模操纵性能是指船舶受驾驶者的操纵而保持或改变其运动状态的性能,反映了船舶航行过程中的航向稳定性以及避免碰撞时的机动性。船舶在航行过程中,为了尽快达到目的和减少燃料消耗,驾驶员总是力求船舶以一定的航速沿直线航行,而当预定航线上发现其他船只或障碍物时,为避免碰撞,驾驶员需要使船舶改变航速或航向。

因此,在进行通航水流条件试验时,船模与实船的运动操纵性是否相似就显得非常重要。根据国内船模试验资料,尽管船模已经做到了外形的几何相似、排水量相似以及直线静水航速相似。但从目前的船模试验资料看,1∶50 ~ 1∶100 比例的船模均会因缩尺而产生操作性尺度效应,造成船模与实船的操纵性能不相似，需要进行修正。由于没有试验船型的实船操作性试验资料，因此按类似船型和比尺船模的试验结果，采用减小舵面积的方法来修正其尺度效应的影响。

通过率定和调整，最终使船舶模型满足《通航建筑物水力学模拟技术规程》的要求。

④船舶航行参数判别指标。

船舶在航行过程中，其航行状态的好坏取决于水流条件与船舶本身的动力特性及其操纵性能的优劣。在一定的水流条件下，船舶的航行状态一般由船舶的航行轨迹带宽、舵角、航向角、漂角、对岸航速等航行参数来反映。但如何通过船舶航行参数来判别航行状态的优劣，目前还没有相应的行业准则。针对船闸引航道口门区及桥区这种限制性航道，国内多参照“七五”期间三峡船闸引航道口门区的通航水流条件研究成果对口门区船舶航行状态进行判断，即舵角应小于20°，漂角应小于10°，并且不能长时间用大舵角。

对连接段的限定有所放宽，一般说来，舵角应小于25°，并且不能长时间用大舵角航行。

船舶或船队在主航道航行时，一般用上行对岸航速不小于某一限值来评价其航道条件优劣，不同的航道对应有不同的限值标准。本书参考三峡工程建成后汉渝间船队上行对岸航速不得小于1.11m/s的规定，以此来判断船队上行的难易程度。

(3)数学模型概况

①控制方程。

模型控制方程包括连续方程和动量方程。

连续方程：

$$\frac{\partial u}{\partial x} + \frac{\partial v}{\partial y} + \frac{\partial w}{\partial z} = S_c$$

动量方程：

$$\frac{\partial u}{\partial t} + \frac{\partial u^2}{\partial x} + \frac{\partial uv}{\partial y} + \frac{\partial uw}{\partial z} = fv - g\frac{\partial \zeta}{\partial x} - \frac{1}{\rho_0}\frac{\partial p_a}{\partial x} - \frac{g}{\rho_0}\int_z^{\zeta}\frac{\partial p}{\partial x}dz + F_u + \frac{\partial}{\partial z}\left(v_t\frac{\partial u}{\partial z}\right) + u_s S_c$$

$$\frac{\partial v}{\partial t} + \frac{\partial v^2}{\partial y} + \frac{\partial uv}{\partial x} + \frac{\partial vw}{\partial z} = fu - g\frac{\partial \zeta}{\partial y} - \frac{1}{\rho_0}\frac{\partial p_a}{\partial y} - \frac{g}{\rho_0}\int_z^{\zeta}\frac{\partial p}{\partial y}dz + F_v + \frac{\partial}{\partial z}\left(v_t\frac{\partial v}{\partial z}\right) + v_s S_c$$

式中：t——时间；

x、y、z——直角坐标系坐标；

u、v、w——分别为沿x、y、z方向的流速分量；

ζ——数位；

f——柯氏力；

g——重力加速度；

ρ——水的密度；

v——水流紊动黏性系数，其值可查表获得。

②区域转换方程。

正交曲线网格的生成方法有很多，这里根据有势流的等势线和流线正交的机理生成正交曲线网格，依此生成的网格既能保持正交，又能控制网格的疏密，其转换方程为：

$$C_{\eta}^{2}X_{\zeta\zeta} + C_{\zeta}^{2}X_{\eta\eta} + J^{2}(X_{\zeta}p + X_{\eta}Q) = 0$$

$$C_{\eta}^{2}X_{\zeta\zeta} + C_{\zeta}^{2}X_{\eta\eta} + J^{2}(Y_{\zeta}p + Y_{\eta}Q) = 0$$

式中：(ζ,η)——变化平面坐标；

(X,Y)——物理平面坐标；

C_{ζ}、C_{η}——正交曲线坐标系中的拉梅系数，各参数的取值如下：

$$C_{\zeta} = \sqrt{X_{\zeta}^{2} + Y_{\zeta}^{2}},C_{\eta} = \sqrt{X_{\eta}^{2} + Y_{\eta}^{2}}$$

$$J = C_{\zeta}C_{\eta}$$

$$P = -\frac{1}{C_{\zeta}^{2}}\frac{\partial(\ln K)}{\partial\zeta},Q = \frac{1}{C_{\eta}^{2}}\frac{\partial(\ln K)}{\partial\eta},K = \sqrt{C_{\zeta}/C_{\eta}}$$

③计算网格。

模型进口为沙溪口枢纽坝轴线，出口位于延福门水文站附近，河段全长约13.5km，共布置了1355×270个网格，其中桥区及上游4.5km重点研究河段进行了加密处理，加密后上游4.5km河段网格纵向平均尺度为7.1m，横向平均尺度为2.6m。研究河段数学模型的计算网格见图4-7。桥区及上游4.5km网格加密河段见图4-8。

④水流有关问题的处理。

初始水位场，可利用计算域上、下游水位和断面间距进行线性插值，在断面上可以不考虑横比降。当计算域较长时，可采用推求水面线的办法给出二维域中某几个断面的水位，然后分段进行线性插值。

初始速度场，η方向上的$v=0$，ζ方向上u由曼宁公式计算得到，并进行断面总流量校正。由于ζ，η正交曲线网格是基于势流理论生成，上述沿ζ，η方向给值，在势流区初值已离解较近，在回流区初值与收敛解差别较大。但计算表明，随着迭代计算的进行上述初值的影响会逐渐消失。

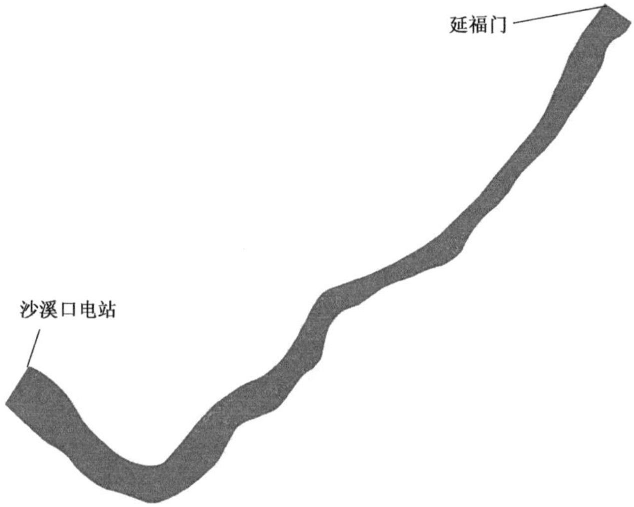

图 4-7　数学模型模拟范围计算网格示意图

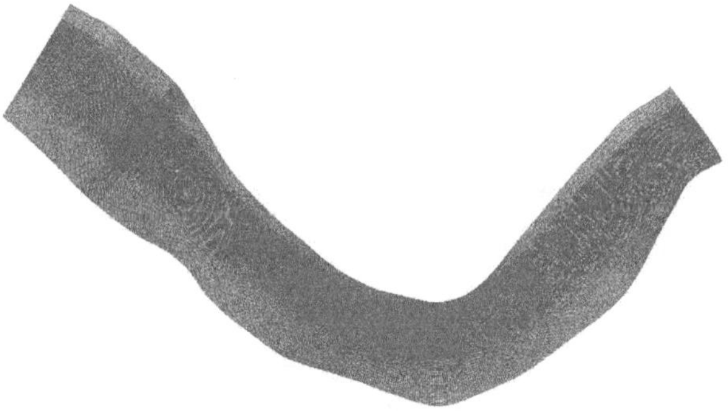

图 4-8　加密河段计算网格示意图

动边界的处理,河道中的边滩和江心洲等随水位波动边界位置也会发生相应的调整。在计算中精确地反映边界位置是比较困难的,因为计算网格横向间距较大,为了体现不同流量、边界位置的变化常采用“切削”技术,即将露出单元的河床高程降至水面以下,并预留薄水层水深,同时更改其单元的糙率(n 取 10^n 量级),使得露出单元 u、v 计算值自动为 0,水位冻结不变这样就将复杂的移动边界问题处理成固定边界问题。

⑤模型验证。

数学模型验证所采用的地形资料为2015年11月沙溪口坝下至延福门河段的等间距地形图，测图时间为2015年5～10月，比例尺为1∶1000。验证所用的水文资料为2015年5月、8月及2016年2月的实测资料。测点位置见图4-9。数学模型对沿程水位及分流比进行了验证。

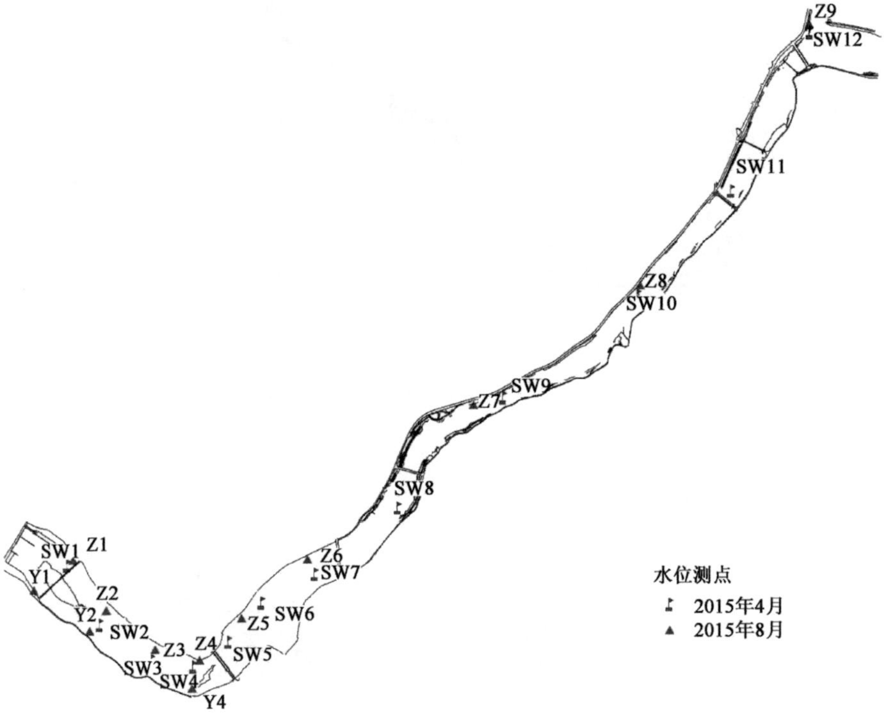

图4-9　水文测站点位布置图

2015年5月14日沙溪口坝下至南平延福门共进行了270m³/s、370m³/s两级枯水流量的水文观测。两级流量共布置了12个水位观测点，其中7个位于西芹大桥上游。

2015年8月27日～8月28日进行了1000m³/s和1800m³/s两级中洪水流量的水文观测。沿程共布置了12个水位观测点，其中9个位于西芹大桥上游，3个位于西芹大桥下游。

总体来看，枯水和中洪水验证的各级流量条件下，模型计算的各测点水位值与实测值基本吻合，模型计算的左右汊分流比与实测值也基本接近，见表4-3、表4-4。

枯水流量水面线验证情况(单位:m)　　　表 4-3

观测点/断面	$Q=265\text{m}^3/\text{s}$			观测点位	$Q=270\text{m}^3/\text{s}$			$Q=370\text{m}^3/\text{s}$		
	实测	计算	差值		实测	计算	差值	实测	计算	差值
Y1	63.18	63.13	-0.05	sw1	62.81	62.82	0.01	63.05	63.01	-0.04
Z1	62.88	62.85	-0.03	sw2	62.10	62.08	-0.02	62.44	62.38	-0.06
Y2	62.06	62.11	0.04	sw3	61.13	61.08	-0.05	61.45	61.42	-0.03
Z2	62.31	62.37	0.06	sw4	60.25	60.28	0.03	60.65	60.60	-0.05
Z3	61.78	61.78	0.00	sw5	60.13	60.15	0.02	60.50	60.46	-0.04
Y4	61.72	61.67	-0.05	sw6	59.51	59.49	-0.02	59.90	59.88	-0.02
Z4	61.71	61.66	-0.05	sw7	59.34	59.31	-0.03	59.76	59.71	-0.05
Z5	61.61	61.63	0.01	sw8	58.76	58.72	-0.04	59.27	59.24	-0.03
Z6	61.61	61.61	-0.01	sw9	58.59	58.55	-0.04	59.13	59.04	-0.09
				sw10	58.32	58.32	0.00	58.71	58.75	0.04
				sw11	58.28	58.28	0.00	58.69	58.70	0.01
				sw12	58.12	58.12	0.00	58.52	58.52	0.00
左汊分流比(%)	39	43.7	-4.7		—	43.8			44	

中洪水流量水面线验证情况(单位:m)　　　表 4-4

观测点位	$Q=1000\text{m}^3/\text{s}$			$Q=1800\text{m}^3/\text{s}$		
	实测	计算	差值	实测	计算	差值
Y1	64.32	64.33	0.01	65.18	65.27	0.09
Z1	63.99	63.92	-0.07	64.85	64.83	-0.02
Y2	63.36	63.40	0.04	64.37	63.42	0.05
Z2	63.58	63.56	-0.02	64.47	64.53	0.06
Z3	62.78	62.69	-0.09	63.96	63.95	-0.01
Y4	62.53	62.46	-0.07	63.61	63.68	0.07
Z4	62.22	62.14	-0.08	63.47	63.44	-0.03
Z5	61.83	61.80	-0.03	63.24	63.24	0.00
Z6	61.60	61.56	-0.04	63.04	63.07	0.03
Z7	61.15	61.12	-0.03	62.47	62.50	0.03
Z8	60.90	60.89	-0.01	62.10	62.15	0.05

续上表

观测点位	$Q=1000m^3/s$			$Q=1800m^3/s$		
	实测	计算	差值	实测	计算	差值
Z9	60.66	60.66	0.00	61.76	61.76	0.00
左汊分流比(%)	47.2	44.8	-2.4	48.5	45.9	-2.6

4.2.1.3 存在的问题

沙溪口水电站属于径流式日调节水电站，水库日均入库流量和日均出库流量基本持平，下泄流量取决于来水流量。当下游水口电站枯水位为65m时，回水可抵沙溪口电站坝下，两个电站之间108km河段均在回水范围之内，两电站之间形成高水位梯级衔接；当水口电站库水位为61m时，回水末端在西芹附近，西芹至沙溪口电站间的回水变动段约2km；当水库电站枯水位为57m时，回水末端在南平的水南附近，水南—沙溪口电站间的回水变动段长度约11km。

在水口电站低水位运行时，本河段主要受沙溪口电站泄流影响，在电站泄流量小时，近坝段礁石裸露，水面窄、水深浅、水流急，比降大，具有典型山区河流的特征。

物理模型现状条件下水流特性试验表明：沙溪口枢纽坝下河段枯水期水深不足导致碍航，设计流量$265m^3/s$时，枢纽下游船闸门槛水深仅1.69m，而坝下航道内最小水深在0.3~0.8m，与设计水深2.0m相差较大，也不满足设计船舶满载吃水1.6m，船舶无法通航。另一方面，鲤鱼洲大桥桥区段比降较大，水浅流急，鲤鱼洲洲尾以下河段原有主槽狭窄弯曲，航道平面尺度较小，流速大且流态紊乱，船舶航行困难。坝下局部流态见图4-10。

图4-10 设计流量下沙溪口坝下河段局部流态

此外,鲤鱼洲大桥与船闸口门距离较近,口门区航道为弯曲型,水流与航线夹角较大,导致口门区内横向流速较为明显。

平面二维数学模型计算结果表明,沙溪口枢纽坝下近坝段(坝下鲤鱼洲—桥区河段)在中、枯水期,礁石出露,岩盘连片,水浅流急,设计流量下水深一般仅为0.3~0.8m,而局部比降最大可达到5.7%。洪水期当流量为1800m^3/s时,近坝段航道内最大流速已超过3m/s,水流条件较差。

4.2.1.4 改善措施及效果

(1)改善措施

沙溪口枢纽坝下通航水流条件的问题,主要表现为枯水期航道水深不足,船闸下闸首水位不够的问题,另外还伴随着局部航道内纵向流速和横向流速过大,船闸下游口门区横向流速过大等问题。

解决坝下水深不足倘若仍采用长距离开挖航槽的方案,一是11km的脱水段开挖工程量巨大,二是容易引起坝下河段水位进一步下降,船闸下闸首门槛水深进一步降低从而恶化船舶通过条件。因此,在沙溪口枢纽坝下通航水流条件的改善措施研究中,采取了通航明渠结合丁坝、锁坝等壅水建筑物来应对航道水深不足的问题,采取了口门区布置导流墩、疏浚炸礁和调整航线等措施来应对口门区航道与主航道横向流速较大、流态紊乱的问题。具体的改善措施如下:

①自沙溪口坝下,鲤鱼洲尾部上游约120m处起,在航道两侧布置一条1.66km的明渠以约束水流壅高水位,明渠内航道底宽55m,航道设计水深2m,明渠渠首底高程61.4m,渠尾底高程58.15m,渠底坡度为1.6‰,两侧渠壁高为2.0m。明渠起始位置处设置对口壅水坝。

②鲤鱼洲头部处右汊布置锁坝一条,通过试验确定锁坝坝顶高程,调节鲤鱼洲左右汊的分流量以及相应的明渠水深。

③针对船闸下游口门区横向流速过大的问题,沿泄水闸导墙新建底部透空式隔流堤,总长设计为365m,分别由17段墩台和17段插板组成,墩台两端开槽,通过插板将墩台连接。

④对鲤鱼洲边滩进行局部整治,将洲头左侧边滩切除。

⑤将明渠段航道底部不满足设计水深的浅点炸除,顺水流方向进一步调整航线。

改善措施布置图见图4-11。

(2)改善效果

上述系列改善措施实施后:

①坝下设计水位。当沙溪口枢纽下泄设计最低通航流量265m^3/s时,因河

段疏浚工程所引起导致水位下降，明渠内下段水位普遍降低至0.15～0.2m。由于鲤鱼洲右汊潜坝的壅水作用，使左汊过流量和水位有所增大，再加上明渠的束水作用，使得明渠上半段水位逐渐抬升，明渠中段至渠首，水位抬高幅度约在1.2m，而在明渠渠首至船闸下闸首附近，水位抬升幅度也在1m左右，船闸下闸首水位64.17m，可以满足设计水位63.8m的要求。明渠内航道最小水深为2.14m，大于设计航道水深，船闸下游引航道水深为2.47m，船闸门槛水深为2.87m，均可满足设计要求。改善前后坝下设计水位对比见图4-12。

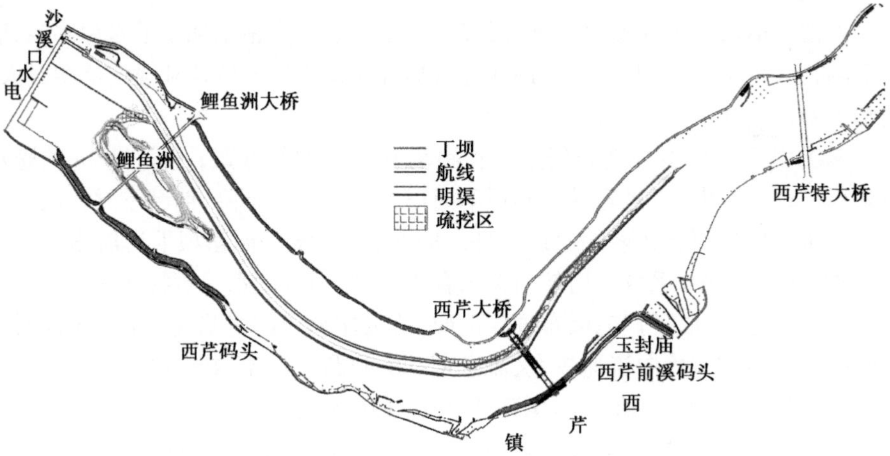

图4-11　沙溪口枢纽坝下改善措施布置图

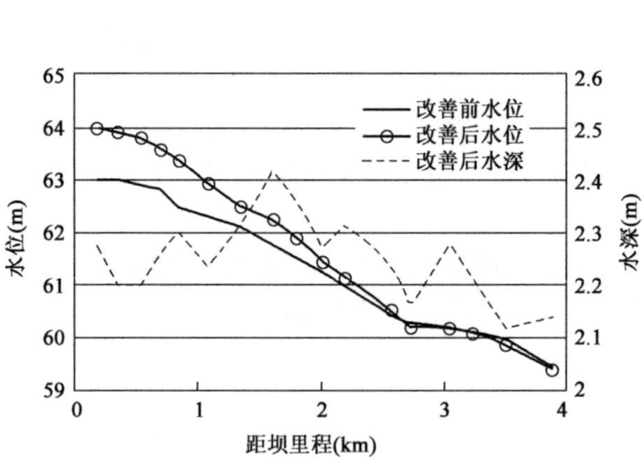

图4-12　改善前后坝下水位对比及航道水深

②船闸下游口门区水流条件。枯水流量下，口门区水流流速较小，一般在1.7m/s以内，口门区航道内横向流速不超过0.3m/s。随着流量的增大，枢纽左侧泄水闸开启，通过隔流堤进入引航道口门区的流量较改善前大幅降低，水流流向更为平顺，水流与航道夹角有所减小，斜流强度有所改善，各级流量下口门区最大流速不超过1.88m/s，通航水流条件明显改善，基本满足规范要求。同期开展的船模试验表明，在各级流量下，船闸下游口门区航道内通航水流条件较好，船舶均可安全通过该航段，但由于口门区航道为弯曲航道，船舶下行过程中所需舵角最大时可达21.6°，略大于安全通航的要求。改善后各级流量下口门区局部流速分布见图4-13～图4-16。

500t级船模试验选取了1000m^3/s、1800m^3/s、3000m^3/s三级流量进行枢纽下游船闸口门区上、下行船模试验。由于改善前航道水深不满足航行要求，故仅给出改善措施实施后的船模航行参数，见图4-17～图4-19。其中，1000m^3/s流量船模上行航速为4.5m/s，下行航速为3.0m/s；1800m^3/s流量船模上行航速为4.5m/s，下行航速为3.0m/s；3000m^3/s流量船模上行航速为4.0m/s，下行航速为3.0m/s。

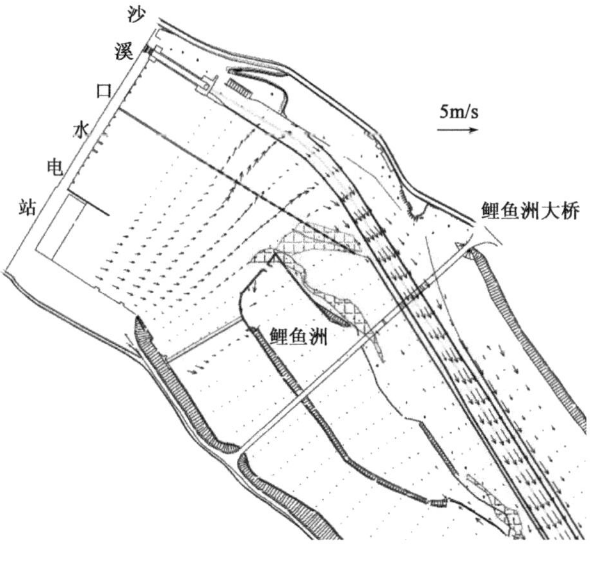

图4-13　265m^3/s流量下口门区流速分布

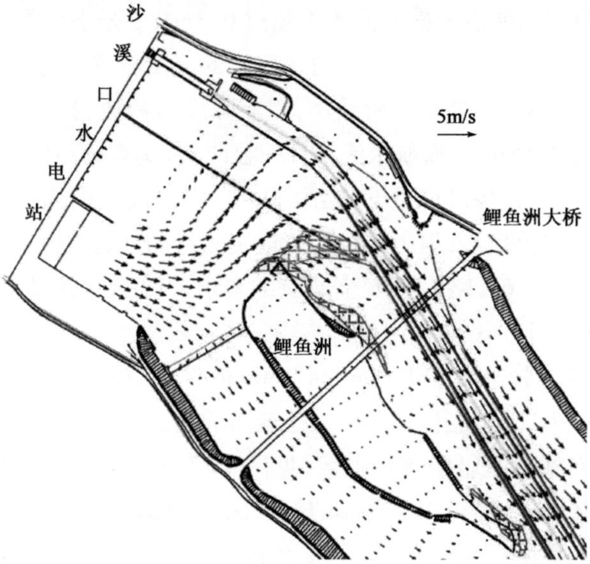

图 4-14　750m^3/s 流量下口门区流速分布

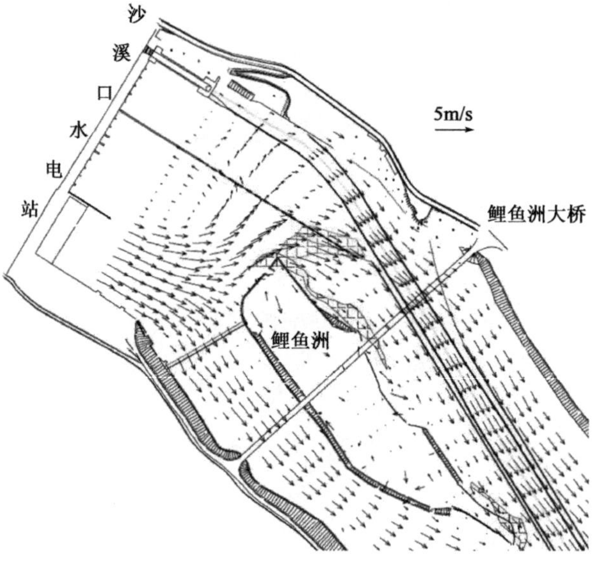

图 4-15　1800m^3/s 流量下口门区流速分布

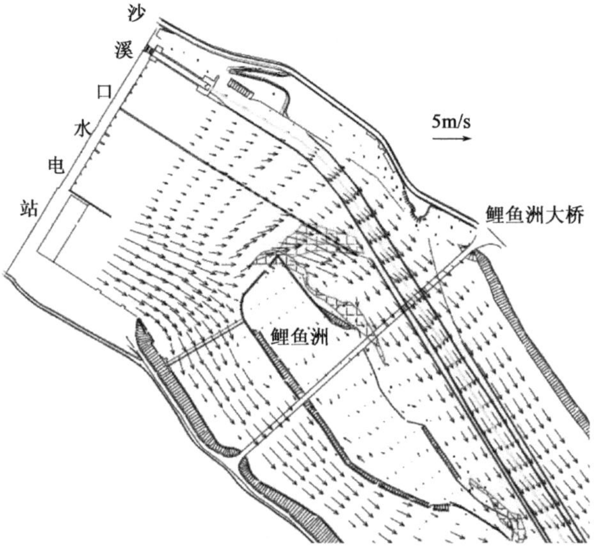

图 4-16 3000m³/s 流量下口门区流速分布

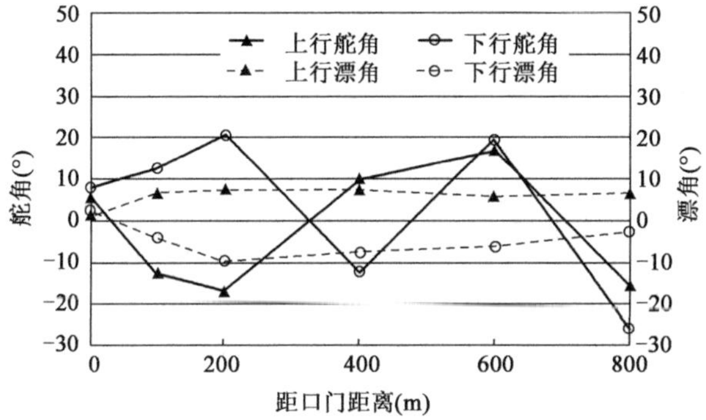

图 4-17 船闸下游口门区船模航行参数(1000m³/s)

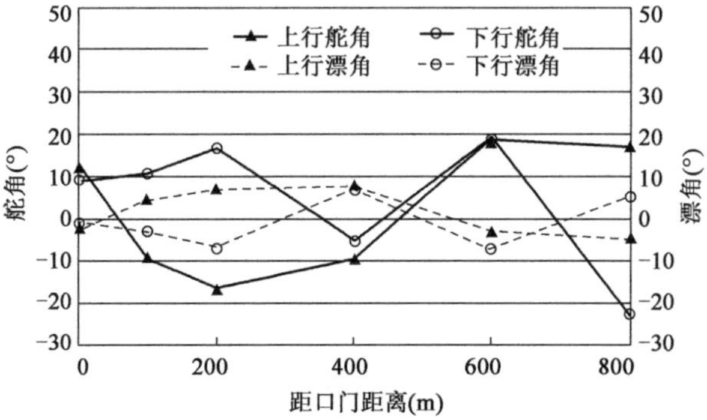

图 4-18 船闸下游口门区船模航行参数(1800m³/s)

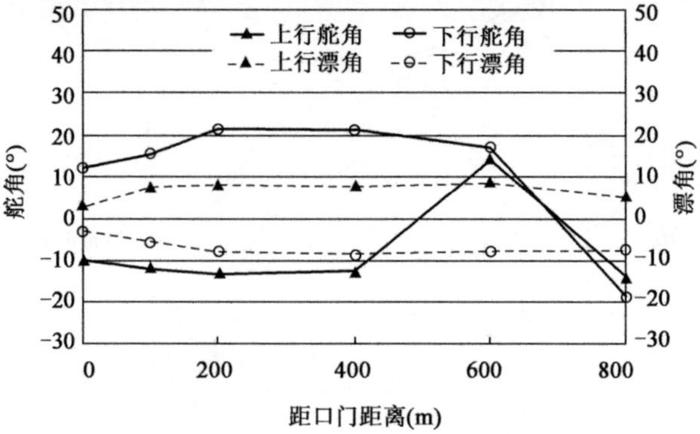

图 4-19　船闸下游口门区船模航行参数(3000m³/s)

③通航明渠水流条件。

设计流量 265m³/s 下,电站下泄尾水出尾水渠后,向河道左侧扩散,鲤鱼洲洲头右侧边滩略有过流,水流主要经过隔流堤底部透空孔进入鲤鱼洲左汊,原本较为集中的水流在透空式隔流堤的调整作用下被均匀分散,一部分水流下行经口门区进入航道内,另一部分沿明渠渠首右侧壅水坝汇入明渠内。此流量下明渠基本不溢流。

随着流量的增大,鲤鱼洲右汊锁坝开始溢流,750m³/s 流量下明渠渠顶全部淹没,鲤鱼洲洲尾以下约 700m 处,右汊水流开始逐渐汇入明渠,导致明渠内流速增大,最大流速达 2.68m/s,流量继续增大将导致明渠内流速继续增大,最大通航流量 3000m³/s 时,明渠内最大流速可达 2.74m/s。通航明渠内各级流量下纵向流速沿程分布见图 4-20 ~ 图 4-22。

船模试验表明,鲤鱼洲至明渠尾部的航道内,中、枯水流量下,即流量不超过 1000m³/s,航道内水浅流急等因素的影响,上行船舶采用 4.5m/s 的静水航速,仍感上滩困难,对岸航速最小时仅为 0.89m/s,略小于船舶自航上滩要求。而当流量继续增大,水位上涨,水深加大,船舶能够安全通过该段航道。渠道段(坝下 800 ~ 3800m)船模航行参数见图 4-23 ~ 图 4-25。

可见,沙溪口通航枢纽采取泄水闸导航墙下新建透空式隔流堤,鲤鱼洲右汊布置潜坝以及右汊采用 1.6km 长通航明渠等工程措施,辅以局部航道整治及航线调整,最终使脱水段航道水位、船闸门槛水深在设计流量下满足通航要求,并且在各级通航流量下,口门区航道的水流条件基本满足安全通航的要求。

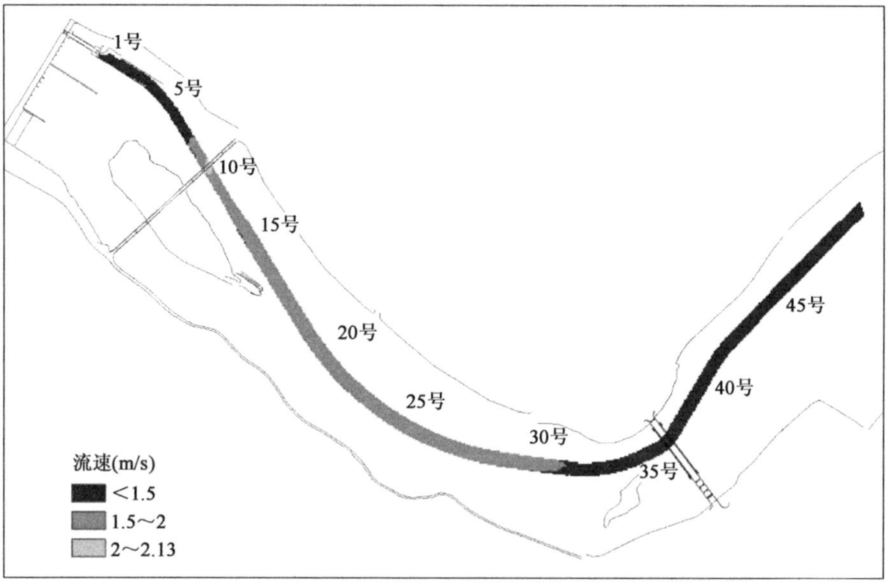

图 4-20 设计流量 265m³/s 下明渠内纵向流速沿程分布

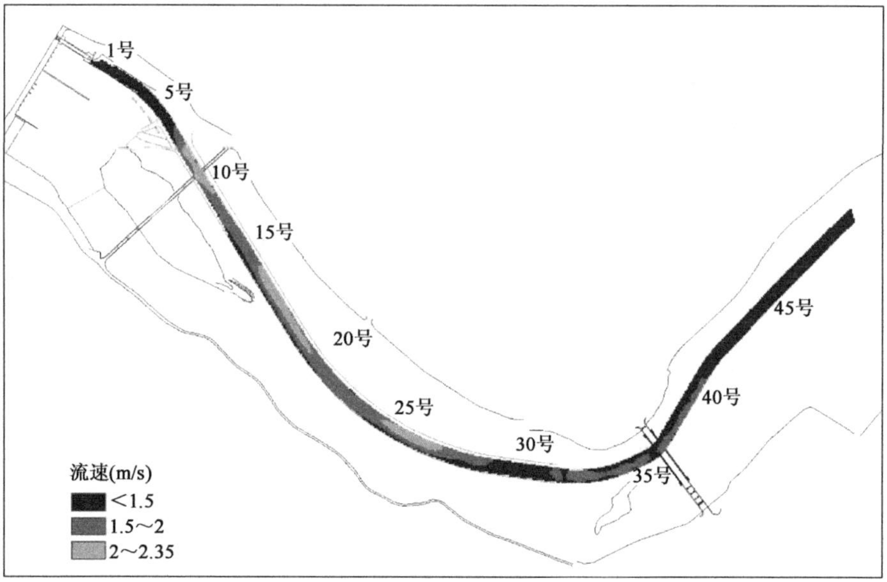

图 4-21 电站泄流 750m³/s 下明渠内纵向流速沿程分布

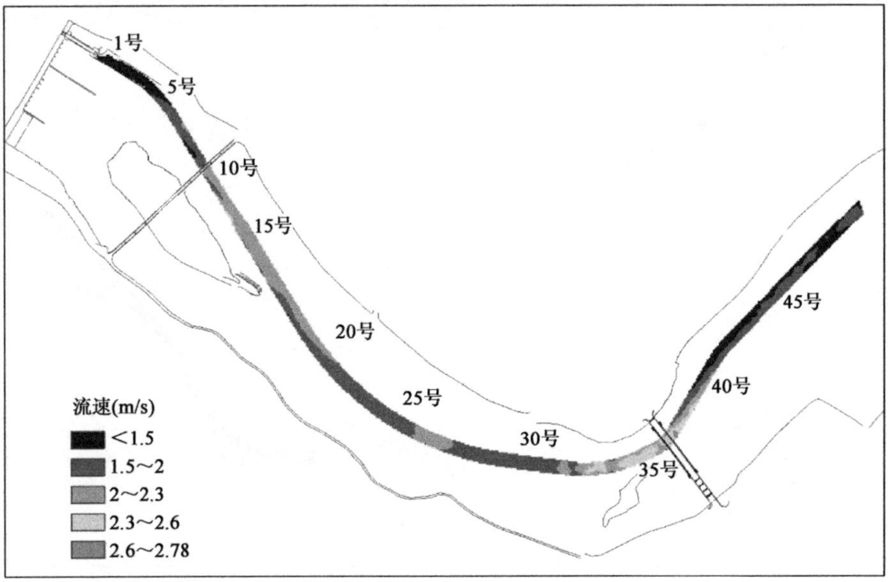

图 4-22　最大通航流量 3000m³/s 下明渠内纵向流速沿程分布

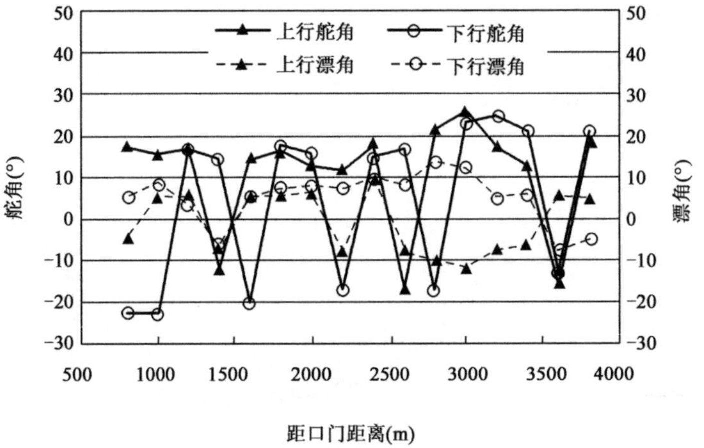

图 4-23　渠道段 800~3800m 船模航行参数(1000m³/s)

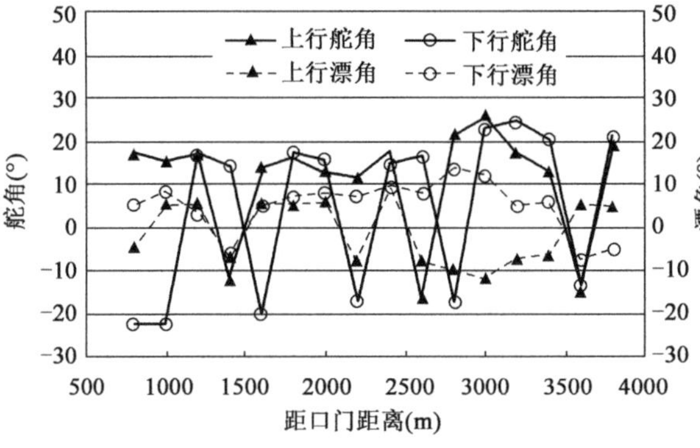

图 4-24 渠道段 800～3800m 船模航行参数(1800m³/s)

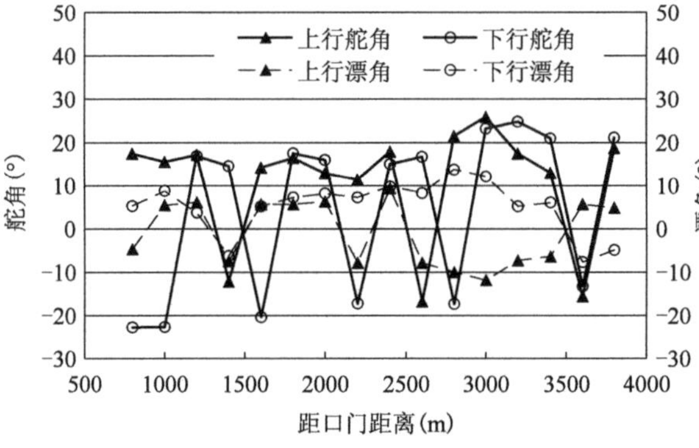

图 4-25 渠道段 800～3800m 船模航行参数(2000m³/s)

4.2.2 梯级枢纽间航道通航水流条件改善

4.2.2.1 工程背景

三峡枢纽和葛洲坝枢纽之间 38km 的河段,也称两坝间河段。由于下游葛洲坝枢纽的壅水作用,使其在枯水期库区特性明显,水深大流速缓,航道条件良好,汛期当三峡枢纽下泄流量达到 25000m³/s 以上时,因两坝间河道狭窄,水流不畅、流速急、流态紊乱、表现出明显的山区天然河道特性,船舶航行条件险恶,船舶险情和海事事故频发。据目前公布的资料显示,2003—2015 年,两坝间河段共发生水上交通事故或险情 85 起,成为长江干线事故或险情率较高的河段。

鉴于两坝间河段水域位置特殊,通航水流条件复杂,水上运输安全具有社会关注度高的特点,其安全问题一直是交通主管部门关注的重点。为保障两坝间汛期船舶航行安全,交通运输部于 2008 年颁布了《三峡工程初期运行期通航管理办法补充规定》,长江航务管理局于2013年出台了《关于试行船舶主汛期通过两坝间河段单位马力拖带量控制标准》,两者均对汛期通过两坝间航道的船舶性能做出了具体规定。上述标准实施后,汛期当三峡枢纽下泄流量超过25000m^3/s时,两坝间实行限制通航,水上交通事故/险情率有所下降。

但自2011年三峡过坝量突破一亿吨以来,三峡船闸始终处于高负荷运行状态,过闸船舶呈现总量多且待闸时间长的特点。在汛期采取限制通航甚至禁航的管理措施,对通航效率影响极大,易造成过闸船舶的积压。参考三峡175m蓄水后2009~2015年统计数据,三峡枢纽下泄流量超过25000m^3/s的年平均天数达34d,在2012年三峡枢纽下泄流量超过25000m^3/s的天数更是多达54d,当年7~8月汛期在三峡坝上、葛洲坝坝下以及两坝间待闸的船舶接近1000艘次,创下了近年来积压船舶最大值,使得两坝间河段通航管理压力巨大。

为消除两坝间的通航瓶颈,改善两坝间的通航水流条件,优化汛期通航管理规定,开展过包括原型观测、数值计算与模型试验、实船试验,安全监测与应急救助对策等一系列专题研究项目,初步认为汛期通航水流条件较差的滩段主要分布在两坝间上段乐天溪河段和中段莲沱至偏脑河段。乐天溪河段既是三峡船闸的锚泊区,又是船舶进出三峡船闸的汇集区域。除去河道左侧锚地水域后,可航行水域相对狭窄,加上锚泊区内水下礁石较多,航行条件较差。而在莲沱至偏脑河段,有莲沱、喜滩、石牌、天花板、偏脑等急流滩段,其中莲沱、喜滩、石牌"两滩一弯"船舶航行最为困难,流量增大至25000m^3/s以上时,在河宽放宽处,强大的泡漩、大范围的回流同时存在,受上游收缩段主流的惯性作用、深潭的吸流作用和深潭两侧回流的挤压,水流湍急、流态紊乱,不仅经常引起船舶滞航,而且对船舶安全航行造成威胁。

近年随着三峡新通道论证工作的推进,未来扩建的第二通道实施后将会带来船舶大型化和过闸船舶数量大幅度提升,对于两坝间的通航水流条件,特别是航行较为困难的滩段,需要通过航道整治予以解决。本节针对莲沱河段,对其通航水流条件的研究与改善进行阐述。

4.2.2.2 研究手段

因其所处位置的重要性,两坝间莲沱河段的航道整治,综合采用了原型观测和实船试验、物理模型试验以及遥控自航船模试验相结合的研究手段,研究现状条件下,各流量级特别是汛期流量级的通航水流条件,分析其碍航特性和整治思路,最终通过自航船模试验论证整治效果及可行性。

(1)物理模型概况

莲沱河段位于三峡—葛洲坝两坝间河段,全长约6.5km,河道两岸山坡陡峭，河床窄深，为典型的山区峡谷性河段。为保证进、出口水流条件相似，模型模拟原型河段长度约 9km，河段两岸模拟至 +70m 高程。模型试验研究模拟范围如图 4-26 所示。

图 4-26　模型模拟范围示意图

①模型设计。

为保证水流运动相似与船舶模型航行相似，整体模型设计为定床正态。按照几何比尺为 1∶100 设计。模拟原型河段长度约 9km，模型河段长度为 90m，为保证模型进口水流平稳和流量分配与原体相似，在模型进口加设消波设施。

按照河工模型水流运动相似基本准则，模型设计应满足重力相似、阻力相似及水流连续性相似等条件，相应地计算出流速比尺 λ_v、流量比尺 λ_Q、时间比尺 λ_t、糙率比尺 λ_n 等。具体计算如下。模型设计比尺计算表见表 4-5。

模型设计比尺计算表　　表 4-5

模型设计比尺	关 系 式
几何比尺	$\lambda_L = \lambda_H = 100$
速度比尺	$\lambda_V = \lambda_L^{\frac{1}{2}} = 10$
流量比尺	$\lambda_Q = \lambda_L^{\frac{5}{2}} = 100000$
时间比尺	$\lambda_t = \frac{\lambda_L}{\lambda_V} = 10$
糙率比尺	$\lambda_n = \lambda_L^{\frac{5}{2}} = 2.154$

此外模型还需要满足以下限制条件。

其一，为模型水流必须为紊流，即模型雷诺数。

$$Re_m = \frac{VR}{\nu} \geqslant 1000$$

式中：v——水流流速；

R——水力半径；

ν——水流运动黏滞系数。

其二，为模型试验段最小水深 $H_{\min}$ 不小于 3cm，避免表面张力影响。

②模型验证。

为保证模型与原型水流运动相似，模型建成后，应分别对洪水、中水、枯水三级流量的沿程水面线及断面流速分布进行验证试验，调整糙率使模型与原型误差最终满足《内河航道与港口水流泥沙模拟技术规程》（JTS/T 231-4—2018）（以下简称《规范》）的要求。模型试验段河道的水位观测点与流速观测断面布置如图 4-27 所示。

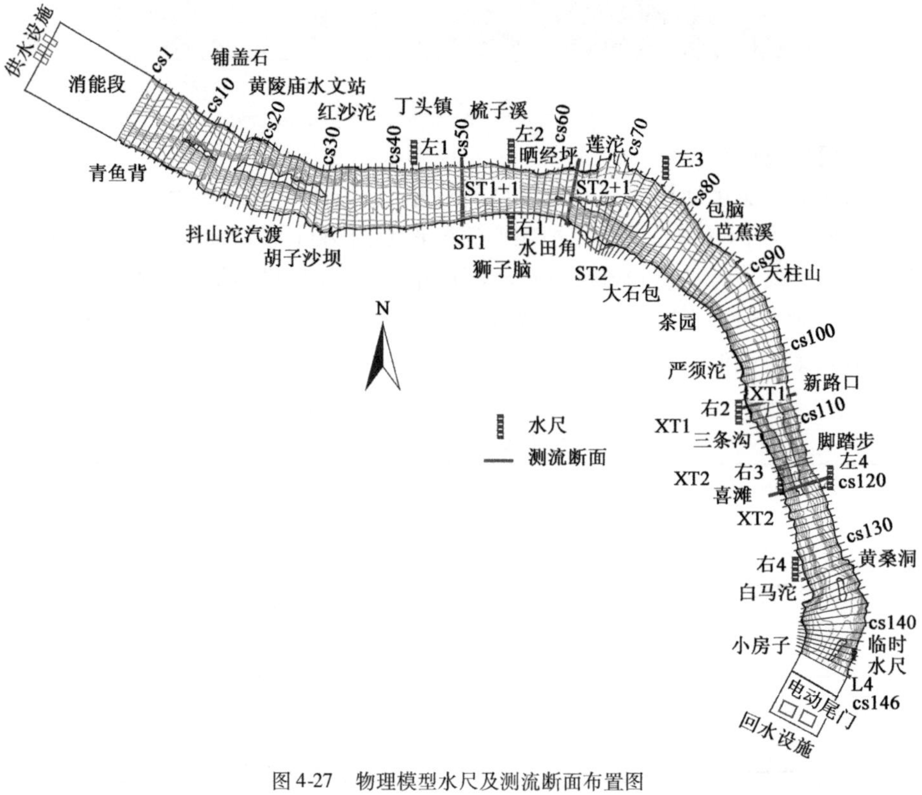

图 4-27　物理模型水尺及测流断面布置图

模型验证试验采用长江三峡通航水工测量队 2010 年 7 月 21 日～8 月 30 日 $Q=25000\text{m}^3/\text{s}$、$30000\text{m}^3/\text{s}$、$35000\text{m}^3/\text{s}$、$40000\text{m}^3/\text{s}$ 下实测的试验河段天然水面线、断面流速分布、流态分布等资料进行验证试验。模型与原型的沿程水位对比如图 4-28 所示，四级流量的断面流速分布验证如图 4-29 所示。

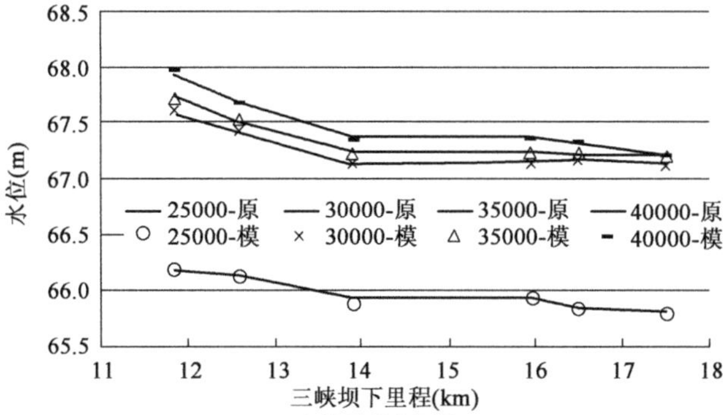

a)左岸沿程水面线

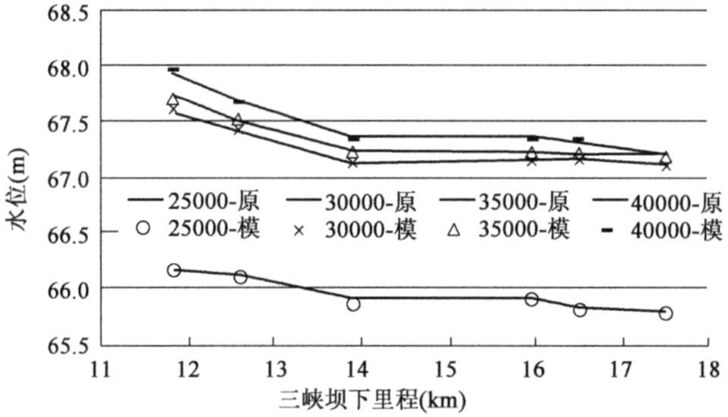

b)右岸沿程水面线

图 4-28　四级流量下沿程水位验证结果

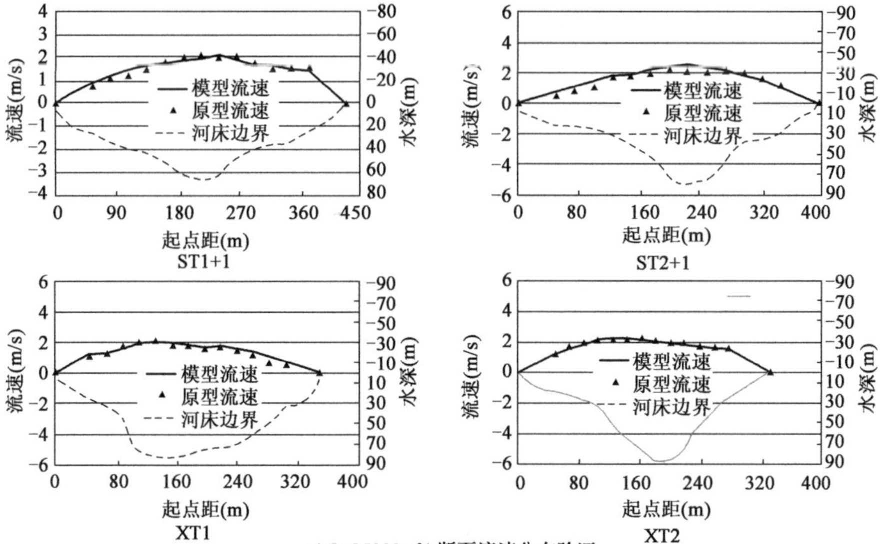

a)Q=25000m³/s断面流速分布验证

图　4-29

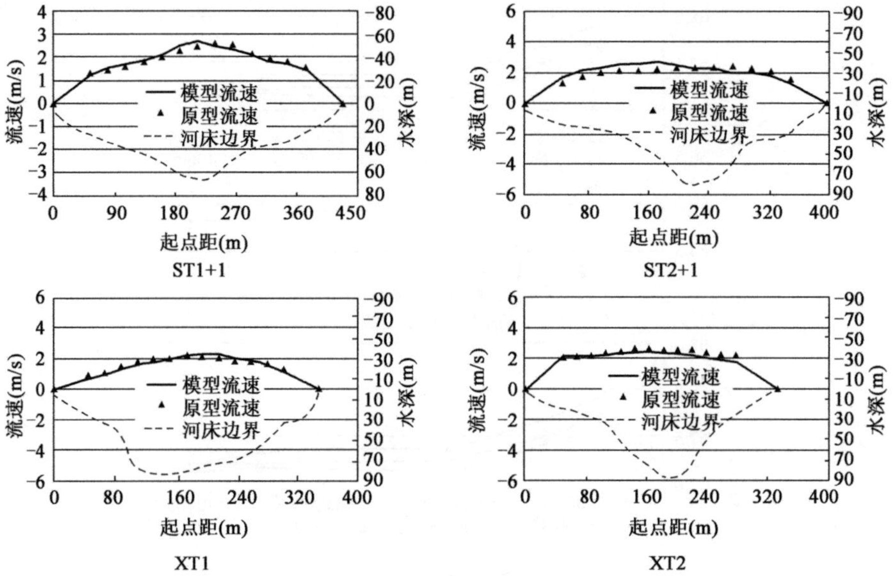

b)Q=30000m³/s断面流速分布验证

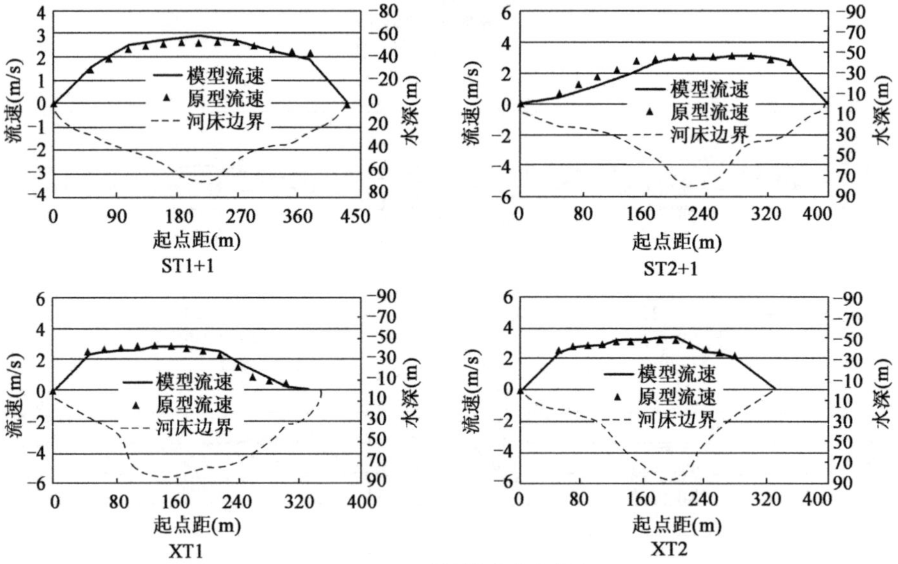

c)Q=35000m³/s断面流速分布验证

图 4-29

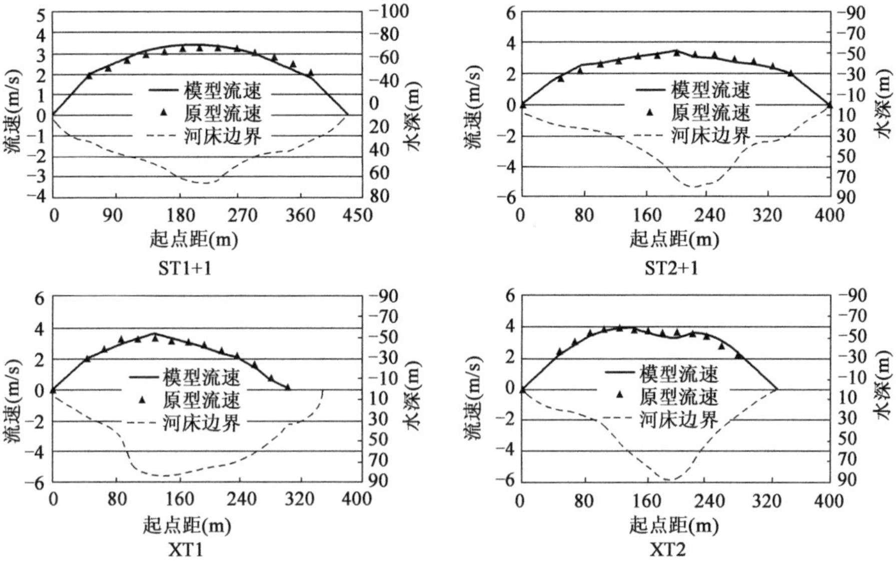

d)Q=40000m³/s断面流速分布验证

图 4-29　四级流量下断面流速分布验证结果

选择 ST1 断面和 XT1 断面，进行各级流量下的流量闭合验证，验证结果见表 4-6。

模型、原型流量闭合验证结果(单位：m³/s)　　表 4-6

断面	原型	模型	Δ(%)	断面	原型	模型	Δ(%)
ST1	25000	24860	-0.56	XT1	25000	24753	-0.99
ST1	30000	30611	2.04	XT1	30000	30549	1.83
ST1	35000	34564	-1.25	XT1	35000	34733	-0.76
ST1	40000	40890	2.23	XT1	40000	40647	1.62

综上水位及流速分布、流向线分布验证试验结果，河道左、右岸模型水面线与天然水面线基本吻合，水位误差均在 ±0.1m 内；断面流速分布趋势与原型一致，典型断面的流量闭合差均为超过 ±5% 的允许偏差要求。

(2)遥控自航船舶模型概况

①船型选取。

经调研发现，近年来两坝间船队数量逐年减少，主要运输方式以单船为主。其中客运船舶和拖船占比很小，货运船驳从运量及艘次上来看以货船、集装箱船为主，货船的平均运量在 1500 ~ 2000t/艘次，集装箱船的平均运量在 2000 ~

2500t/艘次。

根据交通运输部颁布的《川江和三峡库区运输船舶标准船型主尺度系列》(2010 年修订版),结合长江干线航道航行船舶的实际情况以及调研和有关研究成果,以现行船型、发展船型以及规划船型为本试验的研究对象,模型选取 1500 吨级干散货船和 300TEU 集装箱船(相当于 2500 吨级)作为代表船型进行试验。

②船舶模型设计与制作。

船模设计:船模作为实船在水中运动,其运动过程是一个力学过程,应该满足一定的相似条件。《通航建筑物水力学模拟技术规程》(JTJ/T 235—2003,以下简称《规程》)规定,用于通航水流条件试验的船模,应该满足几何相似和重力相似条件。对于满足几何相似条件的船模,其几何尺度、形状、吃水和排量都应与实船相似;对于满足重力相似条件的船模,其运动速度及时间也应该与实船相似。

船模比尺应该与水工模型的几何比尺一致,均为 1∶100,根据量纲关系推球各个物理量之间的比尺见表 4-7。

船模比尺关系汇总表　　表 4-7

船模比尺	关系式
吃水比尺	$\lambda_T = \lambda_L$
排水量比尺	$\lambda_\nabla = \lambda_L^3$
速度比尺	$\lambda_V = \lambda_L^{\frac{1}{2}}$
时间比尺	$\lambda_t = \lambda_L^{\frac{1}{2}}$

船舶制作:主要依据船舶线形图,桨叶图,舵叶图按照 1∶100 的几何比尺进行加工,对于船体水线以下部分尺寸需严格控制其加工精度,水线以上结构则可适当简化,以便减轻重力。

根据代表船型的实际航行资料,最大静水航速约为 4.2m/s,结合试验及船模配重要求,设计船型的试验航速分别设定为 3.0m/s、3.5m/s、4.0m/s、4.5m/s(静水航速,已换算成原型)。船模的航速率定按照《规程》要求,在无风静水中进行,在保证船模直航稳定(航行过程中压舵小于 3°)的前提下,调整螺旋桨的转速,使船模的航速达到设定值。

③船舶模型率定。

船舶试验前,需要对船模的静水性能和运动性能进行校准使其满足试验要求。

内河船舶的静水性能主要是指船舶在静水中的吃水、排水量、浮态及重心位置。船体制作完工后，进行配载试验，在船舶模型船首、船中、船艉位置标刻上响应的吃水深度，按排水量称重配载，在专用水槽中调整配载位置，满足船舶模型的前、中、后吃水深度，从而使船模与实船在静水中的排水量、吃水及平面重心位置达到相似要求。

内河船舶的运动操纵性能主要是指其在航行过程中的操纵性能。船模操纵性能是指船舶受驾驶者的操纵而保持或改变其运动状态的性能，反映了船舶航行过程中的航向稳定性以及避免碰撞时的机动性。船舶在航行过程中，为了尽快达到目的和减少燃料消耗，驾驶员总是力求船舶以一定的航速沿直线航行，而当预定航线上发现其他船只或障碍物时，为避免碰撞，驾驶员需要使船舶改变航速或航向。

因此，在进行通航水流条件试验时，船模与实船的运动操纵性是否相似就显得非常重要。根据国内船模试验资料，尽管船模已经做到了外形的几何相似、排水量相似以及直线静水航速相似。但从目前的船模试验资料看，1∶50～1∶100比例的船模均会因缩尺而产生操作性尺度效应，造成船模与实船的操纵性能不相似，需要进行修正。由于没有试验船型的实船操作性试验资料，因此按类似船型和比尺船模的试验结果，采用减小舵面积的方法来修正其尺度效应的影响。

通过率定和调整，最终使船舶模型满足《规程》的要求。

④船舶航行参数判别指标。

船舶在航行过程中，其航行状态的好坏取决于水流条件与船舶本身的动力特性及其操纵性能的优劣。在一定的水流条件下，船舶的航行状态一般由船舶的航行轨迹带宽、舵角、航向角、漂角、对岸航速等航行参数来反映。但如何通过船舶航行参数来判别航行状态的优劣，目前还没有相应的行业准则。

船舶或船队在主航道航行时，一般用上行对岸航速不小于某一限值来评价其航道条件优劣，不同的航道对应有不同的限值标准。船舶航行于两坝间航段涉及通航安全技术要素较多，但主要是船舶在上行过程中，保持不低于具有强制性要求的最低安全航速航行（见交通部(91)交安监字781号发布的《长江干线水上交通安全管理若干办法》，以下简称《办法》），以保证自身安全和不危及其他船舶安全。《办法》中规定：

上行时，航速每小时不得低于4km，即1.11m/s；下行时，宜昌以上水域，当重庆羊角滩水位2m以下时，每小时小低于8km，重庆羊角滩水位2～7m时，每小时不低于12km，重庆羊角滩水位7m以上时，每小时不低于14km。

船舶航经港区、船舶密集区以及其他需要减速的水域应当减速，并对船舶通过水域时的最高航速(除高速船艇外)作以下限制:洪水期宜昌至重庆下行每小时不得超过38km,上行每小时不得超过20km;枯水期宜昌至重庆下行每小时不得超过35km,上行每小时不得超过20km。

⑤船舶上滩能力的确定。

船舶或船队在逆水上行时,由于水面比降的存在,既要克服与航向相反的重力分量,即比降阻力,又要克服水流对船舶的摩擦阻力,即水流阻力。两种阻力之和即为航行阻力。船舶航行至急滩时,当自身的有效推力大于航行阻力时,船舶可自航上滩。

根据已有经验,川江船舶推力和航行阻力可按下式估算:

有效推力:

$$T_0 = \frac{e \cdot 75H_p}{V_s} \tag{4-1}$$

$$V_s = V_f + U_\omega$$

式中:T_0——机动船有效推力,kg;

H_p——主机总功率,马力;

e——有效推力系数;

V_s——船水相对速度;

V_f——水流表面流速;

U_ω——对岸航速。

比降阻力:

$$R_j = \beta_1 WJ \tag{4-2}$$

式中:W——船舶排水量;

J——船长范围内的水面比降;

β_1——比降修正系数。

对于机动船水流阻力:

$$R_{v1} = f\Omega V_1^{1.83} + \xi_1 \delta A_m V_1^{1.7+4F_r} \tag{4-3}$$

式中:f——摩阻系数;

V_1——修正后的水流对船舶的相对速度,$V_1 = \eta V_s$;

Ω——船舶浸水面积,$\Omega = L(C_1 T + \delta B)$;

A_m——船舶浸水部分舯剖面面积,$A_m = \beta BT$;

ξ_1——机动船剩余阻力系数,$\xi_1 = \dfrac{17.7\delta^{2.5}}{\left(\dfrac{L}{6B}\right)^3 + 2}$;

F_r——船舶弗氏数，$F_r = \frac{V_1}{\sqrt{gL}}$。

航行阻力：

$$R = R_j + \sigma R_{V1} \tag{4-4}$$

由公式可以看出，当航线内流速增大时，船舶的有效推力减小，水面比降增大时，航行阻力增大。

(3)原型观测和实船试验

由于莲沱河段的通航控制条件为汛期流量，为掌握相应的水位、地形等基础资料以及汛期水流条件对不同类型船舶、船队航行操纵的影响，在两坝间开展了原型观测和实船试验。原型观测主要包括水文观测、地形观测。实船试验主要包括航迹线测定、操纵性能测定、航速测定以及横倾测定等内容。

①水文观测。

汛期流量 25000m³/s、30000m³/s、35000m³/s、40000m³/s、45000m³/s 情况下，开展水位、流量、流速等水文要素的观测。

水位采集主要依据两坝间自测自报水位系统，每隔 5min 记录一次水位观测值。断面流速测量采用走航式 ADCP，每个测流断面布置 8 条垂线，各垂线在水深大于 5m 时以 6 点法提取流速、流向，当垂线水深小于 5m 时，以三点法提取测点流速、流向。表面流速流向采用专用浮标和 GPS 进行测量，实现测线上流速、流向数据的自动采集。

②地形观测。

采用动态船载三维激光扫描、无人测船水下测量系统、多波束扫测系统、水下无纸一体化测深系统等技术手段，对研究河段地形进行测量。

③实船试验。

为掌握两坝间莲沱河段汛期水流条件对不同类型船舶和船队航行操纵的影响，开展了 25000m³/s、30000m³/s、35000m³/s、40000m³/s、45000m³/s，共计 5 级流量下 19 艘次船舶的实船航行试验。试验选择的船舶种类基本覆盖了两坝间通航船舶的种类，试验期间成立试验指挥部和驾引小组，对参试船舶进行全程驾引技术和方法的指导，观测内容如下：

航迹线测定，采用测向 GPS 和定位 GPS 结合进行。

操纵性能测定，主要同步测量船舶航向变化和操舵情况，航向角和舵角的测量，分别采用侧向 GPS、舵角传感器的动态输出信号，利用数据采集仪连续记录并存储到计算机中。

航速的测定，直接采用 GPS 测量船舶或船队在不同试验环境中的航行速度，记录总历时。

横倾观测，采用倾角传感器，其随船舶运动变化动态输出信号，利用数据采集仪连续记录并储存到计算机中。

除此之外，为摸清船舶实际运行过程中的真实数据，还采用了不影响船舶正常运行的随船测试方法采集船舶的航行轨迹和航态数据。其中，船舶航行轨迹采用 AIS 或 GPS 系统，记录上、下行试验船舶在两坝间航行的轨迹，船舶航态采用摄像和传感器记录等方式，记录上下行试验船舶在通过莲沱河段时的操舵、航速、主机工况和船舶侧倾变化。

4.2.2.3　存在的问题

(1)原型观测反映的问题

当流量为 35000 ~ 45000m^3/s 时，莲沱河段水面比降小于 0.2‰，在莲沱河段出口的位置，即喜滩附近，水面比降均超过 0.2‰，45000m^3/s 时可达 0.29‰。当流量为 25000m^3/s 时，莲沱河段水田角主流流速超过 2.5m/s，随着流量的增大流速进一步增大，当流量超过 40000m^3/s 后，莲沱河段内主流最大流速超过 4m/s，明显大于上、下游河段。过大的流速与比降组合给过往船舶的上滩造成了较大影响，根据船舶上滩能力计算公式，当船舶对岸航速取 1.11m/s 时，计算出 Q = 25000 ~ 45000m^3/s 各级流量下水田角段以及狮子脑—丁头镇横驶段船舶有效推力和航行阻力变化，见表 4-8、表 4-9。

代表船型上滩能力对比(水田角)　　表 4-8

1500t 干散货船			300TEU 集装箱船		
流量(m^3/s)	工程前		流量(m^3/s)	工程前	
25000	有效推力(t)	6.5	25000	有效推力(t)	17.1
	航行阻力(t)	3.1		航行阻力(t)	6.7
30000	有效推力(t)	5.4	30000	有效推力(t)	14.3
	航行阻力(t)	4.5		航行阻力(t)	9.4
35000	有效推力(t)	5	35000	有效推力(t)	13
	航行阻力(t)	5.5		航行阻力(t)	11.1
40000	有效推力(t)	4.4	40000	有效推力(t)	11.7
	航行阻力(t)	6.8		航行阻力(t)	14.3
45000	有效推力(t)	4.2	45000	有效推力(t)	11
	航行阻力(t)	8.2		航行阻力(t)	17.3

代表船型上滩能力对比(横驶区) 表4-9

1500t 干散货船			300TEU 集装箱船		
流量(m^3/s)	工程前		流量(m^3/s)	工程前	
25000	有效推力(t)	6.3	25000	有效推力(t)	16.7
	航行阻力(t)	2.4		航行阻力(t)	4.7
30000	有效推力(t)	6.2	30000	有效推力(t)	16.4
	航行阻力(t)	2.8		航行阻力(t)	5.6
35000	有效推力(t)	5.6	35000	有效推力(t)	14.6
	航行阻力(t)	3.3		航行阻力(t)	6.6
40000	有效推力(t)	5.0	40000	有效推力(t)	13.0
	航行阻力(t)	4.1		航行阻力(t)	8.2
45000	有效推力(t)	4.7	45000	有效推力(t)	12.2
	航行阻力(t)	4.6		航行阻力(t)	9.9

从表4-8可知,在水田角处,对于1500t干散货船,$Q \geqslant 35000m^3/s$时,船驳有效推力已经小于航行阻力,船舶不能按照经济航速自行上滩。对于300TEU集装箱船,$Q = 35000m^3/s$时,船舶有效推力略大于航行阻力,船舶可自行上滩;$Q \geqslant 40000m^3/s$时,船舶有效推力已经小于航行阻力,船舶无法按照经济航速自行上滩。

表4-9横驶区上滩能力表明,对于1500t单船,$Q = 45000m^3/s$时,下航行阻力与有效推力相当,可能不能以经济航速上滩,其他工况下代表船型有效推力均大于航行阻力,船舶能够安全过河。

流态方面,由于莲沱河段狭窄,汛期随着流量的增加,过流面积的增幅明显小于流量增幅,比降、流速随之迅速增加,再加上局部河势变化,急流边界处的大流速梯度容易产生剧烈的泡水、漩水等恶劣流态。

(2)模型试验反映的问题

从沿程最大流速来看,最大流速受过水面积及河道断面地形影响很大:滩口丁头镇—水田角一线流速最大,弯道内出莲沱沱心后最大流速急剧减小,出弯道后流速逐渐增加。莲沱弯道段由于深泓陡降,高速水流下潜,与河底陡峭岸壁碰撞,在主流和回流的交界处产生成串强烈的泡水、漩水(图4-30),沿回流边缘顺流而下。右侧强度较小,左侧形成恶劣的碍航流带,同时深潭以下河心时有较强泡水产生。

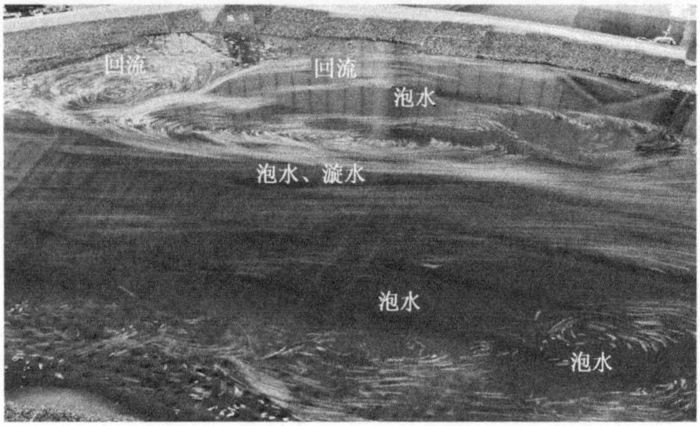

图 4-30　模型中滩口以下的不良流态(30000m³/s)

遥控自航船模试验反映的水流条件,船舶在莲沱河段航行,上水船舶沿右岸缓流区上行至狮子脑后,横驶至左岸丁头镇;下水船舶沿河心主流航行,下行至莲沱弯道段时需避开弯道左岸的回流区。该河段船舶航行比较困难的水域在上水航线的滩口出口处。由于滩口出口处水流流速大,且船舶需在此处转弯,因此船舶在转弯前需要调整好航向,即尽量减小船位与水流的夹角,增大航迹线的曲率半径,沿水田角下游回流区边缘(回流与主流交界处)上行。试验结果表明,当船舶靠近左岸(穿越回流区)上行至水田角突嘴时,船舶很容易被水流冲至河心。

从上水船舶对岸航速沿程变化看,水田角—狮子脑的对岸航速最小,以对岸航速 4km/h 为判别标准,1500t 级干散货船通过莲沱河段的上限流量为 $35000m^3/s$,300TEU 集装箱船通过莲沱河段的上限流量为 $40000m^3/s$。当流量达 $45000m^3/s$ 时,代表船型均不能通过莲沱河段。

(3)非恒定流的影响

汛期两坝间非恒定流产生的根源,主要在于三峡枢纽泄洪和电站调峰以及葛洲坝枢纽的反调节。原型观测三峡枢纽下泄流量为 $4000 \sim 45000m^3/s$ 的工况表明,每年汛期 7 ~ 9 月,两坝间各滩段的水位日变幅尤为突出,水位最大日变幅在 2.7 ~ 2.9m,最大时变幅范围在 0.8 ~ 1.2m。由于非恒定流波峰和波谷的存在,对滩段水面比降产生影响。

通过数值模拟相同流量变化过程下,断面流速平均增幅则相对较小,对于坝下水深较大的断面,流速平均增幅小于 0.1m/s,最大流速平均增幅可达 0.29m/s。相比于汛期断面流速绝对值来讲,由非恒定流引起的流速变化十分有限。葛洲坝反调节对处于两坝间河段上游的莲沱段来讲，影响微弱。

因此可以断定，非恒定流主要通过造成水位变化引起水面比降的变化，从而影响碍航滩段的通航水流条件，主要集中在对船舶上滩能力的影响。通过统计和计算汛期各流量级，莲沱滩段在非恒定流影响下的航道流速、水面比降和上滩能力。结果表明，当流量在40000m^3/s及以下时，设计航速为18km/h的上水航行船舶通过莲沱时仍具有正的对岸航速，但超过40000m^3/s流量后，大吨位船舶（16.2m船宽和19.2m船宽）满载上水航行时有一定风险。

综合以上原型观测与模型、船模试验结果，莲沱河段存在的碍航问题主要表现为以下几点：

（1）滩口上水航线流速急

30000m^3/s流量及以上时，右岸上水航线最大流速在3.5m/s以上。主要原因是晒经坪上段河势微弯，梳子溪—晒经坪段河床断面收缩幅度较大，右岸为略凸向河心的弧线，水流表现为左缓右急的态势，主流在右岸上水航行区域集中，流速急，比降大，造成船舶上行困难。当流量大于40000m^3/s时，需要适当考虑非恒定流带来的影响。

（2）滩段下水航线流态险恶

莲沱河段平面微弯，滩口以下河道两侧放宽。在放宽处，主流偏离河岸，形成两岸大范围回流。口下有深潭，高速水流下潜，在主流和回流的交界区产生强烈泡水、漩水。流量愈大，峡口流速愈高，泡水、漩水愈强烈。

两侧回流内泡水丛生，水面如沸，主流、回流交界带漩水密布，泡水阵发，漩水随纵向水流逐渐向下游移动，移动过程中逐渐发育、壮大、增强，而后又逐渐衰弱、消失。碍航副流周围水域的水流极不稳定，流向散乱。泡漩水时大时小，位置不固定，波及范围达几十米。

当船舶行经泡水区，若是单船，泡水可能把船推向一边，偏离航线或因船底受力不一致，造成歪倾、旋转、甚至倾覆；若是船队，则导致驳船间相互倾轧和撞击，以致断缆、散队、倾覆。

泡水有滞流作用，使其上游纵向流速减小，甚至形成回流区；漩水中心凹陷，有很强的向下吸力（负压），周围水体流向凹陷。当船舶误入漩水区，便丢去自控能力，或者被漩水吸入河底，或者被漩水推至乱礁或岸边撞坏、撞翻。

当船舶上航时，沿急流和缓流边沿上行，稍有不慎，就有可能头部进入急流区，而尾部在漩水区，船舶操纵失灵，船舶倾侧上浪，或船头在急流区下移倒转，形成“打张”而沉没；当下行船驾驶不慎，船头进入漩水区前进受阻，船尾在急流区受冲，船体打横，发生倾覆，或船头冲向岸礁区，形成“打戗”，发生海事。

4.2.2.4 改善措施及效果

分析可知，导致莲沱河段两岸恶劣碍航流态（主要为左岸）的因素主要包括：河道平面形态影响（收缩、放宽、弯道）；纵剖面地形陡升陡降的变化特点；下游左岸岸壁陡峻，且和收缩河段的主流向呈一定的斜向交角；下游左岸陡峻的岸壁距离收缩断面很近。

（1）改善措施

针对上述影响因素，莲沱河段的航道整治原则确定为：上扩下抬，统筹兼顾。上段，扩大过水面积，减小急流段流速。下段，增大缓回流区的流速，压制底部上升水流；改善水下河床形态，扩宽流核宽度，减小纵向流速，从而达到改善流态的作用。

具体措施为：对于莲沱滩口水田角急流整治应采取扩大过水断面的工程措施，可以采取单独炸扩左岸、单独炸扩右岸或左右岸都炸扩。经过试验比选认为，炸扩右岸对滩口断面流速分布改善效果稍弱，同时右岸与左岸相比，岸坡较陡，流速更急，施工存在更大难度。而炸扩左岸，能够有效地降低右岸侧水田角上水航线的流速，改善滩口段断面流速分布，对于下游的险情整治有利，同时降低河段下水航线最大流速。因此，采取炸扩左岸的工程措施。对于改善莲沱弯道不良流态可采取抛填工程措施来改变河床断面形态，减小水流与岸壁的相互作用，抛填范围和高程等工程参数可通过模型试验确定。

最终的改善措施工程方案布置图如图4-31所示，其中左岸炸低水下岸坡，炸礁底高程30.0m，近岸侧边坡1∶0.5。深沱左侧抛填成缓坡。

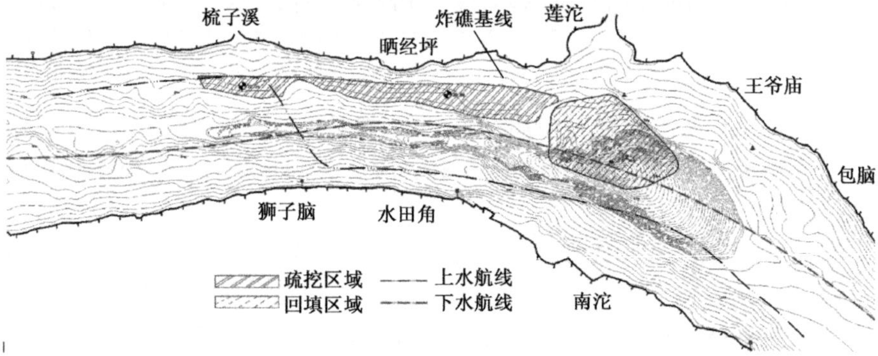

图4-31 改善措施工程布置图

（2）改善效果

根据2006～2012年两坝间水情资料，三峡下泄流量在4210～47300m^3/s，葛洲坝控制水位在63.03～66.48m。改善措施的工程效果需考虑葛洲坝坝前水位的影响。当葛洲坝坝前水位为63m时：

①流态变化。

35000m^3/s流量下工程后流态与工程前相比，左侧莲沱溪口处没有明显回流、漩水，形成缓流区，溪口以下碍航流带的位置向左侧压缩，并且漩水、泡水强度减弱。左侧回流宽度为210m，较工程前减小40m，回流最大流速为1.41m/s，回流强度有所减小，回流主流位置下移了约210m，主流贴近王爷庙河段岸边，回流内泡水频率与工程前相比明显降低，泡强减弱。右侧回流宽度为170m，回流最大流速0.99m/s，回流位置与主流区与工程前相比变化不大。工程后两岸回流压缩，主流带展宽为220m，与工程前相比增加50m(图4-32)。

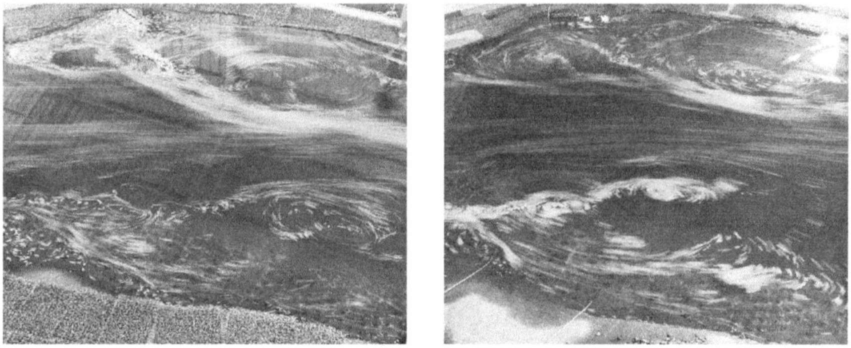

a)改善前流态　　b)改善后流态

图4-32　35000m^3/s流量下改善前后流态对比

②流速变化。

整体上看，工程后整治河段沿程最大流速滩口及弯道深沱段呈明显减小趋势，滩口段流速减小幅度比弯道段要大。滩口最大流速位置基本在晒经坪—水田角一线。25000～45000m^3/s流量下，流速减小幅度在0.1～0.3m/s，$Q=35000$m^3/s流量下滩口上水航线陡比降大幅降低，流速显著减小，流速均不超过3.0m/s。同时，3.0m/s以上的急流带明显减小，上水航路水域宽度明显增加，有效改善船舶上水航行水流条件。改善后各级流量下流场分布图见图4-33，改善前后航道内沿程最大流速对比见图4-34。

③上滩能力计算与船模试验结果。

各代表船型根据改善措施实施后航线水流比降和流速的变化计算船舶上滩能力。结果表明水田角处，对于1000t级单船：静水航速5m/s(18km/h)时，45000m^3/s以下可通航；静水航速4.4m/s(16km/h)时，40000m^3/s时可通航，42500m^3/s时成滩；静水航速3.9m/s(14km/h)时，35000m^3/s时可通航，37500m^3/s时成滩。

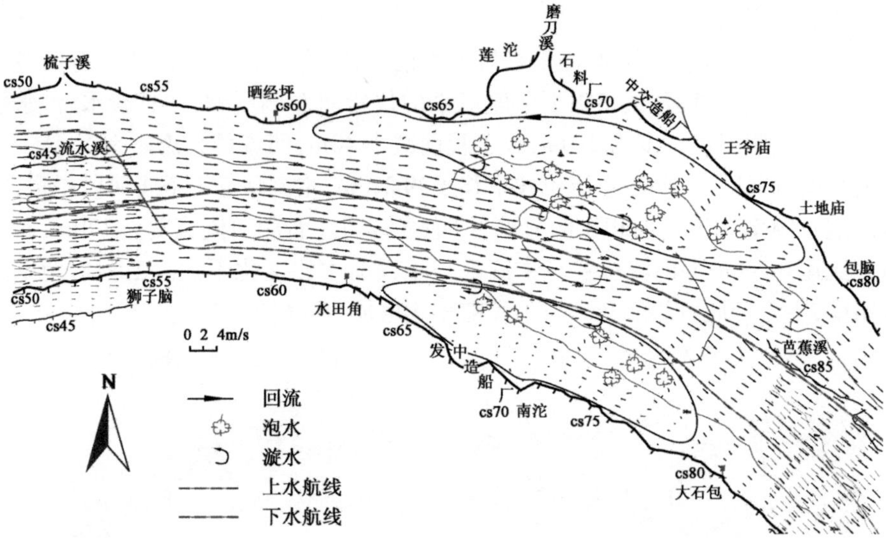

a)Q=25000m³/s流场

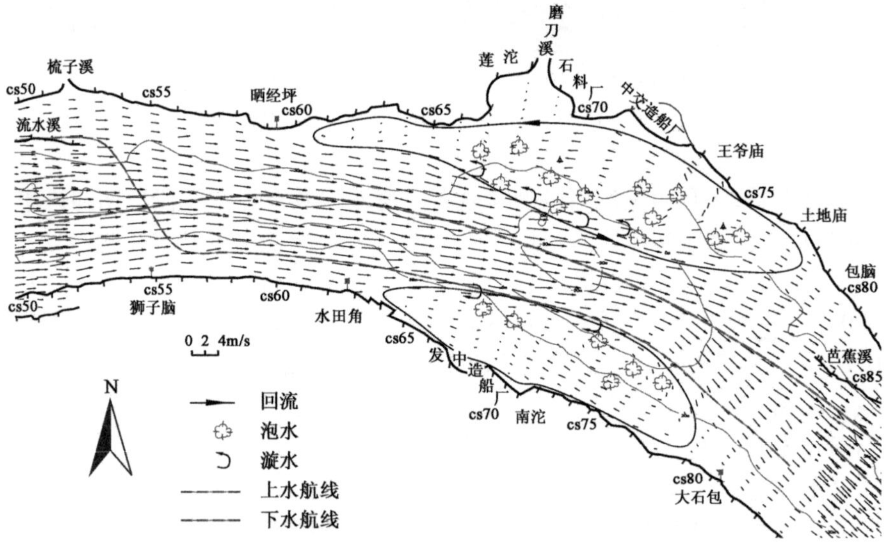

b)Q=30000m³/s流场

图 4-33

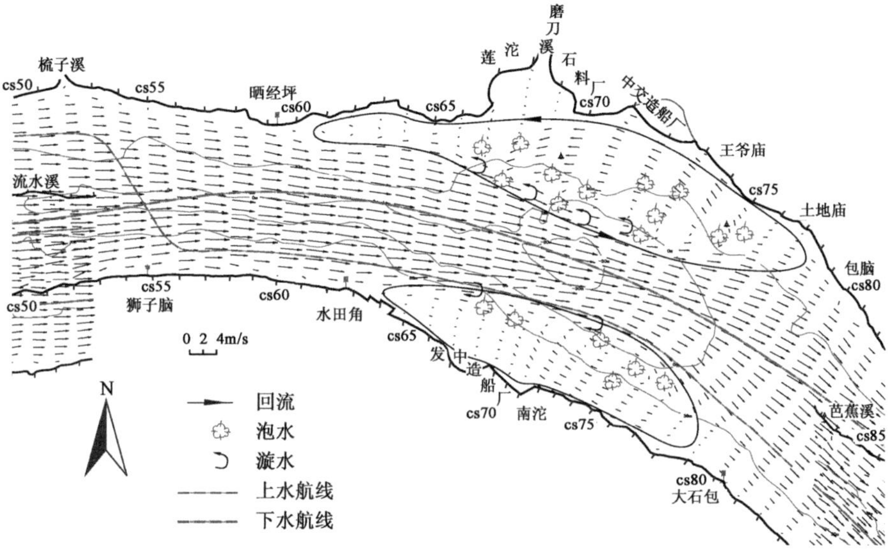

c)Q=35000m³/s流场

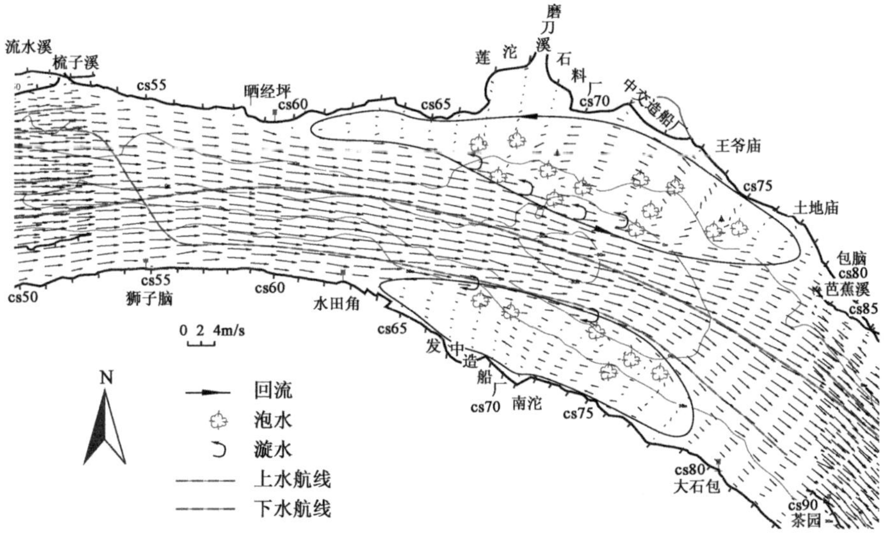

d)Q=40000m³/s流场

图 4-33

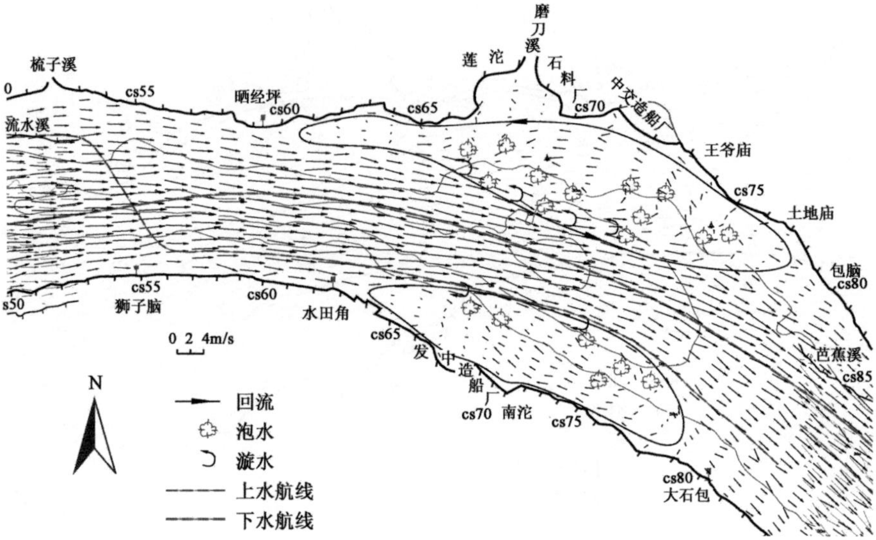

e)Q=45000m³/s流场

图 4-33　改善后各级流量流场分布情况

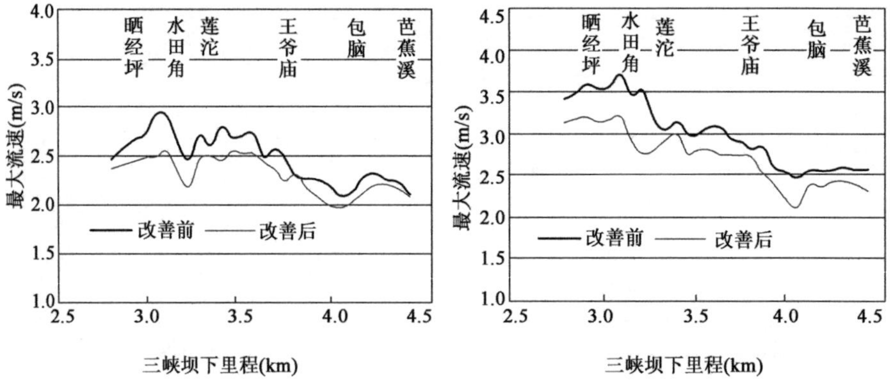

a)25000m³/s　　b)30000m³/s

图　4-34

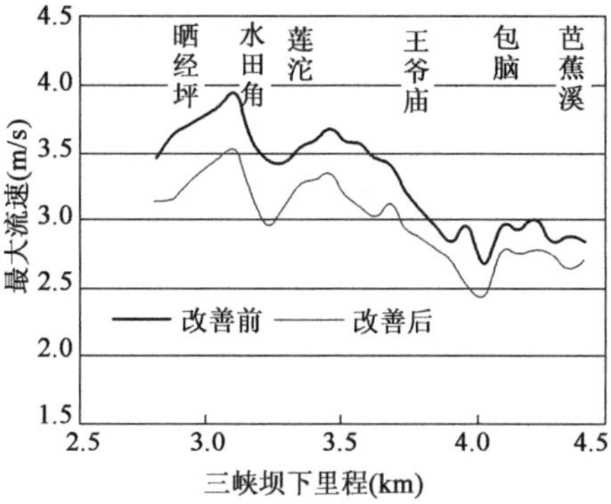

c)35000m³/s

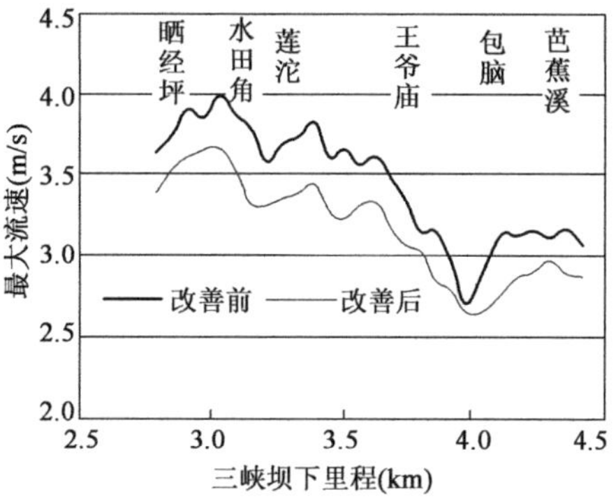

d)40000m³/s

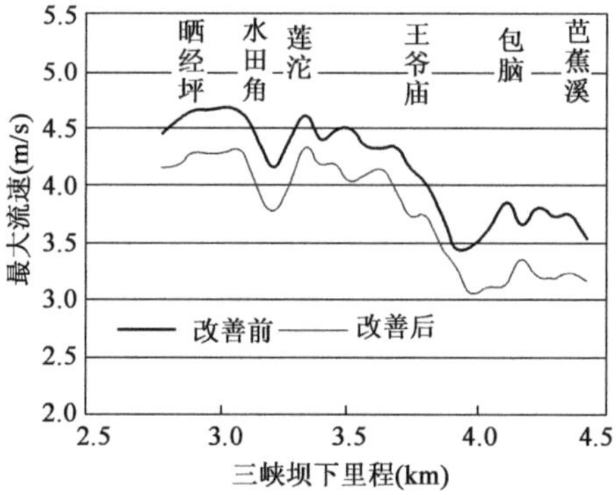

e)45000m³/s

图4-34 改善前后各级流量航道内沿程最大流速对比

对于1500t级单船：静水航速5m/s(18km/h)时，42500m³/s时可通航，45000m³/s时成滩；静水航速4.4m/s(16km/h)时，37500m³/s时可通航，40000m³/s时成滩；静水航速3.9m/s(14km/h)时，30000m³/s时可通航，35000m³/s时成滩。

对于3000t级单船：静水航速5m/s(18km/h)时，42500m³/s时可通航，45000m³/s时成滩；静水航速4.4m/s(16km/h)时，37500m³/s时可通航，40000m³/s时成滩；静水航速3.9m/s(14km/h)时，30000m³/s时可通航，35000m³/s时成滩。

模型进行了7个试验流量级下的代表船型不同航速船模试验。船模试验各代表船型三种静水航速下均能安全下行。上行时由于水流条件较工程前有了明显改善，航行参数较工程前略有好转，但航行方式及航迹线与工程前相比变化不大。各流量级下代表船型的对岸航速均有提高，1500t级干散货船通过莲沱河段的上限流量由工程前的30000m³/s提高到40000m³/s，300TEU集装箱船通过莲沱河段的上限流量由工程前的 40000m^3/s 提高到 45000m^3/s，自行上滩上限流量统计见表 4-10。

代表船型各静水航速自行上滩上限流量　　表 4-10

船　型	静水航速	航线最小对岸航速(m/s)	流量(m^3/s)
1000t	3.9m/s(14km/h)	1.18	35000
		0.89	37500
	4.4m/s(16km/h)	1.21	37500
		0.9	40000
	5.0m/s(18km/h)	1.36	40000
		0.98	42500
1500t	3.9m/s(14km/h)	1.15	35000
		0.79	37500
	4.4m/s(16km/h)	1.13	37500
		0.91	40000
	5.0m/s(18km/h)	1.19	40000
		0.82	42500
3000t	3.9m/s(14km/h)	1.17	35000
		0.85	37500
	4.4m/s(16km/h)	1.2	37500
		0.93	40000
	5.0m/s(18km/h)	1.18	40000
		0.96	42500

当葛洲坝坝前水位为 65m 时，各级流量的流场分布、流态、水位、比降、断面流速等与葛洲坝坝前水位 63m 下的规律是一致的，坝前 63m 水位下主流流速较坝前水位 65m 下稍有增大，平均增幅在 0.1～0.3m/s。船模试验各代表船型三种静水航速下均能安全下行，上行时碍航滩段及碍航特性与葛洲坝坝前水位 65m 下一致。上滩能力分析与船模试验结论基本一致。

4.3　梯级枢纽水流条件改善小结

在梯级枢纽的工程背景下进行船闸扩能升级和改建，所涉及的通航水流条件问题，除口门区、引航道等共性部位，以及枢纽泄流和电站日调节、水库库尾淤积等诱因外，往往还具有其特殊性，如未完全衔接梯级之间的脱水段、梯级枢纽间条件较为恶劣的航道。因船闸扩能升级后通常会引起航道等级与通航船舶等级的提高，因而梯级枢纽间脱水段与通航水流条件较为恶劣的航道整治均为船闸扩能升级工程中必须面对的。

（1）枢纽间脱水段水深不足的问题

脱水段在我们中西部地区河流上比较常见，多为开发建设初期未从全局着眼规划，甚至没有考虑河流的航运功能以及后续与干流高等级航道网的连接。脱水段通航水流条件的问题主要表现为水深不足，视边界条件的不同伴随有急流滩和险滩，从目前已有工程实践来看，梯级枢纽脱水段的整治多采用长距离开挖航道至下游枢纽死水位的方案，以满足通航水深的要求。本文所选用的工程实例则从另外的角度出发，探索了壅水明渠在脱水段航道通航水流条件整治中的工程效果。从模型试验结果来看，壅水明渠是一种有效手段，但需重点考虑几个问题，比如明渠顶高程和渠道纵坡的确定，明渠边坡底宽与航道宽度，电站尾水流路与明渠入口的关系，壅水明渠与其他整治建筑物相互配合等。

（2）枢纽间碍航滩段的整治

长江三峡枢纽与下游葛洲坝枢纽之间的两坝间河段，水位完全衔接，存在的问题主要是位于莲沱河段的水田角及下游喜滩、大沙坝、偏脑以及石牌弯段，即通常所说的“四滩一弯”。本节中所选的莲沱河段，在汛期中小洪水成滩，主要表现为急、险滩碍航，通过扩挖左岸和填潭等工程措施，对通航水流条件起到较好的改善效果，往来船舶的最大通航流量也有所提高。枢纽间航道整治，与常规航道整治的区别在于，还需要考虑上游枢纽日调节产生的非恒定流，以及下游枢纽不同坝前水位对碍航滩段的影响。因此，本节案例中，莲沱河段的航道整治，分别对汛期下游葛洲坝坝前高水位 65m 和低水位 63m 进行了水流、船模试验，在非恒定流的考虑中，主要关注了由水面波动造成的比降变化对上水航行船舶的影响。

（3）枢纽间脱水段碍航滩段的整治

工程实践中也会遇到上述两种问题兼而有之的情况，比如在广西西江大藤峡枢纽和长洲枢纽之间，存在未能被长洲枢纽回水淹没的 12km 脱水段，在此脱水段内自上而下分布有飞凤角、鹅蛋滩、铜鼓滩、羊栏滩四个滩段，碍航特性各异且呈现多滩相连的特征。由于河段礁石众多，岸线不规则，再加上羊栏滩段有支流入汇，水流条件十分复杂，该段航道的碍航特征可以总结为：枯水水浅航深不足，中枯水期流态紊乱，形成大片回流，形成险滩碍航，中、洪水期因河道狭窄，坡陡流急，形成急滩碍航。综上所述，该段航道的碍航问题属于具有急、险碍航和水深不足的复合型问题,其整治方案的拟定需要统筹考虑,4.2.1 小节中提到的壅水明渠整治方案能否适用需要通过试验研究进一步论证。

本章参考文献

[1] 张铭,胡亚安,等. 基于航电一体化的梯级枢纽运行模式优化[J]. 水运工程,2016(12):113-120.

[2] 易兴华,刘大明,等. 葛洲坝双线船闸的泄水布置及其不稳定流的问题[J]. 长江科学院院报,1988(4):1-5.

[3] 牛兰花,张小峰,李云中. 三峡电站调峰试验两坝间非恒定流原型观测分析[J]. 人民长江,2006,(12):24-27.

[4] 舒荣龙,周小平,杜宗伟. 三峡—葛洲坝两坝间河段通航技术研究[J]. 水运工程,2005,(3):62-65.

[5] 乐培九,王永成. 电站日调节泄流对下游航运影响及其防治措施[J]. 水道港口,2004,(25):52-58.

[6] 刘丽娟. 电站非恒定流对下游航道影响的研究[D]. 成都:四川大学,2004(5).

[7] 吴建国,顾绍峰. 利用长期气象预报资料进行水库优化调度[J]. 人民长江,2002, (3):23-27.

[8] 曾军干,熊信良. 梯级水电站水库优化调度研究[J]. 广东水利水电,2000,(12):33-36.

[9] 王金文,石琦,伍永刚,等. 水电系统长期发电优化调度模型及其求解[J]. 电力系统自动化,2002,26(24):22-26.

[10] 罗予如. 梯级水电厂群短期经济运行的探讨[J]. 水力发电,2000,26(2):57、58.

[11] 杨侃,陈雷. 梯级水电站群调度多目标网络分析模型[J]. 水利水电科技进展,1998,18(3):35-39.

[12] 袁美琦,陈凤云. 三峡水库变动回水区上段卵石浅滩整治的研究[J]. 水道港口,1990(1):19-26.

[13] 杨胜发,方铎. 三峡水库变动回水区河道推移质输移特性研究[J]. 水利水电技术,2003,23(2):16-21.

[14] 陈建,李义天. 蓄水方案改变对三峡水库变动回水区航道的影响[J]. 科学技术与工程,2008(17):4917-4924.

[15] 陈贤祎,张绪进. 三峡水库变动回水区重庆河段航道整治[J]. 中国水运,

2008(12):40-41.

[16] 傅华,王士毅,杨云云.三峡工程变动回水区蚕背梁航道整治[J],人民长江,2006(4):77-78.

[17] 罗宏.三峡库区铜锣峡河段航道整治方案研究[J].水运工程,2010(5):111-115.

[18] 曹民雄,张定安,蔡国正.山区冲击性河流变动回水区航道整治技术研究[J].水运工程,2007(1):66-69.

[19] 王常红,程小兵,李旺生,等.南盘江燕子石—甲完恩滩段航道治理[J].水运工程,2018(5):132-137.

[20] 黎国森,刘俊涛.郁江口及羊栏滩汇流段船舶对会条件改善措施研究[J].水道港口,2009,32(2):119-122.

[21] 普晓刚.已建碍航连续梯级枢纽通航条件改善措施研究[D].天津:天津大学,2011.

[22] 张俊,刘小云,任华强,等.白市枢纽坝下脱水段设计水位的探讨[J].智慧城市,2018(18):3-5.

[23] 李发政,袁梅.三峡电站汛期调峰对通航影响的研究[J].长江科学院院报,2002,19(5):10-12.

[24] 赵连白.三峡蓄水运用对葛洲坝通航与宜昌河段的影响及对策研究[D].天津:天津大学,2004.

[25] Mazumder BS, Das SN. Computation of return flows due to navigation traffics in restricted water way. International journal of Sediment research,2006,21(4):249-260.

[26] 戴军,王琪.国内外内河航运的比较与思考[J].船海工程,2003(2):43-44.

[27] 姚仕明,王兴奎,张丙印.三峡大坝至葛洲坝两坝间河段通航水流条件[J].水利水电科技进展,2010,30(6):43-47.

[28] 李庆宁,林彬.长江三峡两坝间泄洪期船舶上过过滩能力研究[J].水运工程,2011(2):97-101.

[29] 舒荣龙,陈桂馥,杜宗伟.提高三峡—葛洲坝两坝间通航能力试验研究[J].人民长江,2005(7):31-33.

[30] 王召兵,舒荣龙,蔡汝哲.长江三峡两坝间河段汛期通航试验研究[J].水道港口,2007(2):113-118.

[31] 曹民雄,蔡国正,唐存本.山区冲击性河流变动回水区的演变和整治原则

[R]. 南京:南京水利科学研究院,2005.
[32] 章日红. 三峡—葛洲坝两坝间典型滩段大流量下通航条件改善措施试验研究[D]. 天津:天津大学,2011.
[33] 孙尔雨,朱庆福. 三峡电站调峰对两坝间通航的影响和改进措施[J]. 人民长江,1999(12):8-12.
[34] 孙尔雨,舒茂修. 三峡电站调峰期间下游河道通航条件研究[J]. 武汉水利电力大学(宜昌)学报,1997(12):57-61.
[35] 郑守仁,孙尔语,杨文俊. 三峡电站调峰与通航问题研究[J]. 水电能源科学,2002(2):7-12.
[36] 杨文俊,孙尔雨,饶冠生,等. 三峡水利枢纽工程非恒定流通航影响研究:三峡—葛洲坝两枢纽区间[J]. 水力发电学报,2006,25(1):50-55.
[37] 白金嘉. 水口电站库区回水变动段最低通航水位分析[J]. 水运工程,2005(6):57-62.
[38] 彭伟,詹锐彪,王斐. 沙溪口坝下脱水段航道整治工程模型试验研究[J]. 水运工程,2017(12),169-173.

5 船闸扩能升级的生态与安全问题

5.1 船闸扩能升级与生态基流

生态基流也称为生态需水量,是特定区域内生态系统需水量的总称,包括生物体自身的需水量和生物体赖以生存的环境需水量。生态基流是维持河流生态系统运转的基本流量。

5.1.1 生态基流的研究背景

关于生态基流的研究主要集中在河流生态需水量的确定方法上,目前提出和形成的河流生态需水计算方法已达 200 余种,分类方法也较多。我国从 20 世纪 90 年代开始进行生态需水的研究,形成了较为完备的生态需水理论体系和方法。就我国河流系统生态需水的研究而言,已有成果主要是借鉴国外的相关研究理论和方法。在我国现阶段要进行深入的河流生态需水研究还存在各种困难,主要限制于各种生物资料的获取,但可以从水文水力学的角度展开研究。一方面,各流域的水文资料丰富翔实,较为可靠;同时,这些简化的研究也是进行河流生物完整性研究的前提和基础。较为常用的研究方法可以分为三类:一是标准流量法,如 7Q10 法、Tennant 法、最小月平均实测径流量法等;二是基于水力学基础的水力学法,如 R2CROSS 法、湿周法等;三是基于生物学基础的栖息地法,如 IFIM(河道内流量增加法)、CASIMIR 法等。

目前,关于河流最小生态环境需水量的研究尚不充分。在有限的研究成果中,河流水污染防治用水临界值可用以水质目标为约束的方法求得,或按照简单的十年最枯月平均流量法估算。前者需要知道上游来流中的污染物浓度、河段内污染物产生量、河段内污染物治理程度、河段内污废水资源化程度、河段内城市污废水产生总量和污染物削减等详细信息,在不易获得准确信息时可以近似采用后一种方法。河流生态用水因河流本身就是其中生物体不能完全脱离的生活环境,所以许多情况下都避开生物体自身需水的问题而直接寻求满足一定数量和质量生物体生存的河流水量,有关的方法如湿周法、R2CROSS 法和河道内流量增加法等。在资料短缺的情况下,可以对最小河流生态用水进行规定,如法国规定最小河流生态用水流量不应小于多年平均流量的 1/10。根据《水电工程生态流量计算规范》(NB/T 35091—2016),对多年平均流量大于 $80m^3/s$ 的河流,最低流量的下限也不得低于多年平均流量的 1/20。

5.1.2 生态基流对改扩建船闸的影响

随着大量梯级枢纽的建设,自然条件下径流量的年内分布发生了显著改变,汛期洪峰流量被削弱坦化。在枯期,由于水库群均处于蓄水期,下泄流量较小,中小型流域上极端情况甚至发生断流,对于河流中生态环境造成毁灭性的打击。在较长的一段时期内,由于注重生产和生活用水,而忽视生态环境需水,没有考虑人与河流的和谐发展,造成生态用水紧张和局部生态系统失衡(图 5-1)。

图 5-1 蓄水期水库与下泄流量

近年来在习近平总书记关于生态文明建设的指示下,生态环境的地位愈发显著,通航枢纽的建设和调度运行必须要考虑上、下游的生态问题,因而枯水期下泄生态基流成为必须。生态基流通常由电站下泄,流量小于最小通航设计流量,因此在单级枢纽或者未完全衔接的梯级枢纽下游,很容易出现通航水深不满足最小通航保证水深的情况而引起断航,需要采取一定的工程或者调度管理措施加以应对。如汉江的崔家营船闸和兴隆船闸,在枯水期生态调度期间,采取禁航措施。

改扩建船闸的建设目的,是为了解决已有通航设施的过坝能力不足的问题,匹配流域航道等级提升和船舶大型化发展需求,诱发区域经济水路货运量的增长。如果受到枯水期生态流量的限制而影响通航效果,则与其建设目的相背,并且改扩建船闸建成后,更高等级的航道和更大尺度的船舶往往对通航水流条件,特别是对枯水期航道水深提出了更高的要求。

为保证航运畅通,综合生态流量与最小通航流量双重约束条件下,对通航枢纽的调度提出了新的要求。也涌现出一批相关的研究,如松花江干流典型河段兼顾通航的生态需水研究,基于水生生物繁衍需求指标栖地面积(WUA)的生态流量与通航水位研究等,为生态和航运的统筹调度提供了新的思路。

5.2 船闸扩能升级与过鱼通道

鱼道是在闸坝等水利水电工程或天然障碍物处为沟通鱼类洄游通道而设置的过鱼建筑物,鱼道工程的建设能一定程度上缓解障碍物的阻隔影响,以期达到对鱼类生态平衡的影响最小化,工程中不同鱼道结构形式如图5-2所示。随着我国对水利、水运工程设施建设的生态环境保护要求越来越严格,对鱼道建设重要性的认识也越来越深。现阶段我国相关法律法规对过鱼设施建设提出了要求,新建和改扩建枢纽均要求配套建设鱼道工程。但是与此要求不相适应的是对鱼道相关研究较为粗浅,鱼道建设发展相对滞后。虽然目前有不同结构形式的鱼道应用在工程中,但多数鱼道过鱼效果并不明显。因此,在认识了解鱼道建设发展状况以及鱼道有效功能的前提下,提高鱼道设计水平,优化鱼道设计参数,研究洄游鱼类的洄游习性,大幅度增加鱼道过鱼有效性是很有必要的,对于维持生态平衡,促进水利、水运的可持续发展具有重要意义。

图5-2 应用于闸坝工程中各种形式的鱼道

5.2.1 过鱼通道的研究背景

早期的鱼道设计多是凭直觉,直至比利时丹尼尔运用水力学原理设计出丹尼尔鱼道后,人们才开始了与鱼道设计相关的试验研究。目前国内外学者主要采用数值模拟和物理模型技术手段对鱼道进行研究,通过优化其结构形式,以获得适合鱼类上溯的理想流速和流态,为鱼道设计提供依据。过鱼通道的研究内容大多侧重于鱼道池室等内部结构及水流条件,研究手段主要分为物理模型和数值模拟。

5.2.1.1 国外研究概况

国外研究者 S. Heimerl 采用 FENFLOSS 计算潜孔—竖缝组合鱼道的三维水流,计算流场能三维显示鱼道的休息区和主流区,其水流特征明显与单一竖缝式鱼道水流特征不同。竖缝式鱼道研究较早的为 Nallamuthu Rajaratnam,得到鱼道的尾水深度对鱼道内水流流态的影响。Fujihara 和 Stephan 先后对竖缝式鱼道的水力特性进行了数值模拟计算。除对竖缝式鱼道的研究外,Pena 等对单侧导竖式鱼道中的紊流场进行了模拟。结果显示流速、紊动能强度和雷诺应力与相同条件下的实验结果吻合较好。在鱼道优化设计问题上数值研究,Peake S 对单侧导竖式鱼道的优化设计上确定了由鱼的休息区尺寸和适合鱼类游泳能力的流速构成的目标函数,得出最优设计变量竖缝尺寸的数值解。Guiny、Onitsuka、Yagci 等则分别对竖缝式、堰流式和淹没孔口式鱼道水力特性进行了分析研究。Puertas 对竖缝式鱼道的流场结构试验研究表明当鱼道各级水池长宽比为 10∶8 时可获得较为稳定的流态。Silva 室内水池鱼道模型试验研究水流和湍流对洄游鱼类的影响,结果显示大的成年鱼类 79% 的通过率,平均通过时间在 4.4 ~ 7min。雷诺兹剪切力参数对鱼类的运动影响最大,尤其是小体积鱼,推测可能是淹没孔口附近产生的高湍流区降低了成功通过的概率。

5.2.1.2 国内研究概况

国内学者徐体兵与孙双科用标准 k-ε 湍流模型数值模拟研究了鱼池长宽比和隔板墩头对鱼道水池内流场结构、主流特性及回流区形态的影响。模拟计算结果表明,8∶8 ~ 10.5∶8 范围内的长宽比能获得较好的流态,从避免漂浮物滞留和防止泥沙淤积角度提出实际鱼道工程中可考虑不设隔板墩头的观点。罗小凤用数值模拟的方法研究了导角对鱼道水流流态的影响,导角越大,主流衰减越迅速,主流弯曲度越大,主流沿边壁前进形成很大回流区,使得水池很大部分空间得不到充分利用。汪红波采用 RNGk-ε 湍流模型和有限差分法分析了淹没孔口式横隔板鱼道的流态和紊动能,过鱼池和休息池的水力特性。结果表明淹没孔口式横隔板鱼道的孔口水流具有稳定特性,紊动能分布较广,消能效果较好,过鱼池和休息池内水流的流态稳定度能满足过鱼要求。对鱼池长宽比、隔板墩头和隔板结构的改变对鱼道的流速、流态等水力学特性指标影响进行研究外,底孔对流速和流态的影响是不能忽视的,对此毛熹采用标准 k-ε 湍流模型对不同工况的鱼道进行了数值模拟计算,得出底孔的增加会降低竖缝处的流速,底孔处流速偏大的结论。

鱼道物理模型试验研究中,通常采用的比尺较大,水流流速、主流流态及不同流量多是研究考虑的重要因素。郭维东研究了同侧竖缝式鱼道的主流曲线、主流速度沿程变化规律及竖缝位置流速变化规律。试验表明鱼道主流曲线呈反 S 形,主流速度沿程呈先增大后减小变化规律,竖缝处流速从水面至底部变化规律为先增大再减小再增大的变化趋势。刘志雄以某水电站鱼道体型为研究基础,通过 1∶10 鱼道局部模型,对同侧竖缝式池室的水力特性进行了试验研究,验证了鱼类上溯喜好的水力条件。董志勇在大比例尺鱼道模型中对同侧及异侧竖缝式鱼道的水力特性进行了系统的试验研究。通过放鱼试验,考察鱼类对不同流量的响应情况,提出同侧竖缝式鱼道适用于中等流量情况,流量较大,水池内射流、涡旋的作用均较强,不利于鱼类上溯,此时宜采用异侧竖缝式鱼道。

5.2.2 通航枢纽建设中鱼道研究实例

在已建设有过鱼通道的通航枢纽上实施船闸扩能升级工程,或者在无过鱼通道的枢纽上同步实施船闸工程及鱼道工程,需要对鱼道总平面布置位置,鱼道结构形式等进行专题研究。由于鱼道进口一般布置在经常有水流下泄、鱼类洄游路线及鱼类经常集群的地方,电站常年有尾水下泄是鱼类聚集的区域,目前鱼道进口大都布置在电站附近。从进口的具体位置来看,有的紧邻电站厂房(洋塘鱼道),有的在电站厂房下游一定距离处(长洲枢纽鱼道)。

不同鱼道进口位置,鱼道结构形式,会对坝下鱼类洄游路线及鱼道诱鱼效果可能会产生重大影响,从而决定鱼道的工程效果。湘江土谷塘枢纽的鱼道研究专题中,采用物理模型,对鱼道进出口水流流态及进鱼条件、鱼道内水流流速、比降沿程变化、鱼类洄游路线等进行观测,统计进鱼效率和进鱼比例,研究不同进口位置对鱼类的诱导规律和过鱼情况等,提出符合要求布置形式。

5.2.2.1 布置概况

土谷塘航电枢纽是一个以航运为主、航电结合,并兼有灌溉、供水与水产养殖功能的低水头枢纽。主要建筑物包括左至右依次为鱼道、4 台机组、1 孔排污闸、17 孔泄水闸及 1000t 级船闸，工程布置如图 5-3 所示。

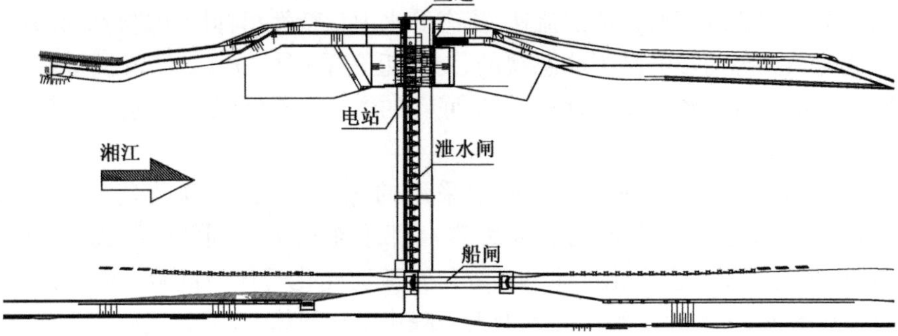

图 5-3 土谷塘枢纽工程布置图

鱼道形式采用垂直单侧竖缝式，集鱼系统布置在厂房尾水出口，主要由补水管路及闸门、补水消能槽及集鱼槽组成，尾水闸墩支承集鱼槽和补水消能槽。鱼道试验整体模型照片见图 5-4。

图 5-4 鱼道整体物理模型

鱼道始从进鱼道沿尾水渠左边墙内侧向下游上溯 20 个鱼道池室后，垂直转折向上游上溯 20 个鱼道池室，再折回下游往返各 20 个鱼道池室，每 10 鱼道池室和垂直转折室设为休息池。鱼道每往返一次鱼道底高程抬高 2.0m，即鱼道底高程由 48.0m 抬高到 50.0m 再至 52.0m，在高程 50.0m 和 52.0m 转折休息池分别设置进鱼口与进鱼道相通，进鱼口由闸门控制。根据下游水深开启和关闭，形成三个不同高程的进鱼口，以适应下游水位的变幅。鱼道内相关池室的布置形式如图 5-5、图 5-6 所示。

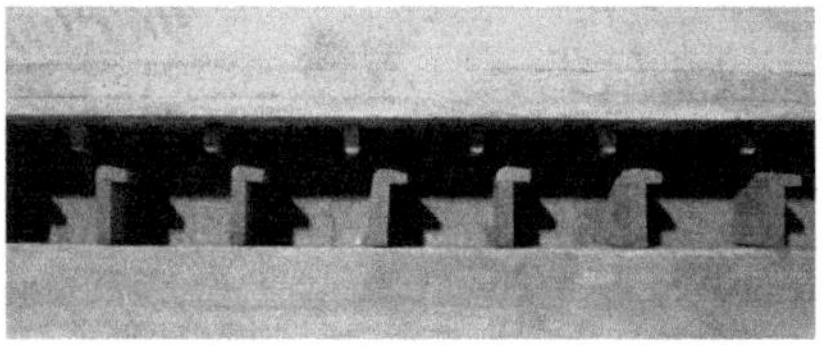

图 5-5 垂直单侧竖缝式鱼道形式

图 5-6 鱼道休息池布置形式

5.2.2.2 鱼道内水流条件

根据设计提出的鱼道上、下游运行水位及流量变幅，同时考虑机组不同开启方式对鱼道运行影响，模型选择了流量 $Q=443\text{m}^3/\text{s}$（单机组发电）、$886\text{m}^3/\text{s}$（双机组发电）、$1772\text{m}^3/\text{s}$（4 台机组发电）、$2560\text{m}^3/\text{s}$（机组、泄水闸联合调度）、$3760\text{m}^3/\text{s}$（机组、泄水闸联合调度）多种典型工况进行试验研究。

（1）竖缝沿程流速变化

不同工况下鱼道内竖缝流速沿程变化见图 5-7。

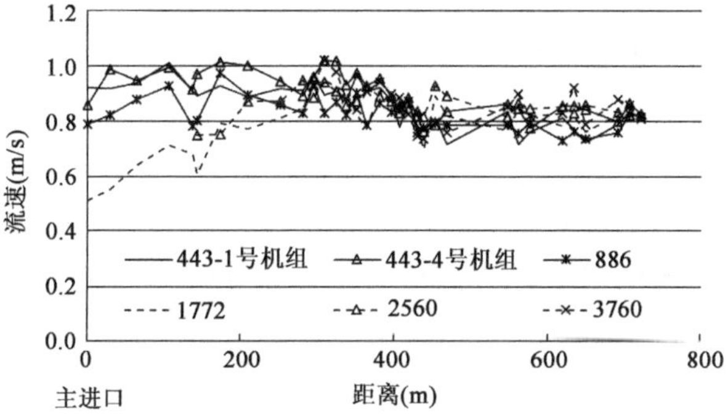

图 5-7 不同工况下鱼道内竖缝最大流速沿程变化

由图可见，鱼道前段（进口 ~9 号休息池）竖缝流速随下游水位的抬高逐渐减小，而鱼道后段（9 号休息池 ~ 出口）竖缝流速受下游水位变化的影响不大。

当河道流量 $Q=443\text{m}^3/\text{s}$，鱼道前段（进口 ~9 号休息池）各竖缝流速均在 0.9 ~ 1.0m/s，平均为 0.94m/s，最大为 1.02m/s。鱼道后段（9 号休息池 ~ 出口）各竖缝流速均在 0.7 ~ 0.9m/s，平均为 0.83m/s。随来电站尾水位的抬高，鱼道前段尤其是进口附近竖缝内水流流速逐渐减小，而鱼道后段竖缝内流速变化不大，当河道流量 $Q=886\text{m}^3/\text{s}$ 时，鱼道前段竖缝流速平均为 0.88m/s，鱼道后段竖缝流速平均为 0.82m/s。当河道流量 $Q=1772\text{m}^3/\text{s}$ 时，鱼道前段竖缝流速平均为 0.75m/s，鱼道后段竖缝平均流速为 0.82m/s。流量 $Q=2560\text{m}^3/\text{s}$ 时，鱼道进口位置改变,只有进口附近竖缝内流速在0.75m/s左右,其余竖缝流速均为0.8~0.9m/s。流量 $Q=3760m^3/s$ 时,鱼道进口在底高程52.0m处,进口附近竖缝内流速在0.95m/s,左右,其余竖缝流速均在0.8~0.9m/s。

(2)鱼池内流速流态特征

各级流量下鱼道各鱼池内的水流流态基本相同,总体来说鱼池中存在着两种不同流态,即连通两级竖缝的主流区和形成封闭流线的回流区,如图5-8所示。水流从竖缝流出后在导板作用下偏向鱼池中央,当接近下一道竖缝时受到导板的作用又折向竖缝,主流呈现显著的S形流线。在主流两侧各存在一个较为对称的回流区,左侧回流为逆时针方向,右侧回流为顺时针方向。

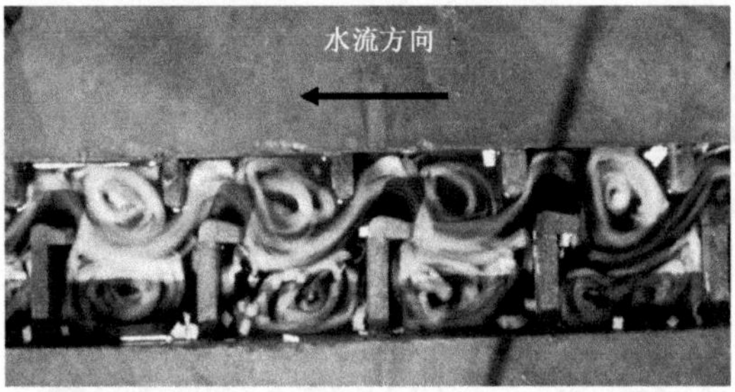

图5-8 各级流量下鱼道鱼池内的水流流态

不同工况下,鱼池内主流流速沿程变化见图5-9。试验表明,各级流量下,鱼道前段鱼池内流速受下游水位的影响较大,下游水位越低,鱼池内流速越大。而鱼道后段鱼池内主流流速受下游水位的影响不大。其中 $Q=443m^3/s$,鱼道前段各鱼池内流速均在0.4~0.6m/s,平均值为0.56m/s;$Q=886m^3/s$,鱼道前段各鱼池内流速大都在0.5m/s左右,平均为0.51m/s;$Q=1772m^3/s$,鱼道前段各鱼池内主流流速均在0.2~0.5m/s,平均为0.44m/s。上述各级流量下鱼道后段鱼池内流速均在0.4~0.6m/s,平均值为0.53m/s。流量 $Q=2560m^3/s$ 时,鱼道进口位置改变,进口附近几个鱼池内主流流速在0.4m/s左右,其他鱼池流速在0.56m/s左右。流量 $Q=3760m^3/s$ 时,鱼道进口在底高程52.0m处,各鱼池主流流速平均为0.57m/s。

(3)休息池内流速流态特征

休息池内水流流态:和鱼池相比,休息池内的水流流态发生了明显改变,由于休息池两端隔板的距离较长,水流出上游竖缝后基本不受下游隔板的影响而直接顶冲左侧边壁,而后贴近边壁行进,至休息池末端附近后受下游隔板影响,折向竖缝。休息池主流呈Ω形,使左侧回流区受到挤压,主流右侧回流区明显增大，为鱼类的休息提供了足够的水域（图 5-10）。

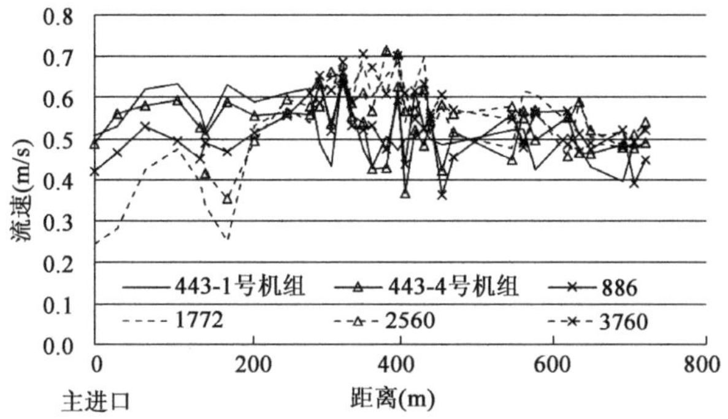

图 5-9　不同工况下鱼道鱼池内最大流速沿程变化

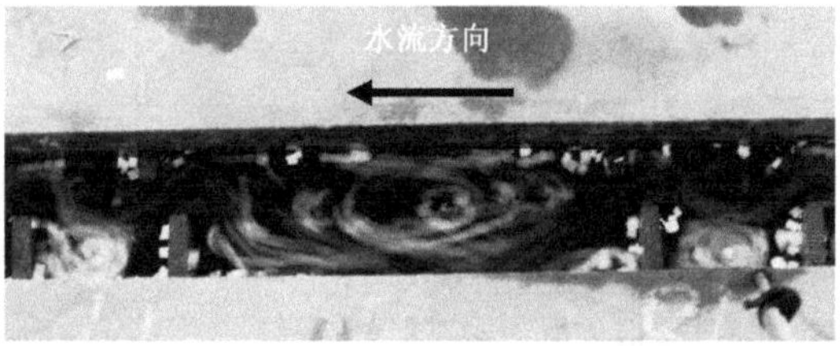

图 5-10　各级流量下鱼道休息池内的水流流态

休息池内水流流速：不同工况下，休息内主流流速沿程变化见图 5-11。试验表明，各级流量下鱼道各休息池内主流流速基本相同，大都为 0.3～0.4m/s，只有临近出口的休息池内主流流速稍小，在 0.2m/s 左右。

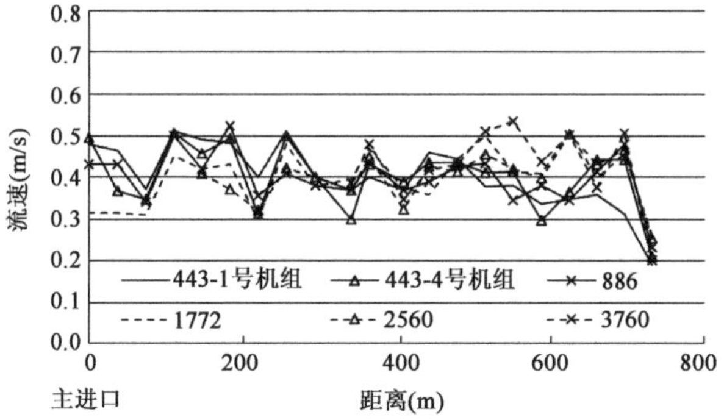

图 5-11　不同工况下鱼道休息池内最大流速沿程变化

5.2.2.3 鱼道进出口水流条件

(1)主进鱼口

鱼道主进口是鱼群进入鱼道的主要门户,是鱼道最重要的部分。本鱼道工程主进鱼口布置在1号机尾水渠反坡段边墙形成的斜坡平台上,底板沿尾水渠底高程45.0m爬坡到进鱼口高程48.0m,进鱼口净宽4.0m。为减少发电尾水波动对汇合池水流的干扰,进鱼口设长13.1m分隔墙与集鱼槽相接。

为了研究鱼道主进口水流条件,在主进口及下游附近河段共布置了13个典型测点(图5-12)进行观测,各种工况鱼道主进口及下游附近河段流速变化见表5-1。

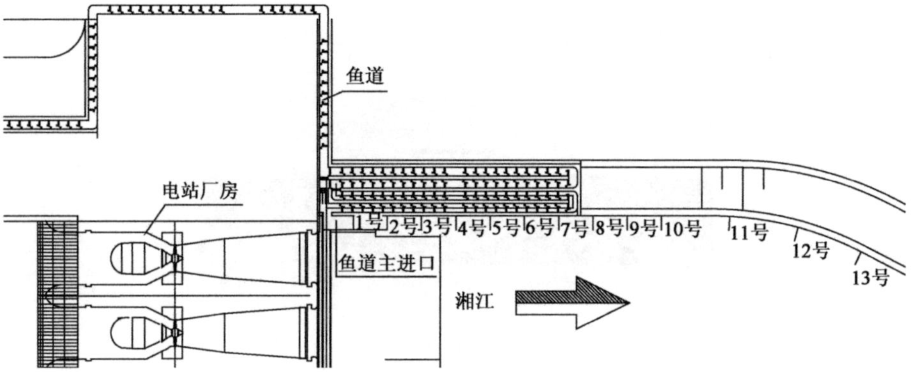

图5-12 鱼道主进口及测点布置

设计方案不同工况鱼道主进口及下游附近河段流速变化　　表5-1

测流点	试验工况					
	443-1号机组	443-4号机组	886-1、2号机组	886-3、4号机组	1772	3760
1号	0.49	0.32	0.5	0.34	0.52	0.45
2号	0.56	-0.20	0.45	-0.44	0.41	0.44
3号	1.52	-0.33	1.43	-0.38	1.22	1.17
4号	2.12	-0.44	2.11	-0.44	2.10	1.61
5号	2.35	-0.36	2.27	-0.46	2.24	1.85
6号	2.38	-0.44	2.25	-0.46	2.25	1.87
7号	2.10	-0.35	2.11	-0.42	2.16	1.97
8号	2.08	-0.34	2.13	-0.44	2.12	2.06
9号	1.82	-0.36	1.94	-0.74	1.92	1.82

续上表

测流点	试验工况					
	443-1 号机组	443-4 号机组	886-1、2 号机组	886-3、4 号机组	1772	3760
10 号	1.78	-0.38	1.8	-0.84	1.81	1.81
11 号	1.68	-0.30	1.59	-0.74	1.50	1.63
12 号	1.41	-0.24	1.4	-0.38	1.38	1.40
13 号	1.59	-0.30	1.53	0.12	1.43	1.60

注:表中“-”号表示为回流。

试验表明,鱼道主进口靠近集鱼槽段(1 号、2 号测点)由于分隔墙的隔流作用基本不受电站尾水影响,该段主要受鱼道来流和补水系统补水流量的影响,流速大都在 0.5m/s 以内。分隔墙以下主要受电站出流影响,且电站开启方式对其断面流速分布影响更大。若开启左侧紧邻鱼道的机组时,主进口分隔墙以下附近河段流速均在 1.5m/s 以上,最大为 2.38m/s,远大于鱼类的极限流速。若开启远离鱼道的机组时,主进口分隔墙以下附近河段为回流区,回流流速大都在 0.3~0.5m/s。

由此可见,无论电站采取哪种开启方式,鱼道主进鱼口的水力特性均不满足鱼类洄游要求。

(2)辅助进鱼口

辅助进鱼口布置在厂坝导墙内,主要是引导右河道沿河底由发电尾水诱导的鱼类进入输鱼槽。由于辅助进鱼口布置在导墙内,因此受尾水波动干扰小,其水量均由鱼道补水系统供给,辅助进鱼口内水流流速大都在 0.1~0.3m/s。

(3)出口

鱼道出口布置在坝轴线上游约 310m 处,水流较为平顺,且各级流量下鱼道出口流速相差不大,均在 0.2~0.3m/s。

5.2.2.4 放鱼试验

尽管放鱼试验存在相似性问题,但对于分析鱼道内水流流态,观察鱼类上溯路线和游动状态还是非常必要的。试验表明,由于鱼道主进口及下游附近河段水流条件不满足鱼类洄游要求(开启左侧紧邻鱼道的机组时,水流流速远大于鱼类的突进流速,若仅开启远离鱼道的机组时,主进口分隔墙以下附近河段为回流区),鱼类很难从主进鱼口进入鱼道。此外,由于辅进鱼口内水流流速较小,诱鱼效果不佳,因此辅进口的进鱼效果也不理想。不过,鱼类一旦进入鱼道主体后,由于鱼道竖缝、鱼池、休息池及出口的水力特征均满足要求,鱼类洄游则较为顺利(图 5-13)。

图 5-13 放鱼试验照片

5.2.2.5 改善措施及效果

通过对土谷塘枢纽鱼道布置设计方案的试验研究表明,设计方案存在的主要问题是鱼道主、辅进鱼口水流条件不满足鱼类洄游要求,鱼类较难进入。其原因是鱼道主进口紧邻左岸线布置,距离电站厂房较近且左岸为直立岸坡,所以主进口下游附近没有明显的近岸缓流区,流速均超出鱼类洄游的极限流速。

(1)主进鱼口的改善

采取延长分隔墙 28m 的工程措施,使鱼道进口远离水动力条件较强的区域。并通过将电站下游疏挖区紧邻左岸 2.5m 宽度(7 号测点以下)开挖高程调整至 48m,而后通过 1:2 边坡接 45m 高程疏挖区等措施进一步降低近岸流速。改善工程措施见图 5-14。试验成果见表 5-2。

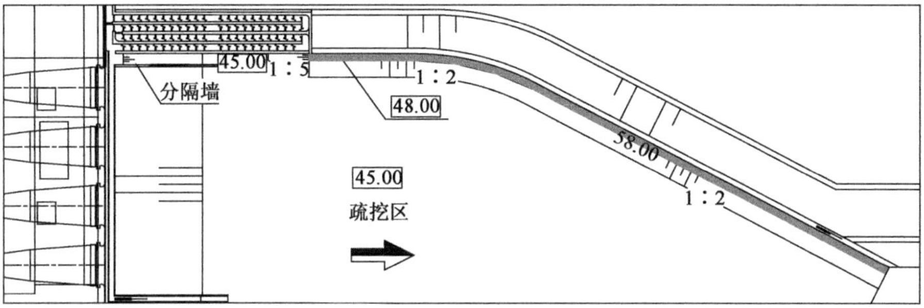

图 5-14　主进口优化方案二工程措施布置图

优化方案二主进口附近流速变化　　表 5-2

测流点	$443m^3/s$		$1772m^3/s$		$3760m^3/s$	
	分隔墙延长 28.8m	分隔墙延长 28.8m + 开挖至 48m 高程	分隔墙延长 28.8m	分隔墙延长 28.8m + 开挖至 48m 高程	分隔墙延长 28.8m	分隔墙延长 28.8m + 开挖至 48m 高程
1 号	0.48	0.49	0.56	0.57	0.51	0.53
2 号	0.33	0.35	0.45	0.49	0.46	0.47
3 号	0.26	0.25	0.38	0.41	0.38	0.42
4 号	0.23	0.22	0.33	0.3	0.35	0.39
5 号	0.22	0.22	0.3	0.3	0.28	0.33
6 号	0.55	0.56	0.50	0.40	0.57	0.47
7 号	0.59	0.47	0.77	0.45	0.86	0.87
8 号	0.78	0.53	0.97	0.52	1.39	1.11
9 号	0.66	0.38	1.06	0.63	1.52	1.05
10 号	0.86	0.45	1.05	0.77	1.45	1.07
11 号	0.69	0.44	0.79	0.48	1.24	0.95
12 号	0.91	0.43	0.77	0.52	1.37	1.01
13 号	1.18	0.57	1.07	0.75	1.34	1.07

由表 5-2 可以看出，优化方案二提出的工程措施对减缓主进口下游附近（7 号测点以下）的水流流速效果较为明显。各种工况下鱼道主进口及下游附近河段水流流速大都减小至鱼类洄游的极限流速以内，其中 $Q = 443m^3/s$ 和 $Q = 1772m^3/s$ 工况下，主进口附近水流流速均在鱼类洄游的喜爱流速 0.3 ~ 0.5m/s。

(2)辅助进鱼口的改善

设计方案鱼道辅进口的问题是流速过缓,大都低于鱼类的感应流速,诱鱼效果不佳,因此辅进口的优化目标就是适当增大其水流流速。

由于鱼道补水系统提供的水量分别供给至鱼道主进口、辅进口和集鱼系统三部分,因此通过调整(加大)进入辅进口的补水量便是提高辅进口水流流速最直接的方法。

模型采取的增加辅进口补水量的优化措施为:调整辅进口正对补水孔型式,将设计方案辅进口正对孔径 8cm 的 2 排补水孔调整为 2 排 30cm 的方行补水孔(图 5-15)。同时将辅进口与集鱼系统连接处由孔口改为开敞式。试验表明,通过上述优化措施,各种工况下辅进口的水流流速大都在 0.2 ~0.7m/s,进鱼效果有所改善。

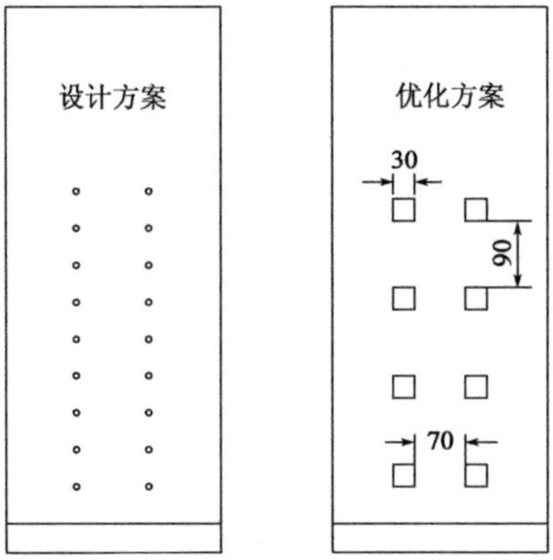

图 5-15　辅进口(正对)补水孔优化调整布置图(尺寸单位:cm)

5.3　船闸扩能升级的船舶会遇安全

改扩建船闸建成后,随着过闸船舶数量的增多,通航枢纽面临一、二线船闸进出闸船舶会遇的安全问题,即在可航行水域面积不变的情况下,如何有效组织数量增多的过坝船闸安全、高效地通过船闸。已有船闸与扩建船闸在同岸布置的情况,会遇问题尤为突出。本节以株洲和长沙航电枢纽为例,采用船舶操纵模拟器对其布置于同岸侧的两线船闸,进出闸船舶进行会遇试验研究。

5.3.1　双线船闸布置特点

株洲枢纽和长沙枢纽双线船闸布置,详见前述 3.2.1 小节和 3.2.2 小节。

5.3.2 代表船型选取及判别标准

5.3.2.1 代表船型选择

从不利角度考虑,会遇试验选择株洲、长沙枢纽过闸船舶(队)中最大的设计船型进行试验,其中株洲枢纽一线过闸船型选取 4×1000t 级顶推船队,尺度为 167m×21.6m×2.0m(长×宽×满载吃水),株洲二线过闸船型选取,尺度为 182m×16.2m×2.6m(长×宽×满载吃水);长沙枢纽双线船闸均选取 2×2000t 级顶推船队,尺度同上。

船舶操纵性能是指船舶受驾驶者的操纵而保持或改变其运动状态的性能,反映了船舶航行过程中的航向稳定性以及避免碰撞时的机动性。国家对内河船舶的操纵性主要标准是《长江运输船舶操纵性衡准》(JTT 258—2004)。在此标准中规定了 5 个性能的衡准指标形式,分别为:航向稳定性指标、航向改变性指标、定常旋回性指标、倒车制动性指标及倒航稳定性指标。由于本次研究不考虑船舶倒车,因此试验开始前需对所选船队的航向稳定性指标、航向改变性指标、定常旋回性指标进行率定试验。

5.3.2.2 会船试验判别标准

为了确保船舶在交会前后的航行安全,要求船舶航行过程中能保持有较好的航态,其主要的判别标准为:

(1)在保证漂角小于 10°、操舵小于 20°的前提下上下船舶能够“各行其道”;

(2)会船时的两船间距大于一倍船宽(吨位较大的船舶),离航道边线距离大于 0.5 倍船宽;

(3)航迹带宽度、偏航距离、大于 20°的操舵时间等也可以作为衡量船舶航行好坏的判别标准。

5.3.3 船舶会遇试验概况

船舶过闸的主要过程包括:

①船舶航行至锚地待泊,并向船闸调度报到;

②船闸调度根据报到船舶进行排挡;

③锚地待泊船舶按照闸室调度的安排和信号灯指示进入引航道,在引航道靠船墩停靠等候;

④当闸道进闸信号灯显示绿灯信号时,船舶可进入闸室;

⑤待一闸次船舶排满后,船闸进行灌(或泄)水过程;

⑥船舶出闸驶出引航道。根据过闸过程，首先确定会船试验的范围、边界条件，随后即可开展试验。

5.3.3.1 试验范围及试验流量

两线船闸、待闸锚地的平面布置以及船舶过闸方式，株洲枢纽试验范围取待闸锚地至引航道口门区的上(下)边界之间的水域。其中，上游水域长度约2km，下游水域长度约1.8km。长沙枢纽试验范围取待闸锚地至引航道口门区的上(下)边界之间的水域。其中，上游水域长度约1.2km，下游水域长度约3.3km。

根据已有研究成果，同时考虑船闸实际的运行情况，株洲枢纽和长沙枢纽均选择常遇洪水和两年一遇洪水，作为典型流量进行船队会遇模拟试验。

5.3.3.2 公用航道区域划分

当株洲双线船闸双向运行时，即一个船闸上行运行，另一线船闸下行运行，船舶在口门至锚地航段会出现会遇，在一、二线船闸过渡段能否满足船队双向通航要求显得尤为重要。为叙述方便，根据双线船闸航道平面布置，将船闸上游口门区连接段(口门以上0~800m)定义为区域A，过渡段(口门以上800~2000m)定义为区域B(图5-16)；船闸下游口门区连接段(口门以下0~1000m)定义为区域C，过渡段(口门以下1000~1800m)定义为区域D(图5-17)。

当长沙双线船闸双向运行时，即一个船闸上行运行、另一线船闸下行运行，船舶在口门至锚地航段会出现会遇。为叙述方便，将船闸上游口门以上0~880m的区域定义为区域A，口门以上880~1500m的区域定义为区域B(图5-18)；船闸下游口门以下0~1860m的区域定义为区域C，口门以下1860~3400m的区域定义为区域D(图5-19)。

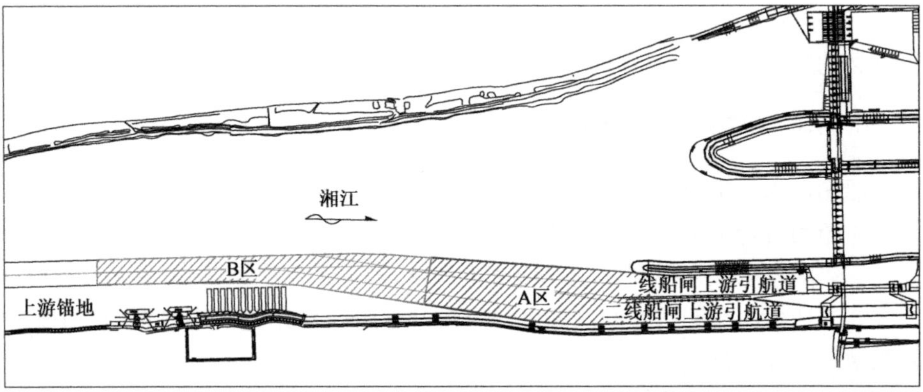

图5-16 株洲枢纽上游航道区域划分示意图

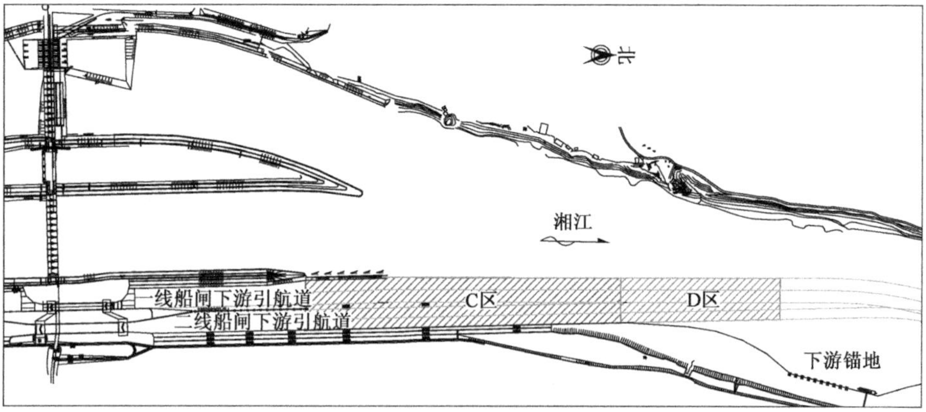

图 5-17　株洲枢纽下游航道区域划分示意图

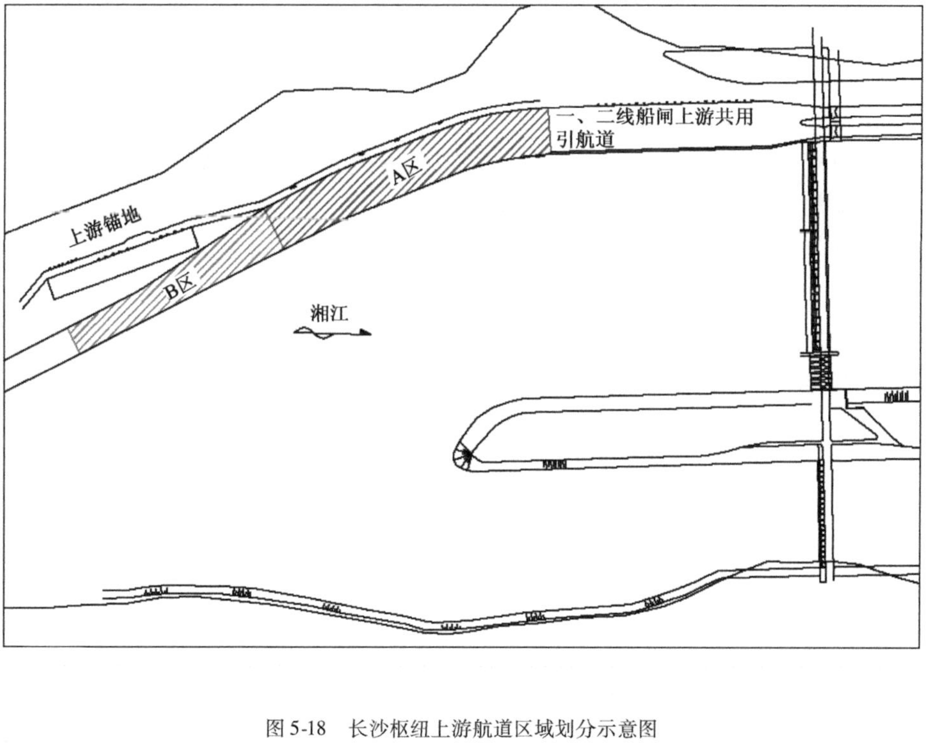

图 5-18　长沙枢纽上游航道区域划分示意图

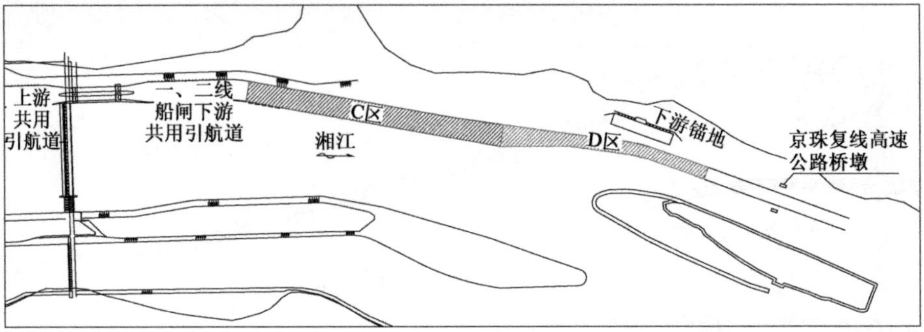

图 5-19 长沙枢纽下游航道区域划分示意图

5.3.4 船舶会遇评价及管理建议

5.3.4.1 株洲枢纽船舶会遇特点

(1)对于上游,过渡段是两船会遇的比较困难的区域。从航行条件看,上下行船队在过渡段采用各自靠右航行的原则有利于船队安全进入口门,同时可以保持两船交会间距大于一倍船宽(除航线交叉)。从交叉点看,各自靠左交叉点个数为3个,各自靠右交叉点个数为1个。因此,建议上游采用各自靠右的航行方式进出过渡段。

(2)对于下游,船舶在下游口门~锚地段基本上是"各行其道",除了航线交叉外,互不干扰。

5.3.4.2 长沙枢纽船舶会遇特点

(1)两船队在上下游航道等宽段(区域A和区域C)会遇时,可以保持"各行其道",操舵、漂角均在限定之内,两船交会间距大于一倍船宽,航态良好;两船在上、下游航道缩窄段(区域B和区域D)会遇均存在一定的困难,很难保证船间距大于一倍船长,存在很大的安全风险,尽量避免两船在该区域会遇。

(2)从交叉点来看,上下游的交叉点总数之和是一致的,均为4个。由于上下游交叉点不多,船舶航行也较为顺利,而上、下游采用不同的航行规则对于船舶的航行管理及安全避让带来较大困难。因此,推荐采用各自靠右行驶的航行规则。

5.3.4.3 株洲、长沙枢纽船舶会遇评价

(1)引航道、口门区、连接段范围内船舶航行

株洲、长沙枢纽船闸在上下游引航道停泊段均设置各自相应的靠船墩,停泊

数量为一闸次船舶。因此，对于非共用引航道船闸（株洲枢纽船闸），在各自的引航道内不会出现船舶双向航行的局面；对于共用引航道船闸（长沙枢纽船闸），在共用的引航道内一定是船舶双向航行；对于非共用引航道船闸（株洲枢纽船闸），在引航道口门区、连接段范围内形成平行航行的局面，不会出现航线交叉点；对于共用引航道船闸（长沙枢纽船闸），在引航道口门区、连接段范围内平行与交叉航行局面均会产生。

（2）过渡段范围内船舶航行

株洲、长沙枢纽船闸待闸锚地均位于由船闸引航道口门区连接段向河道主航道渐变的过渡段，是进、出闸船舶航行的交叉、会遇航段。当双向船闸采用双向错开运行，即一个船闸上行运行，另一线船闸下行运行时，在过渡段范围内船舶航行会出现两船舶平行航行和交叉航行两种会遇方式。在锚地附近过渡段航道宽度相对较窄，船舶航行存在一定困难，尤其是船队在此会遇甚至转弯，其风险程度会大大提升。

5.3.4.4 安全会遇与航行管理建议

（1）对于双线船闸而言，无论是否共用引航道，各船闸引航道内设置各自相应的靠船墩是保障闸区航段安全进出闸的基础设施，可以减少交叉会遇点数量和几率。对于双线船闸非共用引航道，在引航道口门区、连接段范围内不会出现航线交叉点；双线船闸共用引航道，在引航道口门区、连接段范围内航线存在交叉点。双线船闸引航道无论是否共用，其航线选择和安全会遇方式与水流条件有关。

（2）双线船闸待闸锚地是由船闸引航道口门区连接段向河道主航道渐变的过渡段，是进、出闸船舶航行有可能发生的交叉会遇航段。为避免交叉会遇和保障平行会遇安全，双向船闸应采用错开运行的措施，同时在锚地设置横驶区，船舶要驶入改变分道时，只能在横驶区内进行，禁止在其他水域横驶。

（3）为了减小对进出闸船舶的干扰，保障上、下行船舶的安全，根据坝区河段的航道水流条件、通航船舶操纵模拟情况，建议对坝区河段船舶的航行及锚泊进行以下管制。

①制订管制范围：根据枢纽上下游通航环境，制订相应的交通管制区范围，如禁航区、横驶区、闸区管制、渡口航行管制、航路管制及锚泊管制。

②横驶区：为减少航路交叉可能造成的安全隐患，建议在上下游锚地、渡口、支流入汇口附近设置横驶区，船舶要驶入改变分道时，只能在横驶区内进行，禁止在其他水域横驶。

③闸区管制:禁止船舶在引航道内停留、并排和追越,禁止闯闸和抢闸。

④渡口航行管制:设置航行避让区,禁止过闸船舶经过避让区。

本章参考文献

[1] 徐宗学,彭定志,庞博. 河道生态基流理论基础与计算方法[M]. 北京:科学出版社,2016.

[2] 吴洁珍. 区域生态环境需水指标体系及综合评价研究[D]. 杭州:浙江大学,2005.

[3] 陈朋成. 黄河上游干流生态需水量研究[D]. 西安:西安理工大学,2008.

[4] 张坤洪,欧萍萍,梁远楠,等. 生态环境需水的研究进展[J]. 广东林业科技,2006,22(3):81-84.

[5] 王西琴,刘昌明,张远. 基于二元水循环的河流生态需水水量与水质综合评价方法——以辽河流域为例[J]. 地理学报,2006(11):14-22.

[6] 徐宗学,武玮,于松延. 生态基流研究:进展与挑战[J]. 水力发电学报,2016(4):1-11

[7] 张泽中,李群,黄强,等. 基于河流健康生态环境需水内涵及确定方法[J]. 西安理工大学学报,2008(2):71-75.

[8] 陈昂,隋欣,廖文根,等. 我国河流生态基流理论研究回顾[J]. 中国水利水电科学研究院学报,2016(6):401-411.

[9] 李怀恩,岳思羽,赵宇. 河道生态基流价值研究进展[J]. 水利经济,2015(04):10-13.

[10] 于松延,徐宗学,武玮. 基于多种水文学方法估算渭河关中段生态基流[J]. 北京师范大学学报(自然科学版),2013(Z1).

[11] 马乐军,张行南,陈凯麒,等. 水利水电工程最小下泄生态基流量计算方法研析[J]. 环境影响评价,2017(06):21-25.

[12] 邓晓. 河道生态基流量的新年内展布计算法[J]. 人民黄河,2019,41(03):78-82.

[13] 于龙娟,夏自强,杜晓舜. 最小生态径流的内涵及计算方法研究[J]. 河海大学学报(自然科学版),2004(01):20-24.

[14] 郭文献,夏自强. 对计算河道最小生态流量湿周法的改进研究[J]. 水力发电学报,2009,28(3):171-175.

[15] 贾磊. 坝下河道水生物栖息地的生态恢复研究[J]. 泥沙研究,2016(4):

62-67.

[16] 蔡玉鹏,万力,杨宇,等.基于栖息地模拟法的中华鲟自然繁殖适合生态流量分析[J].水生态学杂志,2010(03):4-9.

[17] 倪晋仁,金玲,赵业安,等.黄河下游河流最小生态环境需水量初步研究[J].水利学报,2002,33(10):0001-0007.

[18] 段圆圆.松花江干流典型河段兼顾通航的生态需水研究[D].郑州:华北水利水电学院,2012.

[19] 付长生,白福清,赵忠伟,等.生态流量在绿色航道特征水位分析中的应用[J].中国水运,2017(10):139-141.

[20] 李强,刘锐,李冰冻,等.航道整治丁坝对城区中小河流鱼类栖息地的影响研究[J].科学技术与工程(19 期):57-62.

[21] Heimerl S, Hagmeyer M, Kohler B. Explaining flow structure in a pool-type fishway[J]. International Journal on Hydropwer and Dams, 2006, 13(4): 74-81.

[22] Rajaratnam N, Vander Vinne G, Katopodis C . Hydraulics of vertical slot fishways[J]. Journal of Hydraulic Engineering, 1986,112(10): 909-207.

[23] FujiharaMasayuki, FukushimaTadao, TachibanaKazuko. Numerical Investigations of flow in vertical single and double slot fishways. J. Trans. of. J SIDRE, 2003(223):79-88.

[24] Stephan Heimerl, MargitHagmeyer, ChristofEchteler. Numericalfolw simulation of pooltypefishway: new ways with wellknown tools. J. Hydrobiologia, 2008 (609):189-196.

[25] Cea L, Pena L, Puertas J, et al. Application of several depth-averaged turbulence models to simulate flow in vertical slot fishways[J]. Journal of Hydraulic Engineering. 2007, 133: 160.

[26] Peake S, Mckinley R S, Scruton D A. Swimming performance of various freshwater Newfoundland salmonids relative to habitat selection and fishwaydesign[J]. Journal of Fish Biology. 1997, 51(4): 710-723.

[27] Guiny E, Ervine A, Armstrong JD. Hydraulic and biological aspects of fish passes for Atlantic salmon[J]. Journal of Hydraulic Engineering, ASCE, 2005, 131 (7):542-553.

[28] Onitsuka K, Akiyama J, Iiguni Y, et al. Flow Stability in Pool-and-Weir Fishways, Plunging and Streaming Flows[C]. ASME, 2007.

[29] Yagci O. Hydraulic aspects of pool-weir fishways as ecologically friendly waterstructure[J]. Ecological Engineering. 2010, 36(1): 36-46.

[30] Puertas J, Pena L, Teijeiro T. 2004. Experimental approach to the hydraulic of vertical slot. Journal of Hydraulic Engineering ASCE130(1): 1-14.

[31] Anat. Silva, Josem. Santos, Mariat. Ferreira, et al. Effects of water velocity and turbulence on the behaviour of Iberian Barbel in an experimental pool-type fishway[J]. River. Res. Applic. 2011, 27: 360-373.

[32] 徐体兵,孙双科.竖缝式鱼道水流结构的数值模拟[J].水利学报, 2009,40(11):1386-1391.

[33] 罗小凤,李嘉.竖缝式鱼道结构及水力特性研究[J].长江科学院院报, 2010,27(10):50-54.

[34] 汪红波,王从锋,刘德富,等.横隔板式鱼道水力特性数值模拟研究[J].水电能源科学,2012,30(5):65-68.

[35] 毛熹,脱友才,安瑞冬,等.结构变化对鱼道水力学特性的影响[J].四川大学学报(工程科学版),2012,44(3):11-18.

[36] 郭维东,孙磊,高宇,等.同侧竖缝式鱼道水力特性研究[J].水电能源科学,2012,30(3):81-83.

[37] 刘志雄,岳汗生,王猛.同侧导竖式鱼道水力特性试验研究[J].长江科学院院报,2013,30(8):113-116.

[38] 董志勇,冯玉平. Alan Ervine 异侧竖缝式鱼道水力特性及放鱼试验研究[J].水力发电学报,2008,27(6):126-130.

[39] 董志勇,冯玉平. Alan Ervine 同侧竖缝式鱼道水力特性及放鱼试验研究[J].水力发电学报,2008,27(6):121-125.

[40] 钱华钟.船舶操纵模拟器及其在港航设计论证上的应用研究与设计[J].世界海运,2003,2.

[41] 乐美龙,船舶操纵性预报与港航操纵运动仿真[J].上海:上海交通大学出版社,2004.

[42] 张庆河.考虑外环境影响的船舶操纵模拟自动舵系统[J].中国造船,2001,42(8):34.

[43] 董国祥.船舶操纵运动仿真及其理论研究[J].上海交通大学学报,30(10)159-170.

[44] 李一兵.湘江航运开发株洲航电枢纽通航条件船模航行试验研究[R].交通部天津水运工程科学研究所,2004.

[45] 李炎. 那吉航运枢纽船闸布置及其通航条件试验研究[R]. 交通部天津水运工程科学研究所,2004.
[46] 郝品正. 湘江航运开发株洲航电枢纽坝区河段河床变形模型试验研究[R]. 交通部天津水运工程科学研究所,2004.

6　船闸扩能升级的技术发展方向

内河通航技术为一门古老的技术，随着近现代科学技术的发展，人们对通航技术的本质问题，即通航水力学问题有了更加清晰和深刻的认识，并且一大批基于大数据的信息化、智能化装备的研发和应用，对于通航技术的研究和发展起到了巨大的推动作用。在工程实践当中，腹地经济的发展，通航工程建设的推进，航道等级提升和船舶大型化的发展，改扩建船闸的需求量日益增大，与此同时生态环境保护的地位日益凸显，改扩建船闸的技术难度也随之加大。古老的通航水力学技术在其研究手段和复杂的外部条件下，往往会面临着新的问题与挑战，随之出现的智能船模试验技术、船闸隧洞式引航道通航技术以及多波源扰动下复杂水流条件通航技术，为解决通航工程实践中面临的新问题提供了思路，同时也为探索通航技术发展的新方向给出了重要支撑。

6.1　船闸隧洞式引航道通航技术

6.1.1　问题的提出

随着我国腹地经济的发展，大宗货物的流通量迅速增大，对水路交通表现出强劲的需求，众多已建通航枢纽的通过能力已不能满足水运运量要求而转为碍航闸坝，改扩建工程势在必行。而西南腹地通航枢纽地处山区，坝址为两岸高山所夹。众多工程实践表明，布置于山区“V”形峡谷河段的枢纽，通航建筑物的布置空间极其有限，对已有船闸的枢纽进行扩建时，很难再找到可供扩建船闸选择的闸位。

目前多级升船机结合中间渠道方案在山区河流高水头通航枢纽中应用广泛，但与船闸方案相比，升船机在其经济技术指标、运行复杂程度及年通过能力等方面均远不及船闸。当采用船闸作为枢纽通航建筑物，新建或已有船闸的枢纽进行更高等级船闸的扩建，这就带来船闸闸位的选择问题。新建、扩建船闸布置于两岸山体或山脚处，连接船闸与主航道之间的引航道不得不考虑巨量的开挖，以满足布置要求，如图6-1所示，不仅经济指标较差，而且对当地的生态环境造成较大影响。在此背景下，提出了采用隧洞式引航道，来解决山区河流高坝枢纽新建和扩建船闸工程的布置问题。

图6-1　我国山区河流高水头枢纽

6.1.2　国内外相关研究

通航隧洞式船闸引航道，船闸与通航隧洞直接相连，船闸灌泄水时在通航隧洞产生十分显著的非恒定水流，对船舶的安全航行造成较大影响。目前，国内外直接对于隧洞式引航道通航技术问题的研究相对较少，虽然目前关于通航隧洞的研究资料不多，但是与其工程特点较为接近的研究成果和工程实践经验，可为本项目研究提供借鉴。

6.1.2.1　国内相关研究

富春江七里泷航运瓶颈改造工程可行性研究中，率先提出了采用通航隧洞的扩建船闸方案，并在论证过程中充分认识到船闸灌泄水引起的非恒定流将影响到与船闸相连接的隧洞内船舶的安全航行问题。对此，金国强采用二维水流数学模型和物理模型对通航隧洞系统水力特性进行了分析研究。结果表明，船闸灌泄水时通航隧洞段的非恒定流特征明显，这种水力条件下船舶驾驶将十分困难，操纵性能显著降低，其航迹带宽度也将显著增加。改善通航隧洞段非恒定流条件的措施有下面几种：

①调整平面布置，缩短通航隧洞段的长度，减小非恒定流特征；

②调整通航隧洞过水断面面积，加大断面系数，降低通航隧洞水力特征值；

③改变船闸充水时取水的方式，不直接在通航隧洞内取水，或将通航隧洞断面调整为复式断面。上述研究成果为隧洞式引航道的研究奠定了基础，具有一

定的前瞻性和引领作用。

构皮滩升船机下游，采用通航隧洞和渡槽相结合的方式，将升船机与主航道连接，通航隧洞穿过山体，长 335m、宽 12m，与下游明渠相连。设计通航 500 吨级内河船舶。构皮滩多级升船机照片如图 6-2 所示。

图 6-2　构皮滩多级升船机

天科所李炎等对通航隧洞的尺度进行了研究，采用水工模型试验和船模试验相结合的研究手段，观测了船舶在通航隧洞中的航行阻力，航行下沉量及水位波动，并提出合理的单线通航隧洞尺度和航速限制条件。研究认为，断面系数是决定通航隧洞尺度的一个重要参数，随着断面系数的增大，船舶航行阻力和航行下沉量及水体波动均有不同程度的减小。而船舶航速是决定通航隧洞尺度的另一个重要参数，船舶航速应小于在通航隧洞中产生横波的临界航速。虽然上述研究中通航隧洞连接升船机，并不会产生由船闸灌、泄水引发的非恒定流，水流条件与船舶通航环境与船闸隧洞式引航道有一定差异，但作为国内内河通航领域的代表性隧洞，其研究的开展和工程实践对于隧洞式引航道通航技术具有重要意义。

6.1.2.2　国外相关研究

与通航枢纽中通航隧洞类似的工程实践，在国外具有悠久的历史。法国位于米迪运河的马尔帕斯隧洞，1679 年建成，长 1. 16km、宽 8m；罗沃隧洞全长 7km、宽 22m、高 15m、水深 4m，1927 年启动，1963 年因坍塌而废弃；英国大联盟运河 shrewley 隧洞 1799 年建成，长 0. 4km、宽 4. 9m；挪威正在规划的 Stad 海轮隧洞（图 6-3），初步拟定的方案为 36m 宽、45m 高、水深 12m、全长 1. 8km，2018 年底开工建设，预计 2022 年建成启用。Stad 海轮隧洞在前期论证过程中，做了大量工作，如航行阻力的研究对设计通航尺度指导，潮汐变化对隧洞内通航水流条件的影响等。尽管上述隧洞仅仅起到了联通两片水域的作用,对与船闸相连的通航隧洞指导意义有限,但隧洞在通航领域中的重要地位可见一斑,且上述成功与失败的案例并存表明,其技术难度也不容小觑。

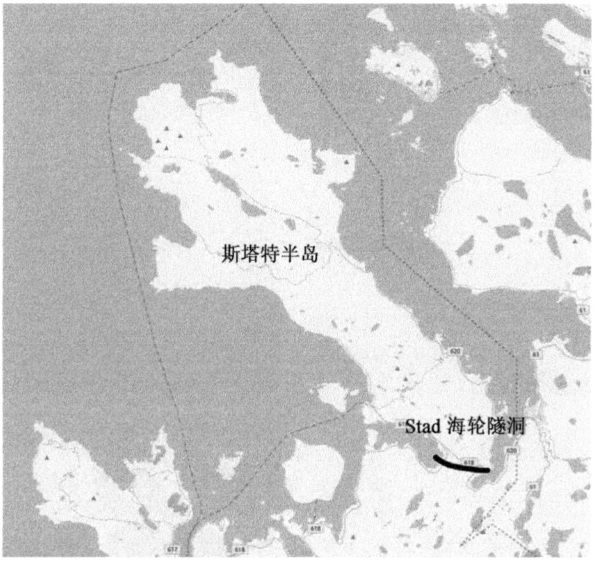

图 6-3　挪威 Stad 海轮隧洞路线布置图

6.1.3 关键技术问题

船闸隧洞式引航道涉及众多技术领域,如隧洞设计施工领域,包括断面轮廓设计、开挖技术,支护结构,防渗排水等;通航安全保障领域,包括保证隧洞安全运行的通风、照明、供电、应急逃生、突发事件处置预案等;船舶组织调度领域,包括船舶过坝模拟,通过效率研究、船舶积压演化分析等;引航道通航水流条件领域,包括引航道布置参数研究、非恒定流传播特性研究、船舶航行参数研究、水流条件优化研究等。可见,隧洞式引航道是一项庞大而复杂的系统工程。在 20 世纪中叶至 21 世纪初,我国交通运输基础设施取得了突飞猛进的发展,涌现出一大批诸如穿山公路隧洞、铁路隧洞,南京、武汉、天津等城市的过江隧洞,港珠澳大桥 5.6km 海底隧洞,胶州湾海底隧洞,以及由我院主持研究的面向未来的悬浮隧洞等工程(图 6-4),上述工程实践(研究)标志着我国在地下洞室方面的研究和技术积累已经成熟,可以为隧洞式引航道通航技术提供有力支撑。

图 6-4　应用在我国交通基础设施中的隧洞工程

隧洞式引航道的通航水流条件，涉及的关键技术问题主要包括通航隧洞几何尺度，隧洞式引航道内由船闸灌、泄水引起的非恒定流特性以及船舶航行参数三部分内容。隧洞式引航道的几何尺度决定着引航道内水流条件，而船舶的航行参数除与船型、吨位等级有关外，也需要根据结合隧洞式引航道几何尺度与水流条件的影响综合确定。三者之间存在密切的关联性，共同决定着隧洞式引航道的通航安全。

(1)通航隧洞几何参数

通航隧洞几何尺度包括隧洞的长度、宽度、水深、弯曲半径和航道断面系数。航道断面系数是指在设计最低通航水位时，航道过水断面面积与设计船舶浸水断面积的比值。隧洞式引航道属于人工运河的一种，为限制性航道，在限制性航道的几何尺度设计中，断面系数是确定航道尺度的一个重要控制条件。其大小对船舶航行阻力影响显著，同时也直接影响航道的开挖工程量。

《内河通航标准》(GB 50139—2014)关于航道断面系数的描述,限制性航道的断面系数不应小于6,流速较大的航道不应小于7。众多通航建筑物工程实践表明,船闸闸室的最小断面系数可以取1.5,船闸引航道的断面系数一般在3.5~4.5之间,构皮滩升船机中间渠道的断面系数取2.08。对于狭长形隧洞式引航道来讲,过往船舶在其中航行可能存在如阻力增大、船舶的舵效变差、操纵性能降低等一系列问题,因此其断面系数的取值有待论证。此外,隧洞式引航道在平面上通常布置为直线,但受外部条件限制而曲线隧洞不可避免采用时,由于船体两侧波动为非对称,弯曲半径的取值也需要结合水流条件进行研究。

(2)隧洞内非恒定流改善

隧洞式引航道的通航水流条件较为复杂。首先,由于船闸与隧洞式引航道直接相连,船闸灌、泄水过程引起隧洞内水流水位及流速的非恒定变化,将影响船舶安全航行、停泊以及通航效率;其次,通航隧洞为典型的浅水狭窄型限制性航道,船舶在此类航道中航行,船舶两侧可能的非对称水域及船行波的反射波叠加进一步加剧了水流条件的非恒定性。这种复杂波流环境下满足船舶安全航行的水流指标,需要通过试验确定。因此,研究如何调控隧洞内水流参数,使其满足船舶通航安全要求,是十分必要的。

(3)隧洞内船舶航行参数

隧洞内船舶航行参数包括船型、航速、舵角以及船舶浸水断面积,后者与引航道断面系数的确定有关。在确定的船闸扩能升级方案中,船型尺度确定后,结合航速及水流运动要素,可确定相应的船舶阻力及船舶下沉量。船舶在浅水水域或狭窄航道航行时,受到河岸、河床等边界影响,船行波产生、传递、反射、叠加,引起波系干扰,产生浅水效应和岸坡效应,使船舶阻力和下沉量的计算与开放水体情况有很大差异。隧洞式引航道属于典型的狭长形限制性航道,断面系数取到一定值时,船舶航行产生的水面波动以及边壁反射波将会影响船舶阻力与下沉量,考虑到隧洞式引航道在平面上有可能设计为弯曲,因此传统的船舶阻力与下沉量计算公式能否适用,需要对相关参数进行修正。结合水流条件与修正后的船舶航行参数计算公式,进而确定隧洞式引航道内满足通航安全要求的合理航速。

(4)曲线隧洞通航船舶驾引方式

船舶通过限制性航道时,通常采用的驾引方式分两种:一种是船舶减速自航,另一种是船舶以被动拖曳的方式通过限制性航道。曲线隧洞航线弯曲,倘若隧洞内水体处于非稳态,则对船舶驾引提出更高的要求。减速自航方式中,曲线隧洞中船舶航行的基本原则,拖曳方式中如何实现曲线拖曳,在目前的研究和工程实践中并未涉及。因此,采取何种方式能够更加安全、高效地保障通航,研究适用于曲线隧洞的船舶驾引技术,开发相应的辅助通航设置,掌握复杂水动力条件下的船舶驾引控制条件,具有重要的研究价值和工程现实意义。

对于船闸隧洞式船闸引航道来讲,其工程布置和几何尺度是工程设计中的一大技术难点,需要考虑不同几何尺度对船闸灌泄水形成的非恒定流影响,以及不同几何尺度下船舶行驶产生的涌浪对船舶安全的影响;对通过隧洞式引航道的船舶来讲,其航行速度的确定既需要考虑船舶阻力和下沉量等参数,也需要考虑船闸的通过效率,两者均与隧洞式引航道内的水流条件密切相关。目前,船闸隧洞式引航道的几何尺度及航行条件要求尚无可参照的设计规范标准,国内外可供借鉴的同类工程也十分有限。

6.2 智能船舶模型试验技术

6.2.1 问题的提出

船舶在内河航道、湖区、港口等可航水域航行时,受到水流条件、通航水深、水域边界的影响,特别是在弯、急、窄、浅的内河航道,以及工程密集区段,船舶通航安全性面临严峻的考验。因此,在可航水域中进行航道规划以及航道整治时,通过船模试验研究论证船舶通过此区段安全操纵和碰撞风险,是十分必要的。早在20世纪70年代,随着微电子技术的发展,基于河工模型发展的实验室自航船模试验,开始应用于我国通航水力学的研究,因其能够反映试验区域船舶与水流条件的相互作用,为航运工程设计和优化提供可靠的科学依据,越来越受到重视。特别是目前在航道整治、通航枢纽工程建设中,开展物理模型试验和数学模型试验成为研究通航水流条件的主流手段,而船舶模型试验作为一种基于定床物理模型的试验设备,则用于直观反映水流条件对船舶航行的影响,特别在分析泡漩水等强三维流态下通航水流条件的判断等方面,具有不可替代的作用。

自航船模试验是一种水流模型试验设备。根据阻力相似原则选取模型比尺,按比尺制作缩小的河道模型,在河道模型的基础上制作同比尺船舶模型,通过遥控设备发出航行指令,控制船模在河道模型中航行,模拟船舶在复杂水流条件下的航行参数,从而判断航行条件的优劣。船模的尺度小,易于制造和改造,因此试验成本低、周期短。我国从葛洲坝到三峡工程,均采用了自航船模,配合整体水工物理模型、数值模拟技术进行通航水流条件研究。从工程实际应用反馈情况来看,自航船模技术取得了较好的效果,运用船模结合河工模型来研究船舶航行条件问题,更具直观性和科学性,是航道和通航建筑物优化设计的一种重要而有效的方法。

自航船模试验作为一项综合试验技术,其发展与船模的遥控技术、航行参数测量技术以及船模的相似理论和率定方法等相关技术的发展密切相关。上述专业作为小尺度自航船模的基础,如果模型相似条件是船模航行试验技术的基础,那么其他各相关技术则是它发展的必要条件。随着自动化技术、测量技术的发展,自航船模作为一种试验设备在不断更新和发展。目前,从遥控自航船模理论基础、试验方法及其试验成果分析来看,存在以下技术难题。

(1)由缩尺效应引起的操纵性相似问题

傅汝德数 F_r 和雷诺数 R_e 是决定船模与实船水动力相似条件相似的关键参数:

$$F_r = \frac{v}{gL} \tag{6-1}$$

$$R_e = \frac{vL}{R} \tag{6-2}$$

式中:v——船速;

L——船长;

R——水的运动黏滞系数。

按一定比尺 λ 缩小比例制作的模型,可满足模型傅汝德数 F_r 与实际相等。但随着模型的缩小,模型与实际雷诺数 R_e 差距逐渐加大。因此船舶专业常采用大尺度约束船模试验开展定点工况下的水动力导数测定,缩尺范围一般在1/30～1/10之间。但自航船模试验,受试验成本及场地的限制,几何比尺 λ 一般在1/200～1/50之间,多采用1/100的比值进行模型试验。

雷诺数不相似主要影响船舶阻力不相似。船舶阻力可分为摩擦阻力和剩余阻力两部分,前者只与雷诺数有关,后者与佛汝德数有关。若满足重力相似,则原型和模型的剩余阻力是相似的,由于船模的雷诺数总比实船相应小,故船模的黏滞阻力(换算值)比相应实船大。

额外的黏滞阻力需通过增加船模螺旋桨的转速(以增加推力)加以抵消,以实现船模与实船的航速相似。螺旋桨转速提高导致船模舵效偏高,从而影响船模与实船的操纵性的相似。目前小尺度船模试验常用减小舵面积、改变舵形等技术手段修正操纵性能尺度效应。

通过缩小舵面积可满足船模在一定航速范围内的操纵性相似,但船舶操纵性指数与航速相关。需要船舶变航速航行的水域,不可能通过根据车速换舵来满足不同的操纵性要求。因此,在低速航行区进行船模试验时,仅能采用固定航速近似考虑。

(2)时间比尺的问题

自航船模试验中,时间比尺为长度比尺的平方根,对于1/100船模而言,时间比尺为1/10。船模驾驶员相当于在10倍速的环境中操纵船模进行试验模拟。这个时间比尺对实船和船模的操纵者会产生不同的影响。在物理船模中,这个问题是难以解决的。而船舶航行数模和模拟器则没有时间比尺问题,但数模和模拟器的不足是对水流流场特别三维流场尚不能进行精确细致地描述,对于海船航行和流场相对平顺的内河航段尚可应用,但对于流场变化十分剧烈的内河(如长江三峡河段)还无法进行模拟。从时间比尺的影响角度讲,船模驾驶比实船驾驶难度更大,因此在通航船模试验中,时间比尺和视角对驾驶的影响(下文中提到)有相互抵消的趋势。目前,在通航船模试验中,还只能把时间比尺作为一种安全系数近似考虑。

(3)驾驶视角相似的问题

实船驾驶员是在驾驶室中进行的,为第一视角。而船模的操纵者相当于在鸟瞰视角操纵船模。两者的感受是不一样的,特别是船舶航行通视条件较差的情况下,会严重影响船模操纵的真实性。这种影响表现在两个方面:一是船模试验的驾驶员没有在实船上驾驶的危险感;二是船模的驾驶员比实船的驾驶员有更宽阔的视野,能更全面地观察航道的情况。以上两方面都使船模的驾驶比实船容易,从而引起模拟相似性的问题,所得到的试验结果是偏向于不安全的。图6-5和图6-6分别为船模试验中的鸟瞰视角和第一视角。

图6-5　船模试验中的鸟瞰视角

图6-6　船模试验中的第一视角

(4)操纵过程的随机性问题

自航船模试验需要人工操纵的介入,人工操纵过程的随机性难以定量分析和处理,由此导致模型试验具有一定的随机性。目前常采用的方式有两种:一是由同一人操纵船模,避免不同操纵者带来试验结果的离散;二是对同一航段进行多个航次的试验,用航行要素的平均值来分析航行条件,以提高试验结果的可靠性。

6.2.2 国内外相关研究

6.2.2.1 国内相关研究

20 世纪 70 年代初期,由于长江葛洲坝工程通航的重要性和复杂性,长江科学院与武汉中原无线电厂合作开发遥控自航船模,并在国内首次应用于通航水力学研究。长江科学院在 20 世纪 70 年代初期到 80 年代初期在葛洲坝工程南津关航道整治、三江航道和大江航道的通航水流条件方面进行了大量的试验。其后,于 1981 年通过实船试验对自航船模试验成果进行了验证。通航实践证明,自航船模结合水力学试验研究成果取得成功。80 年代中期至 90 年代初期自航船模主要应用于长江三峡工程坝区航道通航水力学试验研究。西南水运工程科学研究所蔡汝哲等 70 年代中期开始,研制和应用自航船模于葛洲坝、三峡工程及川江区航道整治等,取得了众多成果和成功。天科院王育林、李一兵等自 80 年代中期开始,应用自航船模为三峡工程坝区航道的通航水流条件及船闸上游隔流堤布置方案进行了大量试验。南京水利科学研究院乔文荃等自 80 年代初开始,应用 1∶100 比尺自航船模对葛洲坝工程三江航道通航水流条件及船闸充泄水对船舶在引航道内航行和停泊的影响等进行试验。1996 年,天科院、长江科学院、西南水运工程科学研究所参加宜昌前坪三单位的三峡工程船模联合试验。可以看出,90 年代以来,自航船模在航道整治、枢纽通航、桥区通航等内河通航水利学方面得到广泛应用。

20 世纪 90 年代开展自航船模相关研究的主要有,岑长裔(1997)针对如何消除船一桨干扰问题的尺度影响进行了相关研究。费乃振(1998)开展了利用遥控自航船模在纯横浪条件下进行的舵减摇试验研究。严伟等(1999)对船模尺度效应影响原因做了分析。刘卫斌等(2004)分析了当前船模阻力试验不确定度评定现状,针对存在的问题,给出了评定湿表面积不确定度的新方法。李晓飏等(2004)通过分析误差产生的原因,采用平滑与滤波的技术有效地减少了随机误差对激光扫描测量技术结果的影响。刘志华等(2008)通过引入虚流体运动黏性系数,在数值计算中实现了缩尺船模与实船的雷诺数相似。何惠明(2009)阐述了船模规则波自航试验的方法、规则波中自航因子频率响应曲线的数据整理和表达方法、不规则波中收到功率的谱分析统计预报方法,并给出了不规则波中船舶的失速预报方法。施奇等(2010)采用了ITTC建议的不确定度估计方法,对该船模的船型因子$(1+K)$、湿面积(S)、傅汝德数(Fr)进行了不确定度分析,给出了分析结果,并且计算出在试验速度下各阻力系数C_i的偏差限、精度限和总不确定度,对试验结果进行了综合分析。郭京等(2015)利用浮标式浪高仪对沿海海浪环境进行测量分析,建立适合在沿海开展试验研究的大尺度遥控遥测自航船模测试系统,开展同吨级圆舭船型和深"V"复合船型大尺度船模在沿海风浪环境下的耐波性试验研究。吴乘胜等(2015)针对水面船模阻力数值水池试验,开展了不确定度分析与评估研究。

6.2.2.2 国外相关研究

K. Ayukawa等(1968)早在1968年即开展了船模遥控技术研究。近年来运用遥控自航船模进行船舶自动控制算法开发成为研究热点,如Roger Skjetne等(2015)针对一类描述船舶动力学的参数不确定非线性系统,提出了一种自适应递推设计方法,采用遥控自航船模对自动控制算法进行了验证。R. Ghaemi(2010)采用自航船模进行了基于方向舵控制的船航迹预测控制(MPC)策略设计,并通过集成微扰分析和顺序二次规划(INPASQP)算法进行了实验验证。Haiqing Shen等采用多个船模联合操控系统用于自动避碰系统研究,上述研究所采用的实验用船模分别见图6-7~图6-9。国外自航船模多在静水中进行船舶操纵运动模拟研究,研究对象多为外海船舶,且航道水流条件对船舶实际操纵运动影响未予以考虑。

图6-7 Roger Skjetne(2015)等试验用船模

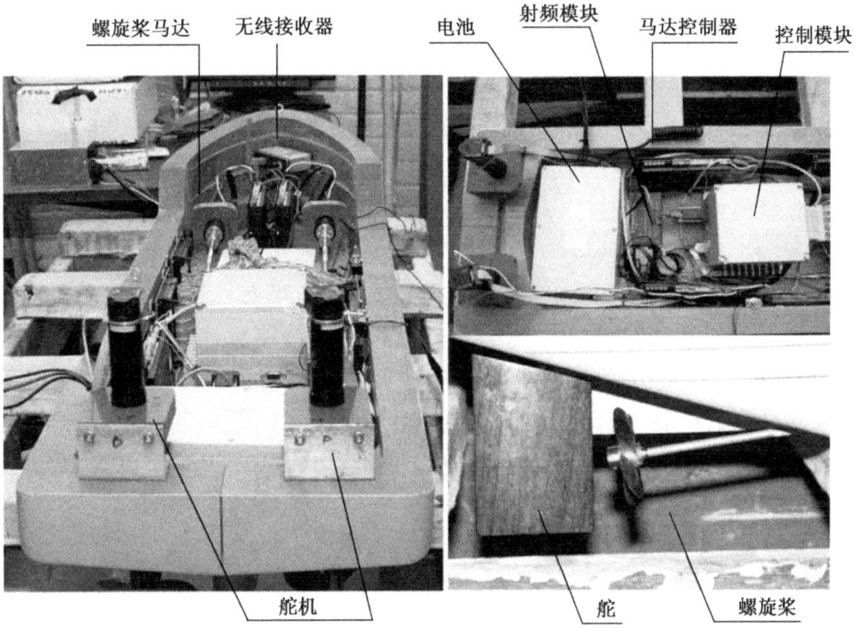

图 6-8 Ghaemi(2010)等试验用船模

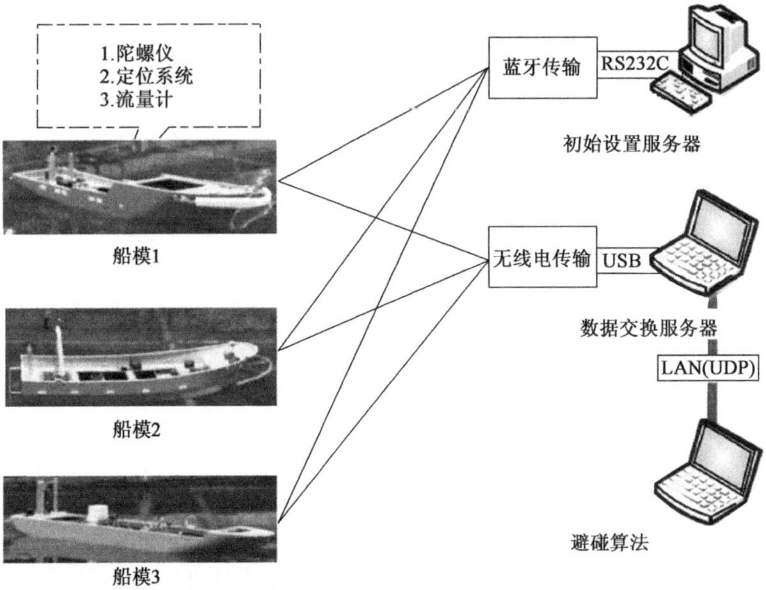

图 6-9 Haiqing Shen 等用于自动避碰系统研究的多船模试验系统

6.2.3 关键技术问题

试验用小尺度自航船模因自身载重和空间限制,在船模智能化方向发展较为缓慢。而随着自动控制技术及无线通信技术的发展,特别是无人机、无人船产业对设备轻量化及微型化的推动,为试验用船模智能化提供了可能。突破基于人工智能船模驾驶模拟技术,可为将来船闸扩能升级工程的研究手段带来重大革新。

首先,人工驾驶船模的难度大于实船驾驶难度,现有自航船模技术多将时间比尺问题视为一种安全系数予以容忍。通过自动控制算法,代替人工驾驶,缩短"感应—决策—发出指令"操纵过程的时间,可有效避免尺度效应。实船的自动化控制算法有丰富的研究成果,然而试验用船模不但需要考虑船舶自动驾驶,同时还需考虑如何实现与人工驾驶相似。因此,开发仿人工驾驶算法,根据各流域现行船舶建立船员驾驶习惯数据库,是小尺度自航船模智能化发展的重要方向。

其次,船模操纵性与船模航速正相关。因尺度效应,船舶缩尺后阻力增大,试验中多采用增大螺旋桨转速,保持航速相似。但螺旋桨转速增加同时导致操纵性提高,为保持操纵性相似,需减小舵面积。而舵面积的减小,不能同时满足在不同航速下的船模与实船操纵性相似。理论上,采用等效小舵角实时修正船模应舵性能是可行的。因此,通过智能控制算法,修正操纵性能尺度效应是小尺度自航船模智能化的另一个发展方向。

此外,虚拟现实技术在数值船舶模拟器中的应用较为广泛,如天科院 360°数值船舶操纵模拟器,试验中可 1∶1 无视差仿真船舶驾驶环境。而物理模型中,西科所在"国家自然科学基金三峡重大项目"中研制的船模驾驶室监控系统,初步解决了船模驾驶的视角相似问题,但目前在实际应用中,还缺少大测试数据和试验支撑。

6.3 多波源扰动下复杂水流条件通航技术

6.3.1 问题的提出

如前文所述,三峡船闸货运量早在 2011 年就突破 1 亿 t,提前 19 年达到设计通过能力。目前,船闸各项运行参数均已达到或超过设计指标,继续挖潜存在较大的安全风险并且潜力十分有限。随着成渝经济区、攀西经济区、黔中经济区的发展以及长江经济带战略、“一带一路”倡议的持续推进，长江中上游地区以及西部地区水运需求必将持续增长。据国家发展改革委综合运输研究所最新研究成果，到2050年，三峡过坝货运需求约2.6亿t、客运380万人次。

为从根本上改善三峡枢纽通过能力缺口逐步扩大的问题，解决三峡过坝运输供需矛盾，2013年8月，国家发展改革委下发《国家发展改革委办公厅关于开展提高三峡枢纽货运通过能力等有关工作的通知》(发改办基础〔2013〕1979号)，要求抓紧启动三峡水运新通道建设和葛洲坝船闸扩能前期研究工作。2015年，交通运输部长江航务管理局组织相关单位启动了“三峡枢纽水运新通道预可研阶段航运关键技术研究”。现阶段确定的三峡枢纽水运新通道采用双线连续五级连续船闸，布置在坝体左岸，船闸上游口门区位于五相庙水湾的开敞式水域内，下游出口位于坝河口顺直河段，与已建枢纽通航建筑物下游航道共用口门，见图6-10。

图6-10 三峡新通道推荐线路示意图(研究阶段)

引航道作为连接船闸闸首与主航道的一段航道，涉及船舶高频次的航行与停泊，对水流变化较为敏感，其水流条件同时受到新旧多线船闸灌泄水、电站日调节以及枢纽泄洪等多方面联合调度作用影响，进而在引航道内产生多源非恒定流叠加效应。

现阶段，三峡新通道推荐线路工程线路长且其上、下游引航道为典型的狭长形限制性航道，同时具有船舶过闸流量大、电站调峰负荷大及枢纽运行调度复杂等特点。多线船闸同时运行时输水量大、变率快，船闸灌泄水将在狭长引航道内产生复杂的长波运动以及水力振荡；同时受到三峡船闸口门区特殊的地形边界条件限制,高负荷的电站调峰及复杂的枢纽调度运行方式诱发的非恒定流叠加往复流共同作用在船闸上游引航道内,在引航道内形成多波源非恒定波流,该流动受制于边界条件,无法得到充分的扩散,在引航道内产生明显的水位、流量变化,对船舶的航行安全产生不利影响。

因此,对上游引航道内多波源非恒定波流叠加运动特性进行研究,提出相应的改善技术,对于未来复杂布置条件下高水头船闸安全运行,具有重要的指导意义。

6.3.2 国内外相关研究

船闸灌泄水、电站日调节、大坝泄洪等因素同时作用在上游引航道内,使其中水体运动具有明显的非恒定特性。为了改善其通航水流条件,应从系统分析非恒定水流运动特性入手。

明渠非恒定流,在传播过程中各水力要素随时间、空间变化,可分为涨水及落水两个过程,在同一水位下,不同过程对应出现的水面坡度及流量等水力特性参数均不相同。同时,水面坡度、流量、流速、水位最大值不在同一时刻出现,且相对水位呈现出多值关系,即典型的绳套现象。为了描述水力要素随时间变化程度,反映水流的非恒定性,不同研究者在描述明渠水流非恒定性时采用了不同参数,Graf 和 Suszka 基于均匀流与非恒定流流量公式的差异,提出非恒定参数 Γ,它表征了非恒定流涨落水过程中水深的平均变化率与基流摩阻流速之比;Nezu 等定义对流速度为基流流速和峰流流速的平均值,提出的非恒定参数 α,表征非恒定流水面涨水速率与对流速度之比;Qu 则提出定义量级为 1 的非恒定参数 Ω,反映单宽流量的增长率与基流摩阻流速平方之比。三者在数值上呈线性相关,均可反映非恒定波的平均非恒定程度,但对于不同的非恒定波形态(如三角波、正弦波等),三个参数均不能反映不同波形之间水流非恒定性的差异。

自 Saint-Venant 方程建立,明渠非恒定流问题的研究取得了重大突破,并在河道非恒定流计算上得到了广泛的应用。不同学者基于不同假设对 Saint-Venant 方程进行了简化、数值离散,龙吉平、张新华等根据河道中非恒定流的不同传播特征,对惯性项、水深变化项进行不同程度的简化,提出了运动波、扩散波及动力波模型;王志力、陆永军采用四点偏心隐格式对 Saint-Venant 方程进行数值离散,后考虑明渠非恒定流水力特征参数与水位具有多值关系,构造增补节点流量平衡方程,模拟了向家坝日调节下泄非恒定流的传播过程,以此为基础,为了考虑非恒定水流在平面上的分布特征,提出二维明渠非恒定流基本方程。Nezu

认为流动过程中时间变化项$\partial/\partial t$起主导作用，空间变化项$\partial/\partial x$可忽略，得到了以流量变率为主要参数的摩阻流速表达式。

孟祥伟认为引航道内由于船闸灌泄水引起的非恒定流具有长波运动性质，假设船闸灌泄水的推进波波高与灌泄水流量成正比，且忽略波动前进过程中的变形，得到推进波波要素计算公式，带入控制方程得到引航道内水体运动参数受输水系统进出口布置形式、闸室尺度、水头、渠道形状、水深、宽度的共同影响。张晓明分别采用一阶精度显式欧拉方法与二阶精度龙格库塔法对水流方程及输移方程中时间积分进行数值离散处理，进而计算出双线船闸不同运行方式下引航道内非恒定流水力特性。李广一、范宝山等采用两相流模型及 RNGk-ε 湍流模型模拟了大藤峡水力枢纽船闸中间渠道非恒定流水力特性，发现大藤峡水利枢纽单级船闸泄水时最大流速出现的范围在涨水波波峰附近，单级船闸灌水时纵向流速随着落水波向上游推进，最大流速出现在落水波波谷附近。然而，在上述计算分析中，不可避免地要作出一系列近似假设，如在摩阻流速计算过程中仍采用了均匀流假定，无法真实地反应非恒定流在传播过程中存在的衰减和变形。为了得到明渠非恒定流传播规律的系统研究成果，胡江、杨胜发等采用变频器控制水泵转速调节供水流量，构造稳定的非恒定流过程对光滑明渠内正弦型非恒定流传播特性进行了系统研究，提出非恒定流传播过程中会发生时间尺度上波的变形，在总时间保持不变的基础上，上升段变短而下降段变长，变形率则是传播距离、周期和流量波幅的函数。马爱兴、陆彦等提出保证试验水槽的长度是避免测流断面受尾部出流影响，真实反映非恒定流传播特性的前提。步晓斌、王龙等通过建立正态物理模型对远东船闸输水廊道以及下游引航道内水流进行模拟。试验过程中通过控制阀门启闭实现对泄水流量过程的模拟，并对船闸泄水过程及泄水结束后引航道内水流流态、泄水波运动特性、水面比降、流速分布、水位壅高、回流强度等进行测量，分析了水流运动对引航道内船舶产生的影响。

多波源引起的非恒定流由于其复杂运动特性，相较于均匀流的研究，研究进展缓慢，理论及数值计算方面尚缺乏针对非恒定均匀流内部紊动结构或是流速分布等深层次的探讨。针对明渠非恒定流传播特性的系统研究，目前多为单一波源作用下开展。非恒定流影响下的引航道通航水流条件改善措施目前也多为针对具体工程提出，普遍适用性不足。

6.3.3 关键技术问题

多波源扰动下的复杂水流条件通航关键技术，在于充分认识单一波源作用下引航道非恒定流水流特性，以及引航道多波源非恒定波流相互作用机制，提出引航道多波源非恒定波流改善技术。

考虑到三峡新通道上游引航道同时具有引航道线路狭长，且船闸规模大、电站日调节及泄洪闸泄洪工况复杂的特点，通过对上游引航道内非恒定水流动力要素（波高、水位、流速、比降等）及其沿程分布和随时间变化规律进行测量，分析单一波源作用下狭长形引航道非恒定水流运动特性，提出非恒定参数，用以描述不同波形之间水流非恒定性。在此研究的基础上，开展多波源（多线船闸运行、电站日调节及泄洪闸泄洪）联合运行工况下引航道非恒定水流特性试验研究，结合理论分析揭示上游引航道内多波源非恒定流相互作用机制，提出引航道通航水流条件控制波源组合。

充分认识到单一波源和多波源互相作用下的非恒定流运动特性后，针对控制波源组合作用下上游引航道通航水流条件开展优化方案研究，通过对船闸进水口布置、多线船闸运行方式、引航道断面形态、尺寸进行优化，以满足引航道水流条件相关规范要求，从而提出适用于狭长引航道的大型船闸进水方式及引航道布置技术。

本章参考文献

[1] 曹一中，等. 富春江船闸扩建改造工程总体布置方案[J]. 水运工程，2009(9)：136-141.

[2] 金国强，等. 富春江航电枢纽通航瓶颈改造方案探讨[J]. 水运工程，2008(11)：160-162.

[3] 交通部天津水运工程科学研究所. 富春江船闸扩建改造工程整体水工模型试验研究[R]，2009.

[4] 浙江省交通规划设计研究院有限公司，等. 中高水头碍航闸坝复航及扩能关键技术研究[R]，2018.

[5] 金国强. 船闸—通航隧道系统水力学特性分析研究[D]. 杭州：浙江大学，2008.

[6] 李焱，等. 构皮滩升船机中间渠道通航隧洞和渡槽的尺度研究[J]. 水道港口，2012(1)：45-50.

[7] 李焱，等. 升船机中间渠道的航行水力特性与尺度试验研究[J]. 水力水运工程学报，2007(2)：23-29.

[8] 李焱，等. 龙滩升船机中间渠道通航试验条件[J]. 水道港口，2006(2)：89-94.

[9] 孟祥玮,船闸灌泄水引航道非恒定流研究[D]. 天津:天津大学,2010.
[10] 王涛. 明渠非恒定流船舶特性研究[D]. 重庆:重庆交通大学,2009.
[11] 吴澎,等. 船舶下沉量计算方法对比分析[J]. 中国港湾建设,2010(169):38-41.
[12] 雷涛,等. 浅水航行船舶下沉量的确定[J]. 航海技术,2002(2):1-4.
[13] 戴冉. 船舶下沉量的实测研究[J]. 交通运输工程学报,2002(2):59-62.
[14] Л. С. 阿尔丘什科夫,李树华. 考虑渠道影响的船舶拖曳试验图线[J]. 水道港口,1983(03):30-36.
[15] 岑长裔. 单桨船模自航试验的相似准则与模拟方法(英文)[J]. 船舶力学,1997(02):1-7.
[16] 费乃振,杨文明,郭斌仙,等. 遥控自航船模舵减摇试验研究[J]. 中国造船,1998(02):49-52.
[17] 严伟,李利,孙家斌. 三峡工程通航船队船模操纵性率定试验研究[J]. 长江科学院院报,1999(03):2-5.
[18] 刘卫斌,吴华伟. 船模阻力试验不确定度评定改进技术研究[C]//2004 年船舶与海洋工程学术研讨会论文集,2004.
[19] 李晓飚,汪拥赤. 小尺度船模通航试验测量数据的平滑与滤波[J]. 长江科学院院报,2004(04):11-13.
[20] 刘志华,熊鹰,韩宝玉. 雷诺相似船模预报实船推进因子的数值方法[J]. 哈尔滨工程大学学报,2008(07):658-662.
[21] 何惠明. 船模规则波自航试验方法[J]. 上海船舶运输科学研究所学报,2009,32(01):33-35.
[22] 施奇,杨大明,尹赟凯. 拖曳水池船模阻力试验不确定度分析[J]. 江苏科技大学学报(自然科学版),2010,24(05):428-433.
[23] 郭京,孙树政,任慧龙. 沿海风浪环境下大尺度船模耐波性试验研究[J]. 舰船科学技术,2015,37(S1):59-64.
[24] 吴乘胜,邱耿耀,魏泽,等. 船模阻力数值水池试验不确定度评估[J]. 船舶力学,2015,19(10):1197-1208.
[25] Ayukawa K, Foster W T. Remote control of model ships: Report (National Research Council of Canada. Radio and Electrical Engineering Division : ERB); no. ERB-808[Z]. National Research Council of Canada, Radio and Electrical Engineering Division, 1968.
[26] Skjetne R, Fossen T I, Kokotović P V. Adaptive maneuvering, with experi-

ments, for a model ship in a marine control laboratory[J]. Automatica, 2005,41(2):289-298.

[27] Adaptive Fuzzy Autopilot for a Scale Ship Model[J]. Ghaemi R, Oh S, Sun J. Path following of a model ship using Model Predictive Control with experimental verification: Proceedings of the 2010 American Control Conference Proceedings of the 2010 American Control Conference, 2010.

[28] Shen H, Hashimoto H, Matsuda A, et al. Automatic collision avoidance of multiple ships based on deep Q-learning[J]. Applied Ocean Research, 2019, 86:268-288.

[29] 王涛.明渠非恒定流传播特性研究[D].重庆:重庆交通大学,2009.

[30] Qu Z. Unsteady Open channel Flow over a Mobile Bed[D]. Lausanne, Switzerland: EPFL, 2003.

[31] Graf W H, Suszka L. Unsteady flow and its effect on sediment transport[C]. Proc of the 21th IAHR Congress. Melboume: IAHR,1985.

[32] NezuiI, Kadota A, et al. Turbulent structure in unsteady depth-varying unsteady open-channel flows [J]. Journal of Hydraulic Engineering,1997,123(9).

[33] 诸裕良,严以新,等.一维河网非恒定流及悬沙数学模型的节点控制方法[J].水动力学研究与进展(A辑),2001,16(4).

[34] 赵克玉.天然河道一维非恒定流数学模型[J].水资源与水工程学报.2004,15(1).

[35] Weiming Wu, Dalmo A Vieira, et al. One-Dimensional Numerical Model for Nonuniform Sediment Transport under Unsteady Flows in Channel Networks[J]. Journal of Hydraulic Engineering, 2004, 130(9).

[36] Chanson H, Jarny S, et al. Dam break wave of thixotropic fluid[J]. Journal of Hydraulic Engineering, 2006, 1 32(3).

[37] 龙吉平,张新华等.河道非恒定流的数值模拟研究[C]//全国水动力学学术会议暨两岸船舶与海洋工程水动力学研讨会论文集,2008.

[38] 王志力,陆永军.向家坝水利枢纽下泄非恒定流的数值模拟[J].水利水电科技进展,2008,28(3).

[39] 孟祥玮.船闸灌泄水引航道非恒定流研究[D].天津:天津大学,2010.

[40] 张晓明.白石窑双线船闸输水系统及引航道非恒定流数值模拟研究[D].重庆:重庆交通大学,2015.

[41] 李广一,范宝山,金贤,等. 大藤峡水利枢纽船闸中间渠道非恒定流三维数值模拟研究[J]. 水利科技与经济,2012,18(10):58-65.

[42] Hu J, Yang S F, et al. Experimental investigation on propagating characteristics of sinusoidal unsteady flow in open-channel with smooth bed[J]. Sci China Tech Sci, 2012, 55.

[43] 胡江,杨胜发,等. 光滑明渠非恒定流变形特性研究[J]. 人民长江,2009,9(40).

[44] 胡江,杨胜发,等. 光滑明渠非恒定流传播速度实验研究[J]. 水运工程,2009,3.

[45] 兰艳萍,胡江,等. 光滑明渠非恒定流流量变化规律研究[J]. 水运工程,2011,2.

[46] 马爱兴, 陆彦,等. 明渠非恒定流流速分布及推移质运动研究进展[J]. 水科学进展, 2012, 23(1).

[47] 步晓斌,王龙,等. 远东船闸下游引航道非恒定流模型试验[J]. 水运工程,2015,12.

7 主要结论

水路运输是一项绿色环保低碳的运输方式,特别是对于大宗散杂货如煤炭、矿石等来说,其具有其他运输方式无法比拟的优势。而船闸扩能升级工程,是一项解决“卡脖子”问题工程,对于提升所处流域货运量、促进腹地经济快速发展发挥着巨大的作用。甚至对某些航运枢纽来说,大幅度缓解闸坝过船压力,起着举足轻重的作用。本书梳理了船闸扩能升级工程中常见的几类通航水流条件的问题,通过典型案例,阐述相应的研究手段和改善措施,并就船闸扩能升级技术的发展方向进行了初步探讨。

(1)口门区是连接引航道与主航道的关键水域,也是船闸扩能升级工程中关注的重点区域。口门区通航水流条件的优劣,与船闸所处的河道形态密切相关。特定河道形态对应的洪、中、枯各级流量流向不同,造成的口门区通航水流条件也不尽相同。所采取的改善措施也应结合河道形态和相应的流量级,优先考虑通过采取辅助导流建筑物等手段,其次为改变河床形态、调整航线与水流的夹角,从而改善口门区乃至连接段航道的通航水流条件。在辅助导航建筑的研究中,涌现出适用于不同情况的导流结构,能够很好地满足口门区水流条件改善需求。

(2)因受到导航墙的掩护,外部水流对引航道内水域影响甚微,其通航水流条件主要由受船闸灌泄水引起的非恒定流影响,尤其是瞬时水面波幅和比降,会使引航道中的水位和流速变化,也有少数情况下外部波动绕过导航墙堤头向引航道内传递。船闸扩能升级后,在新老船闸公用引航道的情况下,还存在船闸调度等问题。改善引航道内水流条件的措施一般采取设置隔流堤、防浪闸、隔水墙、辅导航墙等方案,掩护关键部位,也可采用扩大断面、设置调节池、旁侧泄流等方案,通过改变船闸灌泄水过程中的非恒定流运动的边界条件,削弱引航道内水流的非恒定性,减缓水面波动。优化多线船闸调度方式,改变了船闸灌、泄水的流量过程,也可以使引航道内流动的非恒定性减弱,但会延长船闸灌、泄水过程,降低船舶过闸效率。

(3)梯级枢纽在船闸扩能升级中,普遍存在的通航水流条件问题主要有两方面,即在前述章节中列举的改善实例,包括下游枢纽回水未与上游枢纽衔接造成的坝下脱水段通航问题，以及梯级枢纽间受河道形态和调度方式共同作用导致的通航水流条件问题。针对前者的改善措施，既可采取坝下开挖、甚至修建明渠集中水流等工程措施，也可与提高下游枢纽坝前水位等非工程措施相结合的手段。对于后者梯级枢纽间航道的水流条件问题，则属于航道整治范畴，可采用常规航道整治工程手段结合梯级枢纽的调度方式改善。工程实践表明，上述改善措施均能取得良好的效果。

(4)枢纽运行所涉及的生态基流和过鱼设施都会对船闸扩能升级工程产生一定的影响。特别是在生态基流与最小通航流量难以统一的情况下，一些通航枢纽不得不采取停航的管理方案进行规避。因此，如何优化枢纽的生态调度和扩能升级后的船闸调度问题，越发受到广泛的关注。目前，关于鱼道的研究主要手段为比尺物理模型试验，但鱼道工程的效果需要长年累月的观测资料，包括工程前研究河段的鱼类习性、工程后的过鱼效果等，用以指导鱼道设计中的相关问题。目前，我国国内的研究手段和观测资料还有所欠缺，需要经历比较长的积累阶段。

(5)改扩建船闸建成后，随着过闸船舶数量的增多，一、二线船闸进出闸船舶会遇的安全问题日益突出。如何在可航行水域面积不变的情况下，有效组织数量增多的过坝船闸安全、高效地通过船闸，也是船闸扩能升级工程中需要关注的通航问题。多线船闸共用的引航道以及待闸锚地等区域，都是进、出闸船舶航行有可能发生的交叉会遇航段。为了减小进出闸船舶的干扰，保障上、下行船舶的安全，应对坝区河段船舶的航行及锚泊进行管制。管制区、横驶区的划定范围，需要根据坝区河段的航道水流条件、通航船舶操纵模拟试验结果确定。

(6)在水流-河道-船舶交互关系中，采用遥控自航船舶模型是验证通航水流条件、通航建筑物断面形式的重要手段。特别是在分析泡漩水等强三维流态下通航水流条件的判断等方面，具有不可替代的作用。在传统研究手段中，存在由缩尺效应引起的操纵性相似、视角相似和时间比尺等一系列问题，随着自动控制、无线通信等一系列新技术的涌现和发展，为试验用船模智能化提供了可能。突破基于人工智能船模驾驶模拟技术，可为将来船闸扩能升级工程的研究手段带来重大革新。

(7)在布置空间有限的情况下，山区通航枢纽高水头船闸进行扩能升级，其运行面临多线船闸同时输水的情况，船闸灌、泄水具有流量大、变率快的特点，在狭长引航道内产生复杂的长波运动以及水力振荡。同时，受到高负荷的电站调峰及复杂的枢纽调度运行方式诱发的非恒定流叠加往复流共同作用在船闸上游引航道内，在引航道内形成多波源非恒定波流。该流动受制于边界条件，无法得到充分的扩散，在引航道内产生明显的水位、流量变化，对船舶的航行安全产生不利影响。复杂化的布置条件和影响因素会更加普遍地出现在通航枢纽扩能升级工程中，而隧洞通航技术和多波源扰动下复杂水流通航技术的提出，为后续工程建设提供了技术支撑和解决方案，但同时也需要进一步的深化研究。